U0464032

传媒组织与技术互动

都市类媒体典型案例研究

唐　婵◎著

四川大学出版社
SICHUAN UNIVERSITY PRESS

图书在版编目（CIP）数据

传媒组织与技术互动：都市类媒体典型案例研究 / 唐婵著. -- 成都：四川大学出版社，2024.12.
ISBN 978-7-5690-7478-9

Ⅰ. G219.2

中国国家版本馆 CIP 数据核字第 2025QA6723 号

书　　名：传媒组织与技术互动：都市类媒体典型案例研究
　　　　　Chuanmei Zuzhi yu Jishu Hudong: Dushilei Meiti Dianxing Anli Yanjiu
著　　者：唐　婵

选题策划：陈　蓉
责任编辑：陈　蓉
责任校对：刘一畅
装帧设计：墨创文化
责任印制：李金兰

出版发行：四川大学出版社有限责任公司
　　　　　地址：成都市一环路南一段 24 号（610065）
　　　　　电话：（028）85408311（发行部）、85400276（总编室）
　　　　　电子邮箱：scupress@vip.163.com
　　　　　网址：https://press.scu.edu.cn
印前制作：四川胜翔数码印务设计有限公司
印刷装订：成都市川侨印务有限公司

成品尺寸：148mm×210mm
印　　张：12.5
字　　数：320 千字

版　　次：2025 年 3 月　第 1 版
印　　次：2025 年 3 月　第 1 次印刷
定　　价：50.00 元

扫码获取数字资源

四川大学出版社
微信公众号

序

数字技术的持续发展与互联网传播形态的全面普及，建构了全新的传媒生态。传统媒体的融合转型不仅是行业发展之需求，更是其应尽的社会责任之所在。自 2014 年在传媒领域开始全面推进的媒体融合工作，经历了从央媒、省级媒体到县级融媒、再到如今的市级融媒建设的若干阶段，形成了传统媒体全体系的媒体融合工作覆盖。在传统媒体融合发展的进程中，一个普遍性存在的问题便是伴随技术变迁，传媒组织能否用好新技术力量、应对新技术冲击、探索新转型路径。这既关系到传媒组织的生存与发展，也影响到社会系统的运作与发展。该书作者以融合转型探索中的都市类媒体为分析对象，选取封面新闻、新京报、澎湃新闻、南方都市报为典型案例，通过较为丰富的田野调查积累与相关理论思辨结合的方式，对媒体融合过程中的传媒组织与互联网技术间的多维关系进行了较为深入的探讨，并对传统媒体融合实践中出现的传媒组织驯化互联网技术的现象及典型形态进行了更为深入细致的观察研究；并且发现，在"组织－技术"互动中，极具典型性的封面新闻、新京报、澎湃新闻、南方都市报，展开了契合组织定位、技术变迁、传媒生态的驯化探索，形成了利用技术拓展融合发展路径的经验与成效，为更多传媒组织将"外在"技术力量转化为"内生"动能并适应情境变迁而探索发展，提供了较前沿的参考样本和启发意义。

技术的变革及其对传媒的影响，一直是学界与业界关注的焦点，互联网技术与人工智能技术的发展，更将传媒实践和传媒研究推向新局面。在人工智能技术逐步取得突破式发展的当下，传媒业正处于从互联网时代转向人工智能时代的新一轮转型期。该书作者对传媒组织驯化互联网技术的过程及机制进行了相对深入、系统的剖析，既是对媒体融合转型探索中传媒组织既有的引入新技术、转化技术力量、发挥技术价值的理念与实践的"审思"，也能为传媒组织未来更好地应对人工智能技术冲击、应用人工智能技术而提供具有参考价值和反思价值的"参考"。

值得注意的是作者在研究中形成的一些结论和认识，在当下媒体融合的理论研究与实践指导中的应用价值，如传媒组织驯化互联网技术的过程，应围绕规范性与创造性兼具且交融的逻辑展开。而一系列具有某种"偏向"的探索，共同构筑了三种典型的驯化类型及驯化模式——创造优先型、规范优先型、协调探索型。不同类型的模式适用于不同情境且需要伴随情境变迁而创新，既有的典型模式作为基于田野调查所获得的"经验材料"而提炼的理论模式，可被视为传媒组织驯化新兴技术的基础型模式，其对应的要素与逻辑将可能成为更多模式形成的基础性构件。伴随互联网技术与人工智能技术的发展，传媒组织驯化新兴技术的更多模式，可能在多重因素交互的情境下，基于既有的典型模式而生成，即基于相应要素和逻辑拓展或重构而成。

该研究成果既是一位年轻学者在自身学术生涯进程中一次富有成效的积极探索，也在一定程度上回应了传媒组织如何利用既有媒介技术，处理好与之"共处"的多维关系，形成新的融合发展环境，并利用其拓展发展空间、探索发展路径、形成发展成效等问题，更在一定程度上解读与解答了为何许多传媒组织难以驾驭新兴技术、被动陷入创新困境等现实难题。

当然，无论是作者的学术研究进路，还是媒体融合的理论研究与实践推进，未来的路依然很"漫长"甚至艰辛，但至少就该书及更多的相关研究成果与可能的影响效应而言，我们看到了学界与业界的共同努力，尤其是年轻学者的投入，能够带来更多的新理论、新方法，形成可持续的学术研究活力。这不仅是我们共同的期待与目标，而且是持续推进具有中国特色媒体融合发展的一个关键点。

朱　天

2024 年 5 月于成都

目　录

绪　论

一、选题依据

在互联网技术以其同传统媒体技术具有根本性差异的功能、特性及自有逻辑，打破传媒组织与技术间既有均衡互动关系的情境下，将外在于环境中的技术力量转化为组织的内生动能以深度推进融合转型，已经成为我国媒体不可回避的选择。由都市类报纸衍生而来的都市类媒体①群落，更因面对直接的优胜劣汰式竞争压力及利用技术探索出路的紧迫性，而在吸纳、转化和发挥技

---

① 综合中国知网公开发表的文章及各媒体平台公布的信息来看，"都市类媒体"已成为约定俗成的常用名词，用以指代都市报、商报、晚报等都市类报纸及由其衍生而来的门户网站、客户端、微博和微信公众号等新媒体产物；随着媒体融合的深度推进，都市类媒体群落不仅在都市类报纸的基础上扩张，而且呈现出不同于都市类报纸的多元化特征。例如，封面新闻客户端 2019 年 12 月 20 日发布的文章《封面新闻下载量破 3000 万，喻国明：看到了都市类媒体转型中的一束亮光》，援引了喻国明评价封面新闻为都市类媒体转型带来创新经验的话语。2021 年 10 月 13 日举行的第二届中国广电媒体融合发展大会高峰论坛上，新京报社党委书记、社长刘军胜称新京报为都市类主流媒体。以"都市类媒体"为主题词在中国知网搜到的 400 余篇论文中，有 80 余篇论文标题含"都市类媒体"一词，且多数论文作者来自都市报、商报、晚报等，论文旨在用该词分析都市类报纸及其转型产物。

术价值以建构差异化优势的过程中，孵化出不同融合转型路径与
"组织-技术"互动取向上的典型。尽管利用技术推动媒体融合
发展、以技术牵引创新等理念与实践，及对既有典型经验的总结
分析，已成为政策创新、学术研究与业界发展中的关注焦点，具
体的实践经验却往往仅适用于特定情境而具有不可复制性，传媒
组织重建自身与技术间动态均衡互动的路径也仍相对模糊。透过
实践经验的表现，深入分析其背后的要素、逻辑及情境等，成为
深化传媒从业者、研究者对传媒组织与互联网技术间互动机制的
理解，以进一步突破困境并更好地推进媒体发展的关键。本书基
于传媒组织普遍需要却难以驾驭互联网技术的现实，从驯化理论
视角切入，聚焦融合转型探索中都市类媒体的组织与技术互动，
探究如下问题：我国媒体融合转型探索中的都市类媒体通过"组
织-技术"互动形成的常规化实践，蕴含着怎样的基本要素与深
层逻辑？可归为哪几类典型的驯化模式？触发或孵化不同模式的
多重情境因素与不同因素交互推动"驯化"动态变化的一般规律
是什么？

　　借鉴开创并领衔驯化研究的英国学者罗杰·西尔弗斯通
（Roger Silverstone）在《电视与日常生活》一书中的表述，本
研究可概述为：这是一项关于传媒组织与技术互动的研究，不是
脱离实践的理论分析，而是深入现实并通过现实折射出的镜头，
对传媒组织与互联网技术间互动实践进行深入分析，并且特别关
注不同实践的组合关系及触发机制。[①] 在重视技术"自主性"[②]

---

　　① 参见［英］罗杰·西尔弗斯通：《电视与日常生活》，陶庆梅译，南京：江苏
人民出版社，2004年，第1页。

　　② 参见［美］兰登·温纳：《自主性技术：作为政治思想主题的失控技术》，杨
海燕译，北京：北京大学出版社，2014年，第25页。

及技术自有逻辑的前提下，引入驯化视角来深度剖析传媒组织与互联网技术互动的本土经验，一方面超出了将技术视作工具而分析技术使用实践的视野，有利于挖掘更具启发意义和理论性生命力的逻辑或规律；另一方面也可通过传媒组织①驯化互联网技术的本土化图景描绘，探索性拓展关于驯化、媒体与技术的理论研究谱系。

（一）研究缘起

在传媒组织与技术的互动普遍失衡的情况下，走在技术创新及应用前沿的都市类媒体何以突破内卷化困境，如何通过探索性实践而让技术释放出期待价值并有效形成发展动能等，是传媒研究必须正视的问题，要求研究者通过学理性解读来建构更具推广价值的经验体系和理论知识。既有研究成果中，尽管有不同面向的技术观为解答上述问题奠定基础，也有驯化理论为讨论组织与技术间互动关系提供新视角，却鲜有研究超越传媒与技术间"使用-被使用"关系而讨论两者间更深层的互动机制或互动逻辑，更未形成指引传媒组织驯化互联网技术以重建有力推动媒体发展的互动关系的理论模式。传媒组织如何与技术互动才能更好地吸收、转化和发挥技术价值，作为伴随互联网技术冲击而产生且必将伴随人工智能发展而放大的问题，是本研究的基本动因及尝试

---

① 本研究涉及的"传媒组织"，既同"媒体"相联，又跟"媒体"有差异。一方面，本研究关注的传媒组织，专指实施"驯化"的主体，由具有能动性的社会群体构成。这类社会群体作为集合体，是社会系统的子系统，具有一般系统的特性，可被视为"含有秩序的体系"。另一方面，经过多年的媒体融合探索，当前的媒体样态和传媒体系，已经同传统媒体时期有了明显差异，甚至在某种程度上拓展了传统的媒体边界。故用"传媒组织"指称"驯化"的主体，以体现本研究关注的是新的媒体样态和组织系统，而非传统的媒体。

结合驯化视角与本土经验来讨论的重点。

一方面，互联网技术渗透社会系统与传媒生态，在多年的媒体融合转型探索中，尽管技术创新及技术使用的重要性已成共识，却有许多媒体陷入需要技术而难以驾驭技术、不断加大技术投入却收效甚微的内卷化困境。[①]

技术作为催生媒介融合的基础性力量[②]，自媒体融合伊始便是相关理念、实践及研究不可忽视的要素。在尼古拉斯·尼葛洛庞帝（Nicholas Negroponte）提出的三元聚合理论和伊契尔·索勒·普尔（Ithiel De Sola Pool）关于媒介融合的阐释基础上，已有诸多研究将媒介融合、媒体融合与技术紧密关联[③]，或是将媒介融合定义为"传统媒体与新技术的结合"[④]，或是认为"媒体融合的本质是技术融合"[⑤]，或是将广泛意义上的技术创新视作媒体融合的动因[⑥]。21 世纪，相较于政治、经济、文化等因素的可持续发展状态，技术因素伴随互联网变迁而出现"突变"，技术冲击及网络社会运转成为媒体探索发展时需应对的显著变化，前述媒体与技术间的深层关联也表现得尤为明显。如果说传统媒体时代，多数媒体在同传媒技术的互动中找到了依托传统的印刷

---

① 参见刘世定、邱泽奇：《"内卷化"概念辨析》，载《社会学研究》2004 年第5 期。

② 参见杜俊飞、袁光锋：《媒介融合与传播模式的变革：基于媒介技术发展的理论建构》，载《中国媒体发展研究报告》2010 年第 00 期。

③ 参见段鹏：《中国主流媒体融合创新研究》，北京：中国传媒大学出版社，2018 年，第 3 至 11 页。

④ 参见段鹏：《中国主流媒体融合创新研究》，北京：中国传媒大学出版社，2018 年，第 6 页。

⑤ 方兴东、钟祥铭：《重估媒体融合——50 年数字技术驱动下的媒体融合演进历程与内在价值观》，载《西北师大学报》（社会科学版）2002 年第 2 期。

⑥ 参见吴涛涛、张舒予：《技术创新视角下"媒体融合"动因、内涵及趋向》，载《中国出版》2016 年第 14 期。

技术、电子技术等探索发展的模式，那么进入由数字化技术主导的新媒体时代，区别于传统技术的互联网逻辑则要求媒体"再出发"以寻找新的发展模式。① 在网络社会中，媒体能否得到发展的关键就在于能否应对新冲击，即能否适应技术发展节奏并利用技术力量探索出新的发展空间。

就我国媒体融合语境中媒体与技术的互动来看，以互联网为核心的技术革命，已将媒体推至需驾驭技术的新阶段和新局面；然而许多媒体虽意识到技术的重要性并积极探索技术创新及应用实践，却普遍没能利用技术突破困境，形成了需要技术却又受到技术冲击、难以驾驭技术的失衡状态。自 2014 年媒体融合上升至国家战略以来②，一系列相关政策陆续出台，包括"先进技术为支撑"③，有关县级融媒体中心建设的省级技术平台规范要求④，及"形成资源集约、结构合理、差异发展、协同高效的全媒体传播体系"⑤ 等，有力推动媒体转型及相关技术创新尝试。诸多媒体利用技术创新内容生产、建设新平台、加强用户连接

---

① 参见郑自立：《我国媒体深度融合的动力逻辑与推进路径》，载《南京社会科学》2017 年第 9 期。

② 参见中国政府网：《习近平主持召开中央全面深化改革领导小组第四次会议》，2014 年 8 月 18 日，http://www. gov. cn/xinwen/2014 − 08/18/content _ 2736451. htm，2020 年 8 月 25 日。

③ 中国政府网：《习近平主持召开中央全面深化改革领导小组第四次会议》，2014 年 8 月 18 日，http://www. gov. cn/xinwen/2014 − 08/18/content _ 2736451. htm，2020 年 8 月 25 日。

④ 参见国家广播电视总局官网：《〈县级融媒体中心省级技术平台规范要求〉〈县级融媒体中心建设规范〉发布实施》，2019 年 1 月 5 日，http://www. nrta. gov. cn/art/2019/1/15/art _ 2081 _ 43372. html，2020 年 8 月 25 日。

⑤ 参见中国政府网：《习近平：加快推动媒体融合发展 构建全媒体传播格局》，2019 年 3 月 15 日，https://www. gov. cn/xinwen/2019 − 03/15/content _ 5374027. htm，2022 年 12 月 22 日。

等，形成了依托新兴技术运转的新业态。但同期待相比较，一系列使用技术的探索性实践为传统媒体带来许多新产品、新平台，却没能达到推动媒体转型发展的理想效果，鲜有在互联网技术冲击下真正实现融合的成功者。[1] 表现在社会效益层面，有研究通过对比媒体融合进展与舆情压力指数的数据发现，若以"传播矩阵覆盖率"（即入驻各主要新媒体的情况）为核心指标来评估融合进展，近年媒体融合成绩可谓斐然，然而同时段内反映舆论生态的舆情压力指数却在"社会矛盾""公共安全"等关键领域持续走高，这种现象至少说明既有实践还未完全实现做大做强主流舆论这个核心目标。[2] 在经济效益层面，传统媒体日渐式微的表现及互联网商业平台的竞争，也映射出传媒组织直面技术冲击并驾驭技术的紧迫性。据不完全统计，2017 年 1 月 1 日至 2019 年 1 月 31 日，国内有 69 家报纸停刊或休刊。[3] 而许多由传统媒体孵化的客户端，一直处于难同抖音、今日头条等互联网平台竞争的困境，媒体的官方微博号、微信公众号等则依赖于第三方平台运营。尽管既有融合转型结果并非单由技术因素决定的，努力却难以达成期待的内卷状态却至少反映出大多数媒体对技术的驾驭，还不足以应对技术带来的竞争危机，也未能很好地适应伴随技术发展形成的新生态，并可能伴随人工智能发展而陷入新困境。既有现实表明，较为理想的解决技术难点和痛点的方案，对

---

① 参见周冲：《传统媒体转型定位与策略》，载《重庆社会科学》2015 年第 1 期。

② 参见张诚、朱天：《从"集成媒体的新机构"到"治国理政的新平台"——县级融媒体中心的方位坐标及其功能逻辑再思考》，载《四川大学学报》（哲学社会科学版）2020 年第 2 期。

③ 参见中华纸业网：《2020 年报纸印刷总量下降近 13% 已经连续 9 年下降》，2021 年 4 月 12 日，http://www.cppi.cn/world/7578.html，2022 年 2 月 25 日。

传统媒体更进一步的探索发展而言是非常重要却又普遍缺失的，"创新科技所开发的潜能并未得以充分实现，技术的愿景也并未成为现实，科技所激发的对于新闻业的迷人想象并没有很快到来"①。

另一方面，在"内卷化"困境中，相较于多数广播电视媒体、日报、行业报等，政策红利和用户黏性等基础条件更为有限、受传媒生态和市场竞争局面变化影响更为明显的都市类媒体群落，通过各式各样的探索性实践，积累了大量利用技术寻求发展路径的经验，并孵化出利用技术而有力推进自身发展的范例。尽管相关传媒组织在利用并驾驭技术上的探索仍处于进行时状态，但其作为破解技术难题、创新技术应用等方面的"探路者"，已经形成了丰富、有效且具有参考意义的经验。

对于媒体何以驾驭互联网技术这一问题，我国传媒领域利用技术探索发展的历史，尤其是 2014 年以来媒体借助互联网技术强化或重构竞争优势的探索性实践进程，将寻找"技术解决方案"的线索及可能提供有效方案的对象，指向基于传统报纸而发展形成的由都市报、晚报、商报及其门户网站、客户端等构成的都市类媒体。② 在新闻业被认为比一般的产业组织"钝于变迁"的情况下③，这种将寻找"技术解决方案"的路径指向都市类媒体发展进程中的经验和趋势，也再次验证了理性主义理论的观

---

① 李艳红：《在开放与保守策略间游移："不确定性"逻辑下的新闻创新——对三家新闻组织采纳数据新闻的研究》，载《新闻与传播研究》2017 年第 9 期。

② 参见王晗啸、李成名、于德山等：《基于上下文语义的网络议程设置研究——以红黄蓝事件为例》，载《国际新闻界》2020 年第 4 期。

③ 参见李艳红：《在开放与保守策略间游移："不确定性"逻辑下的新闻创新——对三家新闻组织采纳数据新闻的研究》，载《新闻与传播研究》2017 年第 9 期。

点——"创新的采纳总是优先发生于那些面对最大的压力来处理挑战的公司"①。尽管都市类媒体作为媒体机构，在很多方面都区别于公司，却也是直接面对市场竞争压力且需要借助新兴技术来寻求创新与发展的类型，其在压力之下，既更可能"消亡"，也更可能成为"探路先锋"。

具体到我国媒体利用新技术寻求发展的历时性进程中，报纸媒体作为相较于广播电视媒体较早探索转型的类型，通过更长时间的摸索积累了更为丰富的实践经验。而报纸媒体中最直接面临市场竞争压力的都市类报纸，更是在不同发展阶段都探索着突破既有边界的转型路径，既在各种创新尝试中汇聚了经验，也在依托技术而推进媒体融合的进程中孵化出具有标杆意义的都市类媒体融合转型典型案例。相较于多数广播电视媒体、日报、行业报等，都市类媒体既处于市场竞争"一线"，又缺少深入垂直领域的受众黏性②，原有的时效优势、服务优势和"信息超市"优势也被互联网技术精准地消解了③，不得不成为传统媒体中直面技术冲击、改换创新路径的重要"探路者"。经过对现实情境与自身定位的重新审视，都市类媒体在融合转型探索中形成了多元分化的转型格局，包括如下情形：（1）判断转型无望，直接关闭；（2）转型未成功，纸媒及新媒体都关闭；（3）转型成功，纸媒因无存在必要而被关闭；（4）纸媒与新媒体两翼齐飞，但侧重点是强化新媒体传播；（5）报纸还在办，报社建制取消；（6）全面往

---

① 李艳红：《在开放与保守策略间游移："不确定性"逻辑下的新闻创新——对三家新闻组织采纳数据新闻的研究》，载《新闻与传播研究》2017年第9期。

② 参见张志安、姚尧：《都市报融合转型的三种路径及其影响研究》，载《新闻与写作》2019年第10期。

③ 参见王海涛、任媛媛：《都市报"内容优势"的消解与转型路径选择——基于三家都市报报道体裁和内容来源的分析》，载《当代传播》2015年第5期。

视频化转型。① 尽管多年来有许多都市类媒体被关闭或休刊，也有很多都市类媒体仍在艰难的探索中，却有一些都市类媒体经过市场打磨后成为具有竞争优势的典型代表，比如澎湃新闻、封面新闻、新京报、南方都市报、成都商报等。就相应行动方向和探索性实践而言，都市类媒体自诞生起便携带着创新基因与竞争意识，不仅在传统媒体时代打拼成为强势的纸媒，而且在互联网新时代保持着"探路者"精神②，并为传媒体系的整体性发展积累了经验，开拓了更多可能性。也正是在多元分化的转型路径上，形成较大用户规模及较好经济效益的都市类媒体，便是形成了应对技术冲击的竞争优势的典型，可在不同维度或层面为其他媒体提供先进的探索性策略及实践经验。以此类都市类媒体为分析对象，有助于在分析有效做法和探索过程的基础上，提炼出传媒组织与技术互动的要素和逻辑，并建构起更有参考价值和推广价值的典型模式。

基于上述我国媒体融合与技术应用现实，深入新闻学、社会学及技术哲学等研究领域，追溯并分析有关技术的理论基础发现：聚焦技术与社会或技术与媒体的不同技术观、技术与组织的"互构论"③ 等，从不同角度为分析媒体应对新兴技术冲击、探索重建两者间均衡互动关系的路径，提供了重要的思想基础和理论线索。不同技术观及媒介技术观体现出的技术并非中立工具的思想，既揭示出技术难以被驾驭的关键，也为我国媒体融合语境

---

① 参见范以锦：《媒介生态环境对都市报转型的影响性研究》，载《新闻与写作》2020 年第 4 期。

② 参见范以锦：《何时"拐点"真正到来》，载《传媒》2013 年第 8 期。

③ 参见邱泽奇：《技术与组织的互构——以信息技术在制造企业的应用为例》，载《社会学研究》2005 年第 2 期。

下的技术应用研究提供了指引和参照。从技术的起源看，"技术
一词源于古希腊语 techne，意为工艺、技能。早先人们将技术视
为制作各种工具的技能，通过凿、刻、织、烤等工艺手段将天然
的自然资源转化为自己所需的工具……传统技术依赖手工、偏重
效用，这种先天的特质使人们一直在目的和方法的范畴内来认知
技术"①。技术具有使用价值且需要在使用中发挥价值的观念②，
自技术诞生起便已产生且延续至今。而与技术工具论将技术简单
地视作技能或工具的观念不同，包括技术自主性③及技术的自然
属性和社会属性④等在内，具有不同偏向的观念推动了后续研究
的多元化发展。以技术自主性为核心并强调技术"不可控性"的
论调被认为是技术决定论，而与之持相反立场即强调人与社会的
能动性的，便是社会建构论。社会建构论强调"技术必然是在一
个社会过程中生成并被打上了社会过程的深刻烙印"⑤，被烙印
上社会系统中某些行动者意图的技术，自然也并非"简单"或中
立的工具。而在有关机器与有机体的讨论中，有学者明确指出机
器和动物一样，具有某种程度的能动性。⑥ 国内学者还讨论了技

① 高淑敏：《从功用工具走向生态互动：论技术、媒介与人的关系认知变迁》，
载《河南工业大学学报》（社会科学版）2018 年第 5 期。
② 参见陈凡、陈多闻：《文明进步中的技术使用问题》，载《中国社会科学》
2012 年第 2 期。
③ 参见［美］兰登·温纳：《自主性技术——作为政治思想主题的失控技术》，
杨海燕译，北京：北京大学出版社，2014 年，第 12 页。
④ 参见王建设：《"技术决定论"与"社会建构论"：从分立到耦合》，载《自然
辩证法研究》2007 年第 5 期。
⑤ 晏如松、张红：《技术的决定论和社会建构论》，载《陕西师范大学学报》
（哲学社会科学版）2004 年第 S2 期。
⑥ 参见夏永红：《机器的能动性：从笛卡尔到西蒙栋》，中国社会科学网－中国
社会科学报，2021 年 8 月 10 日，http://www.cssn.cn/zx/bwyc/202108/t20210810_
5352680.shtml，2022 年 5 月 16 日。

术决定论和社会建构论的分立与耦合，逐渐将相对折中的既关注技术自主性又关注社会建构性的主张推向主流，即认为"技术决定论与社会建构论之间既具有张力，又保持逻辑连接"①，也同样没有将技术视作"简单"或中立的工具。具体到信息传播及信息技术研究领域，技术并非"简单"或中立工具的思想亦得到明显体现和深入讨论。在以媒介环境学派为代表建构的有关媒介技术的经典理论体系中，哈罗德·伊尼斯（Harold A. Innis）的"传播的偏向"论②、马歇尔·麦克卢汉（Marshall McLuhan）的"媒介是人的延伸"论③等，均呈现出包含技术自主性的技术决定论偏向。保罗·莱文森（Paul Levinson）主张的技术"软决定论"④，则在关注技术力量的同时，强调人类发挥能动性以左右技术效果的可行性。而将视野拓宽至社会科学和自然科学交汇的学术领域，亦不难发现技术与组织的研究经历过多阶段的发展后，自21世纪开始将议题转向了信息技术。⑤ 具有代表性的有关组织与技术的"互构论"的理论阐释，认为"技术与组织的关系是一个技术提供方和技术使用方之间相互建构的过程"，而技术的应用能否成功则取决于技术与组织的可互构性程度。⑥

---

① 王建设：《"技术决定论"与"社会建构论"：从分立到耦合》，载《自然辩证法研究》2007年第5期。
② 参见［加拿大］哈罗德·伊尼斯：《传播的偏向》，何道宽译，北京：中国人民大学出版社，2003年，第27至48页。
③ 参见黄旦：《延伸：麦克卢汉的"身体"——重新理解媒介》，载《新闻记者》2022年第2期。
④ 参见［美］保罗·莱文森：《软利器：信息革命的自然历史与未来》，何道宽译，上海：复旦大学出版社，2011年，第3页。
⑤ 参见邱泽奇：《技术与组织：学科脉络与文献》，北京：中国人民大学出版社，2018年，第1页。
⑥ 邱泽奇：《技术与组织的互构——以信息技术在制造企业的应用为例》，载《社会学研究》2005年第2期。

　　根据既有技术观及媒介技术观强调和延伸的技术"自主性"或"能动性"、技术并非"简单"或中立工具的观念，以及组织与技术互动的研究等既有理论成果，任何新兴技术进入传媒领域，都需要经历被传媒组织驯化的过程，才能形成同技术自有逻辑和技术使用者需求契合的功能价值。由于互联网技术携带的自有逻辑同传统媒体技术不同，传统媒体通过驯化传统媒体技术形成的经验，及围绕"技术使用"而形成的传媒组织与技术间的互动关系，自然无法在互联网时代发挥政策及相关行动主体期待的效用。当传媒组织把互联网技术当作已经被驯化的工具，而按照过往形成的使用印刷技术、电子技术等经验来展开自身同互联网技术间的互动时，便无法实现对以互联网为基础的新兴技术的驾驭，也就无法按照既有的"使用－被使用"的路线建构起可推动媒体融合发展的互动关系。

　　由此，在分析我国媒体融合转型探索中传媒组织与互联网技术的互动时，不应夸大技术的自主性和不可控性，也不能将技术视作中立的工具，而忽视了技术逻辑变迁带来的影响及驯化技术的重要性。一方面，在技术有自主性或技术并非中立的工具的前提下，尽管把技术当作工具来使用，是发挥技术价值的必经过程，却可能忽略新兴技术的多重属性，以及新兴技术区别于原有技术的根本逻辑及其他重要因素，以至于难以把控技术使用结果，并让技术使用者陷入被动或更复杂的困境。另一方面，若将理论的意义视为照亮经验并有效启发人们对经验的理解①，媒体通过使用技术来驯化技术的过程，就离不开既有的技术观及媒介

----

　　① 参见贺雪峰：《理论资源与经验研究——如何才能写出一篇好的社会科学博士论文》，载《济南大学学报》（社会科学版）2020 年第 3 期。

技术观奠定的思想基础，而相应过程正是既有的具有哲学高度的技术观所没有具体阐释的，被当作了"黑箱"①。那么，基于技术决定论与社会建构论相耦合的理论思想，在承认技术自主性的前提下，以"使用"为重要环节而非全部过程来探索传媒组织对新兴技术的驯化，是我国媒体在融合转型探索中应对互联网技术冲击时的应有意识和实践策略。引入驯化视角来探究传媒组织与技术间新一轮"动态均衡"的互动关系建构，也自然成为传媒研究不可忽视的重要议题。

（二）研究意义

根据不同技术观与我国媒体融合转型现实共同揭示的传媒组织驯化互联网技术的重要性，本研究对传媒组织与互联网技术间常规化互动过程的深入分析，即在分析相应互动实践的要素、逻辑与情境的基础上建构典型的驯化模式及更进一步展开比较分析的尝试，既有现实意义也有理论意义。

一方面，引入驯化理论视角，分析我国传媒组织与互联网技术间互动的本土经验，既可依据本土经验而描绘出更为细致的驯化图景，也是循着驯化的理论线索而深入分析本土化实践的深层逻辑，以进一步拓展媒体与技术互动的研究谱系。首先，本研究立足我国媒体融合语境，引入驯化理论来分析传媒组织与新兴技术的互动，是进一步描绘驯化图景的努力，即尝试延伸罗杰·西尔弗斯通分析驯化过程时所称的由商品化、想像、占有、客观

---

① 张茂元、邱泽奇：《技术应用为什么失败——以近代长三角和珠三角地区机器缫丝业为例》，载《中国社会科学》2009年第1期。

化、合并和转换环节构成的"一个草图"①。正如罗杰·西尔弗斯通在阐述社会学研究创建新理论的能力时所言，"社会学研究最显而易见的长处之一，就是它有创建新理论的能力……特别是创建一种以社会进程为基础的新理论……在这一过程中形成的理论也是社会进程中的一部分。其自身也是不断变动着的，它把各种资料分析填充进去，经受这些资料的挑战，并且被资料所修正。"② 引入驯化视角来分析我国都市类媒体实践，自然也可能通过分析本土经验，获得超出原有理论框架阐释范围或线索的新发现，并反过来丰富或拓展既有的理论框架。其次，引入驯化理论分析传媒组织与技术间的互动，并探索性建构传媒组织驯化技术的典型模式，亦是拓展媒体与技术间互动机制研究的尝试。在既有的传媒领域尤其是媒体融合研究领域，有关传媒技术的讨论呈现出高度一致的倾向，即认为互联网技术对媒体融合发展而言非常重要，或是普遍将互联网技术视作可用于推动媒体融合发展的创新型工具，或是认为只要使用新兴技术便可符合预期，表现出较强的技术工具论或技术决定论偏向。尽管已有研究者发表有

---

① ［英］罗杰·西尔弗斯通：《电视与日常生活》，陶庆梅译，南京：江苏人民出版社，2004 年，第 184 页。据罗杰·西尔弗斯通的著作《电视与日常生活》的英文版，电视"家居化"的过程包括 commodification，imagination，appropriation，objectification，incorporation，conversion 六大阶段（p.123）。在该著作的中译版及后续学者进行的驯化研究中，有多种意思相近但措词不同的翻译。例如有学者将 imagination 译为"想象"或"想像"，将 appropriation 译为"挪用"或"占有"，将 incorporation 译为"整合"或"合并"等。为避免混淆，本研究统一使用 2004 年出版的《电视与日常生活》（陶庆梅译）中的翻译，根据该版第 184 页至第 195 页的内容，将驯化过程的六大阶段称为：商品化、想像、占有、客观化、合并、转换。由于该版中对 objectification 的翻译，存在"客体化"和"客观化"两种表述，本研究除引用该版中含有"客体化"一词的原文外，一律以"客观化"代称 objectification。

② ［英］罗杰·西尔弗斯通：《电视与日常生活》，陶庆梅译，南京：江苏人民出版社，2004 年，第 2 页。

关技术的反向驯化的成果，也有研究者做冷思考，强调互联网技术的负面影响，为有关媒体与技术的理论研究提供了可从驯化视角切入的启发和参考性路径，却鲜有研究深入分析传媒组织驯化技术的过程。本研究对驯化过程的分析和阐释，恰是在技术"工具性"角色价值的基础上，进一步强调技术的"生态性"① 角色影响，以在承认并重视技术并非中立工具的前提下，探析传媒组织发挥能动性来驯化技术的要素及逻辑。这在很大程度上延续了数字新闻学理论体系中有关技术的认知、理解及不同技术观耦合的可能路径。聚焦于技术自主性和组织能动性间的碰撞与融合，是进一步拓展媒体与技术、传媒组织与技术互动的理论研究谱系的尝试。最后，构成相应模式的要素与逻辑由于提炼自我国媒体融合转型探索中的理念与实践，必将伴随媒体融合发展而变化。本研究基于明显形成的常规化互动过程而建构类似于雏形的驯化模式，可能是未来持续探析传媒组织与技术互动的基础模式。相较于大力拓展既有理论体系且具有显著理论价值的研究，本研究探索性建构的传媒组织驯化互联网技术的典型模式，尽管理论创新的价值和力度相对有限，却也将为媒体与技术的研究揭示不可忽视的驯化过程及互动机制。

另一方面，面对传媒组织需要新兴技术力量却难以驾驭新兴技术的难题，对错综复杂的"组织－技术"互动现实进行剖析，以挖掘实践中的要素、逻辑及影响因素等，可为更多媒体内化技术力量以拓展发展动能与空间而提供参考或启发。当利用技术推动融合转型发展成为传媒业界共识，分析传媒组织与技术互动的

---

① 常江：《数字新闻学：一种理论体系想象与建构》，载《新闻记者》2020 年第 2 期。

典型经验也成为传媒研究重点，许多传统媒体难以驾驭互联网技术的现实难题却依旧未能得到充分回应和解决；深入分析都市类媒体群落中处于利用技术拓展发展路径前沿的媒体及其实践，并在此基础上建构的驯化模式，自然对其他都市类媒体甚至更多媒体机构面对人工智能等新技术发展的探索具有参考价值及启发意义。基于具有典型性的都市类媒体的经验分析和模式建构，将揭示出传媒组织驯化技术的要素构成及内在逻辑，可在深化有关"组织－技术"互动机制的认知与理解的基础上，为转型中的传统媒体利用技术牵引创新的探索，提供可参考的策略性实践思路。具体围绕驯化的环节而分析传媒组织与技术产物的互动特征，及由此提炼的要素，包含相关要素的环节与各环节、各要素间的互动逻辑，对传媒从业者而言既是需要深入理解的，也是可根据实际需求而拆解、重组的，有利于其因地制宜和因时制宜地思考布局策略和实践方向。本研究还将基于我国媒体融合语境和网络社会背景，深度分析影响相应驯化模式形成的情境因素与多重情境因素间的交互作用，及多重情境因素与驯化动态变化的互动关系等，以提升基于现实资料而探析的传媒组织驯化技术的逻辑或机理的现实意义。尤其是在分析不同驯化模式的形成情境及触发机制的过程中，揭示不同情境中的传媒组织可能面临的推动或限制其做出选择、推进实践的关键性因素，并在某种程度上反映不同驯化模式的适用条件、参考价值和局限性。这种深入剖析典型案例及本土经验的方式，不仅有助于透过实践表征发现深层的要素、逻辑及关键性影响因素，而且可帮助传媒从业者深入考虑和创造性借鉴既有的利用技术价值寻求发展路径、应对互联网技术冲击、顺应网络社会发展需求的传媒实践经验。

同时，由都市类媒体探索形成的传媒组织驯化新兴技术的典型模式，对媒体融合发展的现实意义也可在都市类媒体历时性发展规律中得到佐证。自 20 世纪 90 年代都市类报纸打开报业新局面以来，包括生产理念与实践革新在内，通过都市类报纸的探索性尝试而推广至其他媒体的一系列创新举措，逐步强化了都市类报纸的创新基因和探路者作用。而自诞生起便在市场竞争中强化自有优势的都市类报纸，面对互联网技术的冲击所衍生的都市类媒体群落，更是因身处市场竞争"一线"而面临更显著、更直接的生存危机，抢抓时机并精准投入，成为都市类媒体拓展生存与发展空间的关键。通过不断尝试和勇于突破创新的探索，在优胜劣汰中形成的都市类媒体典型案例，自然极有可能延续其作为"探路先锋"的历史轨迹和发展规律，为其他同处于融合转型探索中的媒体提供具有参考价值或启发意义的驯化模式及触发机制。

二、国内外研究综述

本研究从技术与社会、技术与我国传媒体系转型、技术与都市类媒体融合转型等层面展开国内外文献分析，以更系统地把握研究背景和相关研究成果，进一步深化研究问题指向并明确回应研究问题的线索。由于我国媒体发展语境同西方国家有明显差异，本研究围绕媒体融合与媒体发展而梳理并分析的文献，以国内传媒领域的研究成果为主，而有关技术与社会、技术与组织等议题的文献，则更多涉及国外及其他学科的研究成果。

在技术哲学与社会科学研究中，基于"技术-社会"互动而展开的"组织-技术"关系讨论，揭示出人类无法总是按期待发挥技术价值的深层原因，是技术自主性、技术并非中立的工具及由此形成的反向驯化力量，并为研究传媒组织对互联网技术的驯化提供了重要的思想基础。在技术变迁与我国传媒体系转型发展相关的研究成果中，既有针对新闻组织对数据新闻创新的采纳①、新闻创新的差异何以形成②等问题进行的讨论，也有强调数字技术"生态性"角色的数字新闻学研究③，还有研究者关注到传媒从业者驯化技术的重要性④。聚焦技术创新与都市类媒体融合转型层面，有许多研究分析都市类媒体融合转型的先进经验，并对技术创新与技术使用创新表现出明显重视，却少有研究分析传媒组织与新兴技术互动的深层逻辑或深层规律。总的来说，在技术与社会、技术与组织互动的背景下，我国传媒研究已经讨论了传媒组织与互联网技术的相互作用，但还未形成可指引传媒组织发挥能动性以驯化技术的理论路径。尤其是当诸多研究倾向延续技术工具论或技术决定论思想时，进一步引入多元化的技术观，深入分析传媒组织与互联网技术的互动，成为传媒研究需拓展或强化的方向。

（一）技术与社会互动中的"组织—技术"关系讨论

传媒组织是使用技术并驾驭技术以推动媒体发展的重要主体，而技术的反向驯化是导致诸多媒体在使用技术时难以实现自

---

① 参见李艳红：《在开放与保守策略间游移："不确定性"逻辑下的新闻创新——对三家新闻组织采纳数据新闻的研究》，载《新闻与传播研究》2017 年第 9 期。

② 参见李艳红：《生成创新：制度嵌入如何塑造新闻创新差异——对三家媒体数据新闻实践的比较》，载《新闻与传播研究》2021 年第 12 期。

③ 参见常江：《数字新闻学：一种理论体系的想象与建构》，载《新闻记者》2020 年第 2 期。

④ 参见杨奇光、张世超：《自动化技术驱动下的新闻采编：流程再造、角色转型与内容治理》，载《中国编辑》2021 年第 9 期。

身期待的关键。能否找到技术产生反向驯化的深层原因并为传媒组织驯化技术的实践指引方向，在很大程度上决定了媒体发展能否取得期待效果。国内外文献分析也由此追溯至技术的多重属性及其同社会发展间的关系，以深入理解技术在社会系统中的角色及影响。同时由于媒体与技术的互动不仅是个人与技术的互动，更是特定的社会群体在特定情境下同技术的互动，社会科学领域甚至更为抽象的哲学层面有关社会与技术、组织与技术的研究成果也是文献综述的重点。尤其是技术"自主性"、媒介技术观、"组织－技术"互动等相关议题的研究成果，是进一步明确媒体与技术互动的研究脉络的理论线索与思想基础。

1. 技术"自主性"及"反向驯化"的哲学讨论

在技术哲学层面，技术"自主性"或"自主性技术"以及技术并非中立工具等，早已成为备受关注的议题。雅克·埃吕尔（Jacques Ellul）早在 1964 年就在《技术社会》一书中阐述了技术具有自主性的观点。[①] 尽管这一观点及后续学者们以其为基础而展开的对技术自主性的解读，或多或少具有强调技术"不可控性"的技术决定论倾向，但技术的自主性及其对人类社会产生的影响是不可忽视的。与技术决定论立场相反的社会建构论所强调的技术被社会打上深刻烙印[②]等观点，也从另一方面反映出进入技术使用者视野的技术往往并非单纯或中立的工具，而是携带着一定意图的价值体系。那么，无论是强调技术不可控的观点，还是强调技术携带着人类社会中相关行动者意图的观点，都反映出

---

① 参见［美］兰登·温纳：《自主性技术——作为政治思想主题的失控技术》，杨海燕译，北京：北京大学出版社，2014 年，第 12 页。

② 参见晏如松、张红：《技术的决定论和社会建构论》，载《陕西师范大学学报》（哲学社会科学版）2004 年第 S2 期。

技术对其使用者而言并非"简单"或中立的工具，而必然可能对个人、媒体或其他社会群体产生反向驯化作用。将相对而言的技术自主性同具体的媒体融合语境相结合，便不难发现技术导致的传媒生态变化及媒体发展动态，本身也是其发挥自主性影响的表现，只是该影响既可能是正面的，也可能是负面的。

从事马克思主义哲学与科学技术哲学研究的学者智广元，在《从"技术逻辑"到"制度逻辑"：技术政治视野下的生态安全问题》一文中，还对技术的自主逻辑、资本逻辑和意识形态逻辑进行了阐释。[①] 该文对技术蕴含的多重逻辑的论述，既观照了技术的自主性，也反映出技术被控制或左右的可能性。这同前述有关媒体与技术的研究，在注意到互联网技术带来的巨大影响后所揭示或暗示的一系列思想观念高度契合，包括强调对人的关注、重视人的创造力以及防止技术依赖的主张等。由此可见，技术的自主性是技术对其使用者产生反向驯化的根本原因；扩散技术的正面效应而消解相应负面影响并以期待的方式发挥技术价值，则是技术使用者探索驯化技术的重点和方向。

2. 技术与社会互动中的媒介技术观变迁

围绕技术的工具性和自主性等多重属性，技术哲学研究领域形成了包含技术决定论、社会建构论等在内的由多种技术观构成的理论谱系，而同相应技术观关联的媒介技术观，亦形成了不同面向和主张的思想体系。从技术与社会的互动，到技术与媒体的互动、媒介与社会的关系讨论等，既蕴含着不同技术观的传承与演进，也表现出技术变迁与社会环境对媒体发展的交

---

① 参见智广元：《从"技术逻辑"到"制度逻辑"：技术政治视野下的生态安全问题》，载《重庆师范大学学报》（社会科学版）2018 年第 2 期。

互作用。

在揭示技术与社会互动关系的理论中，特别强调技术对社会的影响甚至夸大技术不可控性的是典型的技术决定论，与之立场相反且强调社会对技术的影响①的则是社会建构论。西方学者在此基础上建构起了"强技术决定论—弱技术决定论—温和的社会建构论—极端的社会建构论"的技术社会学谱系。② 国内学者则通过分析不同技术观的冲突与耦合，推动了相关理论的本土化发展。以学者王建设的著作《技术决定论与社会建构论关系解析》及相关论文为代表的研究成果，不仅论述了技术决定论和社会建构论之间从分立走向耦合的关系，而且认为这将有助于对技术的意义、技术与社会关系的全面理解和研究。③

在传媒领域及信息传播领域，同样形成了蕴含不同技术观的媒介技术理论谱系。一方面，媒介环境学派中诸多学者的研究成果构成了丰富且多面向的媒介理论体系，为立足我国媒体融合语境探析媒体与技术的互动奠定了重要基础。例如哈罗德·伊尼斯的"传播的偏向"研究④、马歇尔·麦克卢汉的"媒介是人的延

---

① 参见王建设：《"技术决定论"与"社会建构论"：从分立到耦合》，载《自然辩证法研究》2007 年第 5 期。

② 参见黄晓伟、张成岗：《技术决定论形成的历史进路及当代诠释》，载《南京师大学报》（社会科学版）2017 年第 3 期。

③ 参见王建设：《技术决定论与社会建构论关系解析》，沈阳：东北大学出版社，2013 年，第 2 页。

④ 参见［加拿大］哈罗德·伊尼斯：《传播的偏向》，何道宽译，北京：中国人民大学出版社，2003 年，第 27 至 48 页。

伸"论①、保罗·莱文森的"软决定论"② 和"补偿性媒介理
论"③ 等,其中虽有一些理论观念表现出较明显的技术决定论偏
向,却也是对传媒研究者应注意技术对个人或社会群体可能产生
深刻影响的警醒。而保罗·莱文森的"软决定论",与本研究以
承认技术并非中立工具为前提而分析传媒组织与技术互动的逻辑
高度契合。保罗·莱文森在《软利器:信息革命的自然历史与未
来》一书中论述的观点,即技术为某种情况提供了可能性,而将
可能性变成现实的却是人的努力④,为剖析影响传媒组织驯化技
术的因素提供了多种维度及视角。另一方面,凯文·凯利
(Kevin Kelly)、曼纽尔·卡斯特 (Manuel Castells) 等紧随互联
网技术发展而出版的著作,及其中有关网络社会与科技发展的论
述,也对融合转型探索中的媒体与技术的互动研究具有启发意
义。这些著作包括凯文·凯利在"未来三部曲"(《失控》《科技
想要什么》《必然》)中,就大数据、云计算、物联网等展开的有
关新技术与传媒发展、社会发展的预言⑤;曼纽尔·卡斯特在
"信息时代三部曲"(《千年终结》《网络社会的崛起》《认同的力
量》)中,有关技术带来的社会系统和传媒生态变革的深度阐

---

① 参见黄旦:《延伸:麦克卢汉的"身体"——重新理解媒介》,载《新闻记
者》2022 年第 2 期。
② 参见 [美] 保罗·莱文森:《软利器:信息革命的自然历史与未来》,何道宽
译,上海:复旦大学出版社,2011 年,第 3 页。
③ 参见程明、程阳:《论智能媒体的演进逻辑及未来发展——基于补偿性媒介
理论视角》,载《现代传播》2020 年第 9 期。
④ 参见 [美] 保罗·莱文森:《软利器:信息革命的自然历史与未来》,何道宽
译,上海:复旦大学出版社,2011 年,第 3 页。
⑤ 参见王英:《凯文·凯利的自主技术论及其比较研究》,载《自然辩证法研
究》2017 年第 10 期。

述①；以及约翰·厄里（John Urry）在《全球复杂性》中阐释的网络社会运行规律②等。

3. 技术与组织互动中的"互构论"阐析

具体到技术与组织的互动层面，不难发现技术与组织的互动研究，同样以技术与社会间的互动为背景，朝着更为中观甚至微观的经验分析进行了拓展，通过实证研究运用并发展着相关理论。其中同媒体与技术互动的研究联系较为紧密的，便是技术的二重性及其在"技术－个体－组织"关系框架中的应用。③ 旺达·J. 奥利科夫斯基（Wanda Janina Orlikowski）在《技术的二重性：对组织中技术概念的反思》一文中，就阐述了这样的观点——"技术既被在特定社会情境中工作的行动者物理性地建构，同时又被行动者赋予不同意义、强调和使用其不同特点而社会性地建构"④。这一观点同时关注到了技术的使用价值和"自带意图"，为分析复杂的技术使用情境、使用方式与使用者等提供了参考思路。国内社会学研究者邱泽奇等对技术与组织间的互构进行了深入探究，并围绕"技术供应方－技术－技术使用方"的关系框架阐释了"互动"。邱泽奇在其论文《技术与组织的互构——以信息技术在制造企业的应用为例》中，根据信息技术在制造企业的应用情况，集中阐析了组织与技术的互构，并认为：

---

① 参见方兴东：《〈信息时代三部曲〉网络社会最野心勃勃的描绘》，载《IT时代周刊》2003年第15期。

② 参见［英］约翰·厄里：《全球复杂性》，李冠福译，北京：北京师范大学出版社，2009年，第12页。

③ 参见邱泽奇主编：《技术与组织：学科脉络与文献》，北京：中国人民大学出版社，2018年，第7页。

④ 参见邱泽奇主编：《技术与组织：学科脉络与文献》，北京：中国人民大学出版社，2018年，第215页。

"信息技术因其技术结构性而具有组织刚性，同时也因其细节的可塑性而具有组织弹性；同样，组织结构也具有技术刚性和弹性的两面。既有的组织因为信息技术的组织刚性而产生结构重组；同时，建构中的技术也会因为组织结构的技术刚性而被修订或改造。"① 其后，张燕和邱泽奇通过《技术与组织关系的三个视角》一文，对技术决定论、技术结构理论和互构理论进行了系统的阐析。② 张茂元和邱泽奇的论文《技术应用为什么失败——以近代长三角和珠三角地区机器缫丝业为例（1860—1936）》，分析了影响技术应用效果的复杂因素和利益关系。③

既有的围绕技术与组织研究发现的互构论，揭示了围绕组织与技术而存在并变化的技术设计者、技术使用者与技术本身之间的相互影响关系。尽管组织与技术的互构论以及分析技术应用过程而获得的理论发现，不能完全直接用来分析传媒组织与技术的互动过程，却也通过以"互构"为核心的理念启发了传媒组织与技术、媒体与技术的研究，并再度凸显了传媒组织在同技术的互动中驯化技术的重要性和可能性。就技术与社会、技术与组织的互构逻辑而言，传媒组织在与互联网技术互动的过程中，何以发挥组织能动性以驯化具有自主性的技术，是传媒研究不可忽视的重要维度。

---

① 邱泽奇：《技术与组织的互构——以信息技术在制造企业的应用为例》，载《社会学研究》2005 年第 2 期。

② 参见张燕、邱泽奇：《技术与组织关系的三个视角》，载《社会学研究》2009 年第 2 期。

③ 参见张茂元、邱泽奇：《技术应用为什么失败——以近代长三角和珠三角地区机器缫丝业为例（1860—1936）》，载《中国社会科学》2009 年第 1 期。

（二）技术变迁与我国传媒体系融合发展研究

关注技术变迁与我国传媒体系融合发展的既有研究成果，不仅数量较大而且视角多元，从媒体内容生产变革、媒体结构布局、媒体参与社会治理等多方面，突出了技术于媒体融合发展的显著影响与重要价值。[①] 包括数字新闻学对技术"生态性"角色的讨论[②]在内，既有研究构成的知识谱系，充分反映出传媒组织在融合转型中驯化互联网技术的重要性，以及进一步聚焦传媒组织与互联网技术互动的过程以展开驯化研究的必要性。在国内外有关媒体与技术的研究中，已经出现了从组织视角切入，并将组织视作重要主体的研究，为分析传媒组织驯化新兴技术的过程提供了基础和参考。[③]

1. 作为影响传媒变革之基础性力量的技术逻辑

许多研究在承认技术的重要性的同时，从不同角度分析了技术与媒体融合、媒体发展的深层关联，并认为技术是影响传媒变革的基础性力量。不少学者和传媒从业者从技术视角分析媒体融合，并将技术维度的融合视作媒体融合的必要前提。例如，段鹏在其著作《中国主流媒体融合创新研究》中，总结发现"在早期的媒介融合研究中，无论是提出并初步完善这一概念的西方学者，还是将其引入中国语境下的中国学者，大都立足于传播技术

[①] 参见黄楚新、许可：《人工智能技术驱动传媒业发展的三个维度》，载《现代出版》2021 年第 3 期。

[②] 参见常江：《数字新闻学：一种理论体系的想象与建构》，载《新闻记者》2020 年第 2 期。

[③] 参见李艳红：《在开放与保守策略间游移："不确定性"逻辑下的新闻创新——对三家新闻组织采纳数据新闻的研究》，载《新闻与传播研究》2017 年第 9 期。

和形式的角度进行阐述"[1]；吴文涛和张舒予在《技术创新视角下"媒体融合"动因、内涵及趋向》一文中，指出"广义的技术创新应是媒体融合的肇始动因"[2]；吕尚彬认为，"媒体融合是媒体在新传媒生态环境中沿着传播技术变化轨迹，以进化中的互联网为基础设施和操作模式，对传播资源、用户市场和产业资源重新配置的过程"[3]；廖祥忠的观念与前者一致，认为"我们正处在融合媒体的中期，基于技术融合的融合媒体正在出现"[4]。传媒从业者徐俊勇也认为，要推动媒体融合长远发展，就要结合互联网技术对传媒的影响来计划和调整媒体融合的战略思想。[5] 可见技术于媒体融合的重要性，已成为传媒业界和学界的共识。

　　诸多研究者还从技术变迁的角度梳理了传媒业的发展历程，将技术逻辑置于更长时期的历时性变迁中，分析其对传媒领域的深层影响并推论未来趋势。李良荣和辛艳艳的论文《从 2G 到 5G：技术驱动下的中国传媒业变革》[6] 等，以技术为主线梳理了媒体发展的历时性规律；方兴东和钟祥铭的论文《重估媒体融

---

① 段鹏：《中国主流媒体融合创新研究》，北京：中国传媒大学出版社，2018年，第 7 页。

② 吴文涛、张舒予：《技术创新视角下"媒体融合"动因、内涵及趋向》，载《中国出版》2016 年第 14 期。

③ 吕尚彬：《媒体融合的进化：从在线化到智能化》，载《人民论坛·学术前沿》2018 年第 24 期。

④ 廖祥忠：《从媒体融合到融合媒体：电视人的抉择与进路》，载《现代传播》2020 年第 1 期。

⑤ 参见徐俊勇：《基于移动互联网技术下的媒体融合发展研究》，载《中国传媒科技》2017 年第 10 期。

⑥ 参见李良荣、辛艳艳：《从 2G 到 5G：技术驱动下的中国传媒业变革》，载《新闻大学》2020 年第 7 期。

合——50 年数字技术驱动下的媒体融合演进历程与内在价值观》①、鲍立泉的著作《技术视野下媒介融合的历史与未来》②等，分析了技术变迁视角下媒体融合或媒介融合发展历程。张金桐和屈秀飞则在解读媒体融合演进的基础上展望主流媒体发展趋势，并认为"技术赋能已成为新媒体发展的利器，新技术产生新内容，新技术促进新连接，包括人与人的连接、人与物的连接等，在该技术发展背景下，媒体正在被重新定义"③。对于数智媒体生态的未来，郭全中认为"技术革新是数智媒体生态变革的核心驱动力，随着新技术的狂飙，特别是生成式人工智能技术的兴起，数智媒体生态的未来发展趋势将基于融合化、网络化、智能化、平台化、国际化的维度，迎来新的变革"④。

同时，尽管技术被视作媒体融合及媒体发展中的重要力量，既有研究也并没有忽视其他多重逻辑的重要性，特别是在我国的媒体融合发展的语境中，技术逻辑同其他逻辑间交互关系的存在与讨论，同样为分析传媒组织驾驭技术的选择和内在逻辑提供了重要参考。其中比较典型的有：于正凯基于技术、资本、市场、政策的交互而分析了中国媒体融合发展进路⑤；林如鹏和汤景泰基于习近平总书记关于媒体融合发展的系列重要讲话而系统地阐

① 参见方兴东、钟祥铭：《重估媒体融合——50 年数字技术驱动下的媒体融合演进历程与内在价值观》，载《西北师大学报》（社会科学版）2022 年第 2 期。
② 参见鲍立泉：《技术视野下媒介融合的历史与未来》，武汉：华中科技大学出版社，2013 年，第 99 至 113 页。
③ 张金桐、屈秀飞：《媒体融合的演进逻辑、实践指向与展望》，载《当代传播》2019 年第 3 期。
④ 郭全中：《技术迭代与深度媒介化：数智媒体生态的演进、实践与未来》，载《编辑之友》2024 年第 2 期。
⑤ 参见于正凯：《技术、资本、市场、政策——理解中国媒体融合发展的进路》，载《新闻大学》2015 年第 5 期。

述了融合发展的政治逻辑、技术逻辑与市场逻辑[①]；秦露比较了媒介变革的两种范式——数字革命范式和媒体融合范式，并从媒体融合范式的理论框架出发阐释了中国媒体融合进程的主要特征和政治逻辑，认为"政治与技术、产业间的互动可以有效地纠正技术自身发展所产生的'偏向'"[②]。上述研究或直接讨论我国媒体融合中的技术逻辑与其他逻辑，或将对多重逻辑的分析融入具体议题分析之中的研究，既是我国媒体融合语境的体现，也为技术与媒体间互动的研究提供了重要背景和多重脉络。

2. 利用技术创新业务的实践方式及机理分析

当技术逻辑伴随其他多重逻辑渗透到传媒业务中，越来越多的研究关注技术对业务创新的作用。人工智能技术的发展与运用，更是推动了有关技术创新、技术应用创新及技术对传媒业务发展的影响等议题的讨论，充分体现出利用技术创新业务发展的重要性和多样性。

具体到技术与媒体融合的相关研究中，对利用技术创新实践的机理分析也已成重点，既在一定程度上涉及利用新兴技术创新业务发展的内在机制，也在一定程度上讨论了人与技术的互动。前者包括彭东对算法逻辑下传统媒体把关机制的分析[③]、陈昌凤和师文对智能算法运用于新闻策展的技术逻辑与伦理风险的分

---

① 参见林如鹏、汤景泰：《政治逻辑、技术逻辑与市场逻辑：论习近平的媒体融合发展思想》，载《新闻与传播研究》2016年第11期。

② 秦露：《中国媒体融合进程中的技术范式与政治逻辑》，载《行政管理改革》2020年第1期。

③ 参见彭东：《算法逻辑下传统媒体把关机制的坚守与变革》，载《青年记者》2018年第30期。

析①，及霍婕和陈昌凤在关于人工智能与媒体融合的研究中辨析的 AI 重塑生产流程、AI 提升媒介体验、AI 革新管理模式、AI 推动媒体等②。后者包括杨乐怡和钟大年在《"关系技术"：互联网技术的社会化内涵》一文中所述的"以互联网为基础的信息时代，技术的发展正是侧重在各种'关系'的建立方法和价值挖掘上"③，程明和程阳在论述 5G 时代智能媒体发展逻辑时关注的机器智能与人类智慧的深度融合④，及毛湛文对新闻透明性原则在算法分发平台的实践限度研究⑤、邵琦对机器人新闻的"补偿性"及潜在风险分析⑥、李扬和刘云丹有关类 ChatGPT 技术对新闻生产与传播的影响及伦理问题的讨论⑦等。

值得注意的是，媒体融合转型不仅发生于技术创新与业务运转的互动中，既并非针对某一项新兴技术的创新探索，也并非掌握某一项新兴技术便可达成转型期待，而转型探索中的媒体何以顺畅而成体系地发挥技术价值，更是动态而复杂的问题。尽管既有研究已充分说明新一轮技术迭代下的传媒发展是在人与技术互

①　参见陈昌凤、师文：《智能算法运用于新闻策展的技术逻辑与伦理风险》，载《新闻界》2019 年第 1 期。

②　参见霍婕、陈昌凤：《人工智能与媒体融合：技术驱动新闻创新》，载《中国记者》2018 年第 7 期。

③　杨乐怡、钟大年：《"关系技术"：互联网技术的社会化内涵》，载《现代传播》2019 年第 12 期。

④　参见程明、程阳：《5G 时代智能媒体发展逻辑再思考：从技术融合到人媒合一》，载《现代传播》2021 年第 11 期。

⑤　参见毛湛文、孙曌闻：《从"算法神化"到"算法调节"：新闻透明性原则在算法分发平台的实践限度研究》，载《国际新闻界》2020 年第 7 期。

⑥　参见邵琦：《机器人新闻的"补偿性"及潜在风险》，载《青年记者》2017 年第 26 期。

⑦　参见李扬、刘云丹：《类 ChatGPT 技术对新闻生产与传播的影响及伦理考量》，载《传媒》2024 年第 3 期。

动的过程中进行的，却仍未充分回应转型中的传统媒体为何难以驾驭技术等现实问题，也未形成可指引传媒组织驾驭技术以应对技术冲击的理论体系。既有的普遍存在的人才和资金匮乏、体制机制限制等因素，也难以解释为何确有部分媒体通过发挥技术价值而有力推动自身的融合转型发展的典型现象。尽管有研究者对此提出了相应观点，如陆地和高菲提出的媒体融合"外新内旧"即"概念新、口号新、技术新、设备新、场地新……观念旧、思路旧、内容旧、经营模式旧"的问题①等，但仍需更多研究者基于此进行系统探究或拓展研究。

3."驯化技术"在媒体融合转型进程中的必要性

进一步分析既有文献可知，有关媒介技术与社交媒体的驯化与反向驯化研究，从技术的自有属性及其同人的互动视角，揭示了传统媒体难以驾驭技术的关键原因在于技术的反向驯化。李彪和杜显涵在分析社交媒体使用对大学生拖延行为的影响机制时就阐述了技术控制人、奴役人的"反向驯化"力量②，蔡竺言也围绕虚拟现实媒介与青少年用户的互构展开了讨论③，王炎龙和王石磊基于驯化理论框架，阐析了年长世代对家庭微信群的风格驯化与意义建构的复杂的动态过程④。

但综观传媒研究及信息传播研究领域的文献，不难发现引入

---

① 陆地、高菲：《媒体融合的模式和媒介融合的趋势》，载《中国广播电视学刊》2019年第7期。

② 参见李彪、杜显涵：《反向驯化：社交媒体使用与依赖对拖延行为影响机制研究——以北京地区高校大学生为例》，载《国际新闻界》2016年第3期。

③ 参见蔡竺言：《媒介驯化·时空节奏——虚拟现实媒介与青少年用户的互构研究》，载《传媒》2021年第1期。

④ 参见王炎龙、王石磊：《"驯化"微信群：年长世代构建线上家庭社区的在地实践》，载《新闻与传播研究》2021年第5期。

驯化视角分析互联网时代新现象的研究数量不多，其中关注媒体与技术之间的驯化与反向驯化的研究更少，既为进一步探究媒体与技术间的互动提供了线索，也为相关议题讨论留下了较大空间。在传媒研究领域，已有的关于驯化的讨论，较具代表性的是伴随智媒体的发展而出现的关于"算法驯化"或"驯化算法"的研究。例如，黄淼和黄佩在对算法驯化的研究中，基于整合行动者网络理论的"转译"概念和驯化理论分析了算法推荐与自媒体生产实践①；杨奇光和张世超聚焦自动化新闻生产，讨论了传媒从业者对算法的驯化②；刘千才和张淑华在《从工具依赖到本能隐抑：智媒时代的"反向驯化"现象》一文中阐释了智媒时代的"反向驯化"现象，但没有直接讨论技术与媒体融合发展的议题③。

还有许多研究从不同角度反映出"驯化技术"对媒体融合发展的必要性。例如，数字新闻学研究，明确提出技术已超越工具的单一属性，成为对传媒系统产生结构性影响的力量，即"数字技术对于新闻和新闻业的影响是生态性的"④。而有关媒体融合的一些研究，也有强调人对技术应用与媒体融合的重要性，反过来凸显驯化技术的重要性。例如，周传虎和倪万在其论文中论及我国媒介融合面临一系列困境的原因，并认为我国媒介融合是一

① 参见黄淼、黄佩：《算法驯化：个性化推荐平台的自媒体内容生产网络及其运作》，载《新闻大学》2020 年第 1 期。

② 参见杨奇光、张世超：《自动化技术驱动下的新闻采编：流程再造、角色转型与内容治理》，载《中国编辑》2021 年第 9 期。

③ 参见刘千才、张淑华：《从工具依赖到本能隐抑：智媒时代的"反向驯化"现象》，载《新闻爱好者》2018 年第 4 期。

④ 常江：《数字新闻学：一种理论体系的想象与建构》，载《新闻记者》2020 年第 2 期。

种以技术为中心的单向融合，经历了以技术为中心的融合、危机之后的技术依赖、"技术泡沫"的产生等过程，而忽略了其他维度尤其是人的融合①；王月和王莹也认为在技术变迁与媒介发展中，需要不断地"思考技术、媒介、文化与人之间的动态关系"②；时任人民日报媒体技术股份有限公司首席技术官的陈川明确提出"技术不是媒体融合的门槛"，而传统的传媒从业者的创意、经验与技术的结合，会爆发出惊人的创造力③；吴志远和李扬明确指出，媒介融合需走出技术上的"被动调适"，并从观念上转向新的"场域博弈"④。

可见，尽管目前鲜有研究直接且深入地讨论媒体对技术的驯化，却已有许多研究者注意到驯化技术对媒体发展的重要性，并且注意到发挥技术价值以推动媒体发展并不等于掌握技术性能并使用技术工具，而是要实现人与技术间的深度赋能，即从使用技术工具到发挥技术价值，中间还存在诸多复杂的动态交错的环节和因素，通过影响人与技术的互动来影响技术使用效果。已有研究讨论到对技术的驯化，也强调媒体融合发展中人与技术互动的重要性，有关转型中的传统媒体应如何驯化百花齐放、迅速迭代的互联网技术产物及如何利用技术形成利于自身发展的局势等问题，仍有待进一步讨论和深入阐析。

---

① 参见周传虎、倪万：《技术偏向：当前我国媒介融合的困境及其原因》，载《编辑之友》2020 年第 1 期。

② 王月、王莹：《融合文化：从用户视阈解读媒介融合》，载《杭州师范大学学报》（社会科学版）2019 年第 4 期。

③ 参见陈川：《技术不是媒体融合的门槛——人民日报中央厨房技术平台概览》，载《新闻与写作》2016 年第 9 期。

④ 参见吴志远、李扬：《走出"技术被动升级"：地市级主流媒体的媒介融合创新》，载《江苏社会科学》2022 年第 3 期。

4. 将组织视作重要主体的"媒体与技术"互动分析

除前述围绕技术与媒体变革、技术使用与业务创新、技术的反向驯化等议题展开的研究外，国内外相关文献中还有一类数量不多却值得注意的研究——从组织视角切入并将组织本身视作重要主体而分析传媒组织与数字化技术的互动。其中比较有代表性的有：劳里（Wilson Lowrey）借助组织社会学的新制度理论及社会网络研究的概念，探讨新闻组织面对不确定性时的创新挣扎，认为受众和技术的不确定性往往会加强制度主义的倾向，鼓励管理者遵循目前的行业趋势，以至于不确定性似乎确实助长了新闻组织的内部创新能力，却并没有导致网站功能的实际变化[①]；博奇科夫斯基（Pablo J. Boczkowski）通过对三家媒体的案例研究，发现组织架构、对用户的看法等同新闻编辑室成员采用技术的不同方式有关，并从中反思了编辑工作中的技术维度和媒体融合动态相关的问题等[②]。这些有关组织与技术并将组织视作重要主体的研究，尽管并没有直接讨论"驯化"的问题，却将技术搅动下的不确定性、创新需求和选择等，置于新闻组织的具体情境和行动中做了深度阐释。

国内学者李艳红在梳理分析这些研究成果的基础上，以论文《在开放与保守策略间游移："不确定性"逻辑下的新闻创新——对三家新闻组织采纳数据新闻的研究》和《生成创新：制度嵌入如何塑造新闻创新差异——对三家媒体数据新闻实践的比较》就

[①] Wilson Lowrey, "Institutionalism, News Organizations and Innovation", in *Journalism Studies*, Vol. 12, Iss. 1, 2011, pp. 64-79.

[②] Pablo J. Boczkowski, "The Processes of Adopting Multimedia and Interactivity in Three Online Newsrooms", in *Journal of Communication*, Vol. 54, Iss. 2, 2004, pp. 197-213.

新闻组织对创新的采纳进行了深入分析，揭示了技术本身非决定和影响创新的主要因素，对创新的理解还需回归新闻从业者对创新成效的预判及新闻组织所处的具体情境。① 同时，李艳红认为，应该将新闻创新视为一个"生成过程"，即"围绕一个新观念、在新闻组织内部发展并执行一套解决方案，进而落实为新闻产品的过程"，这一过程还可被理解为"新闻组织内部不同层次的'制度嵌入'的'创意者'，跟随制度逻辑进行策略性选择的结果"。② 李艳红基于我国媒体融合语境展开的研究，无疑从不同于技术工具论及理性批判技术决定论的角度，为传媒组织与技术互动的分析提供了重要线索和思考维度，其讨论到的传媒组织与技术互动中可能呈现的特征、影响具体互动过程和走向的可能因素等，均为进一步展开传媒组织何以驯化技术的讨论奠定了重要基础。尤其是在对新闻组织采纳数据新闻的分析中，李艳红认为"在下一阶段，学者们可能需要追问的是，为什么创新科技所开发的潜能未能得到实现？新闻创新为何受阻？"③，并就相关问题进行了思考与延展。进一步研究融合转型探索中的传媒组织如何驯化技术及何以驯化技术等问题，也因此有了更为直接的研究基础和学术依据。

---

① 参见李艳红：《在开放与保守策略间游移："不确定性"逻辑下的新闻创新——对三家新闻组织采纳数据新闻的研究》，载《新闻与传播研究》2017年第9期。

② 李艳红：《生成创新：制度嵌入如何塑造新闻创新差异——对三家媒体数据新闻实践的比较》，载《新闻与传播研究》2021年第12期。

③ 李艳红：《在开放与保守策略间游移："不确定性"逻辑下的新闻创新——对三家新闻组织采纳数据新闻的研究》，载《新闻与传播研究》2017年第9期。

（三）技术创新与都市类媒体融合转型研究

互联网的兴起让传媒研究者与传媒从业者都越来越关注技术对都市类媒体的影响，目前已有的相关研究普遍倾向于将技术视作创新工具，讨论传媒从业者使用技术的实践经验与参考建议，而在实践背后的逻辑和机理及技术自主性可能带来的超出技术使用者掌控的影响层面，留下了值得追问的问题和空间。既有研究部分直接阐释了组织内部的结构或机制改革对发挥技术价值而言的重要性，也有部分从侧面反映了对新兴技术的引入并非简单地使用技术工具，而是需要更深层次的思维转换和价值转化。从某种角度看，注重技术使用经验的研究，可能因缺乏对深层机理的分析，未能充分发挥对传媒组织驾驭技术的参考价值和理论意义，却也通过对内容生产与运营等多方面机制改革的讨论，为进一步分析和探究都市类媒体驾驭技术的路径奠定了基础。

1. 新兴技术在都市类媒体融合转型中的重要性

相关研究从传媒生态、媒体运作、发展路径与成效等不同方面，阐明能否"用好"互联网新技术，已成为都市类媒体能否顺利转型发展的关键。首先，既有研究对传媒生态变化的分析，往往离不开对互联网技术的关注，并认为互联网技术已打破都市类媒体赖以生存与发展的生态环境。互联网技术带来的传媒生态变革已不言而喻，都市类媒体作为在传媒生态变革中求生存与发展的媒体分支，亦受到较为明显的冲击。甚至都市类媒体由于面临可能被关闭的风险，比其他媒体类型更为明显地受到来自技术与生态变化的影响。窦锋昌在《又见休刊，再说"休刊"》一文中便指出，移动互联网技术已打破传统媒体建立在行政区划上的垄断地位，导致中国报纸"只进不出"的状况发生改变。① 其次，在都市类媒体的运作及发展路径方面，也有研究关注新兴技术导致的边界改变和创新探索。例如，徐笛等通过分析深度报道，发现智能技术在重塑深度报道的边界②；漆亚林以《都市报跨媒介扩张策略》一文强调"从 2005 年开始，跨媒体扩张就成为媒体的一个战略重点"③ 等。最后，还有研究者聚焦都市类媒体发展成效，通过个案分析等讨论技术创新对传播效果升级的重要性。例如，华光灿以新京报"动新闻"为例证，比较分析视频新闻与文字新闻的传播效果，发现视频新闻的趣味性、科普性和客观性等明显优于文字新闻。④

通过上述列举的少数研究成果，已经可以窥见互联网技术于都市类媒体融合转型发展的重要性。而进一步将前述研究成果同其他有关技术与都市类媒体的研究相结合，便不难发现互联网技术带来的生态变化和引入新兴技术的重要性，已经贯穿同都市类媒体相关的不同视角、不同议题的讨论，成为都市类媒体融合转型研究不可忽视或无法绕过的基本观念和重要理念。

2. 偏向关注技术工具性价值的业务创新研究

在重视互联网技术的前提下，许多关注技术与都市类媒体的研究聚焦于都市类媒体使用新技术工具来创新业务、推动转型的策略等议题，构成了研究谱系中不可或缺的板块。一方面，许多

---

① 参见窦锋昌：《又见休刊，再说"休刊"》，载《青年记者》2020 年第 3 期。

② 参见徐笛、周旦烨、周鑫雨：《从报道"事件"到报道"本质"——智能技术重塑深度报道》，载《新闻春秋》2021 年第 5 期。

③ 漆亚林：《都市报跨媒介扩张策略》，载《中国报业》2011 年第 7 期。

④ 参见华光灿：《移动视觉场景下文本与视频的传播效果研究——以"新京报动新闻"为例》，载《科技传播》2021 年第 14 期。

研究以封面新闻、南方都市报、澎湃新闻、新京报等为典型案例，分析其转型路径及技术在其中的作用。例如，张丽伟围绕"智能＋智慧＋智库"分析封面新闻的智媒体之路①；胡方格等以南方都市报为例，从内容产品视角指出人工智能在传媒业务创新中的影响。② 另一方面，也有许多研究聚焦具体的业务创新及技术对业务创新的作用，讨论数据新闻、机器写作、数字营销及内容生产创新等热点议题，包括陈镜如以新京报为例围绕报纸内容建设与技术升级展开的分析③；邹莹从实践经验出发阐述可视化数据新闻的生产思路④；陈荷从封面新闻的机器人"小封"的应用现状入手展望机器人新闻写作的未来⑤；以及张朝萌对封面新闻盈利模式的分析⑥等。相关研究较为突出的特征是，传媒领域的许多业务骨干和管理者构成了文章作者的重要队伍，具体阐述了利用技术创新业务探索的做法、问题及成效，为都市类媒体及传媒转型研究积累了大量的资料和经验。

此外，还有研究关注都市类媒体的系统性改革，并将技术应用视为业务创新与传媒转型的一个重要维度。例如，张昆以《楚天都市报》2015 年的改革为例，阐述了从新闻生产、技术支撑、

①　参见张丽伟：《"智能＋智慧＋智库"："封面新闻"的智媒体之路》，载《传媒》2019 年第 5 期。

②　参见胡方格、王飞翔、文月婷：《传统媒体实现人工智能业务创新的路径分析——以南方都市报为例》，载《新闻研究导刊》2021 年第 12 期。

③　参见陈镜如：《当今报纸内容建设与技术升级的两大特点——以〈新京报〉为例》，载《中国传媒科技》2014 年第 6 期。

④　参见邹莹：《可视化数据新闻如何由"作品"变"产品"？——〈南方都市报〉数据新闻工作室操作思路》，载《中国记者》2015 年第 1 期。

⑤　参见陈荷：《机器人写作的应用现状与展望——以"封面新闻"机器人"小封"为例》，载《中国广播》2019 年第 10 期。

⑥　参见张朝萌：《技术进阶下智媒体的盈利模式分析——以"封面新闻"为例》，载《视听》2022 年第 2 期。

营销方式、融合组织架构等方面推进媒介融合变革的重要意义①；王莹岭和范以锦以南方都市报为例，阐述其从"一纸风行"到"智媒深融"的转型路径及策略②；林晓华以新京报、南方都市报、成都商报为例，展开都市报转型创新的"地方经验"分析③。相关研究均将技术创新及技术应用视作都市类媒体转型发展的重要维度，从传媒融合转型的整体发展角度揭示技术在其中的角色定位及作用。

3. 改革机制以适应网络社会发展的既有讨论

同聚焦技术使用方式的研究相区别，有些研究深入都市类媒体的机制改革层面，探析相应传媒组织为应对技术冲击而展开的机制创新及实践创新。相关研究内容和结论主要聚焦在两方面：一是在更好地推进都市类媒体融合转型层面，通过对典型经验的分析及反思，揭示媒体融合转型中的关键问题，以及利用技术助力融合转型的既有路径。郭全中以南方都市报为典型案例而展开的智库媒体转型分析④、张洪忠等对封面新闻的调研与分析⑤等，均在将技术视作传媒转型的重要力量的前提下，阐述了多方面的机制改革的重要性；冉桢和张志安则围绕澎湃新闻、天目新闻等

---

① 参见张昆：《都市报裁员与媒介融合变革——以〈楚天都市报〉2015 年改革为例》，载《新闻记者》2015 年第 11 期。

② 参见王莹岭、范以锦：《从一纸风行到智媒深融的主流化生存——南方都市报打造新型主流媒体浅析》，载《中国报业》2021 年第 7 期。

③ 参见林晓华：《都市报转型创新的"地方经验"——以〈新京报〉〈南方都市报〉〈成都商报〉为例》，载《新闻战线》2017 年第 10 期。

④ 参见郭全中：《基于大数据和人工智能技术的智库媒体转型——以南方都市报为例》，载《新闻与写作》2021 年第 6 期。

⑤ 参见张洪忠、姜文琪、丁磊：《人工智能时代打造新型主流媒体的路径探索——封面新闻调研报告》，载《中国记者》2018 年第 9 期。

典型案例，阐释了"组织再造"的重要性①。二是在具体业务创新层面，分析发挥技术价值的机理。沈彬基于对澎湃新闻整体转型的分析，强调学会沟通、学会产品经理思维等，借助技术力量以深化融合转型的重要性②；徐桢虎基于区块链技术与封面新闻的融合，从技术角度阐述了封面新闻在媒体区块链方面的应用、平台架构及未来规划③；钟之静从伦理视角阐析了"媒体大脑"与人之间的协同机制④；徐笛等在数字新闻生产协同网络的研究中，阐述了当下中国情境中数字新闻生产协同网络的三种类型，即媒体主导型、节点状动态协同网络、共享社区型协同网络⑤。

　　综上所述，既有的同技术与都市类媒体相关的研究，从不同层面揭示了多重机制改革对融合转型的重要性并且非常重视技术价值，尽管没有直接聚焦传媒组织驯化技术的过程，却也为深入分析传媒组织与技术的互动奠定了基础。其中有许多研究关注都市类媒体的典型经验，也有许多研究体现出媒体融合转型需"植入技术基因"以实现"真融合"的观念。⑥ 而转型中的都市类媒体应如何植入技术基因，及技术同多重机制改革间的深层互动关系、互联网技术同传媒组织间互动形成的日常性机制如何等问

　　① 参见冉桢、张志安：《移动、视觉、智能：媒体深度融合中的组织再造的关键》，载《新闻与写作》2021 年第 1 期。

　　② 参见沈彬：《跳出技能迷思，培育产品经理思维——以澎湃新闻整体转型为视角》，载《青年记者》2017 年第 10 期。

　　③ 参见徐桢虎：《当科技"链"上传媒：区块链在封面新闻的应用》，载《中国报业》2020 年第 5 期。

　　④ 参见钟之静：《都市报使用"媒体大脑"的动因与伦理研究》，载《韩山师范学院学报》2019 年第 1 期。

　　⑤ 参见徐笛、许芯蕾、陈铭：《数字新闻生产协同网络：如何生成、如何联结》，载《新闻与写作》2022 年第 3 期。

　　⑥ 参见郭全中：《真融合的封面探索》，载《新闻战线》2018 年第 13 期。

题，则有待深入探究。这既从多方面凸显封面新闻、澎湃新闻等都市类媒体的典型价值，也从不同角度、不同层面凸显了分析传媒组织驯化技术之过程对解决和突破都市类媒体乃至广大传统媒体的技术难题及现实困境的重要意义。

三、研究设计

技术创新和机制改革在媒体融合发展中的影响、技术的多重属性及反向驯化等，均凸显了剖析传媒组织驯化技术的过程的重要性：一方面，组织与技术的"互构论"、将组织视作主体的"媒体与技术"研究等，为进一步探究传媒组织与互联网技术间的互动机制奠定了重要基础并提供了重要线索；另一方面，目前许多研究倾向将技术视作工具而讨论媒体使用技术的经验，却鲜有关于传媒组织与技术互动的机制或逻辑的讨论，更缺少可指引传媒组织驯化互联网技术的理论路径。

基于此，本研究立足我国媒体融合语境与网络社会运行规律，分析传媒组织与互联网技术间的互动机制及情境，并尝试进一步拓展传媒研究领域的驯化分析路径。首先，以利用技术探索创新并取得显著成效的都市类媒体为典型案例，引用驯化理论视角，并根据互联网时代的新现象、新情境、新特征等，进一步引入媒介组织学、组织社会学等研究领域的相关理论线索，建构起适用于分析我国传媒组织与互联网技术间互动的驯化分析框架。其次，深度聚焦在不同"组织－技术"互动取向上具有典型性的封面新闻、新京报、澎湃新闻和南方都市报，结合田野调查与比较个案研究等搜集并分析资料，挖掘相应的互动实践的要素、逻辑及情境因素等，以探索性建构典型的驯化模式。同时通过对不同模式的比较分析，以及对影响不同模式形成的多重情境因素分析，进一步探析多重情境因素在交互作用中孵化不同驯化模式并推动驯化动态变化的一般规律。

（一）理论视角

"驯化"本质上是一种"互动"，不仅直接呼应了传媒组织何以驾驭新兴技术、何以按照期待发挥技术价值的现实难题，而且揭露出长期以来技术工具论所忽视的多重可能性，指向强调传媒组织能动性与技术自主性的互动过程。基于电视"家居化"过程而分析形成的驯化理论，更是为分析传媒组织与互联网技术互动的常规化实践提供了透过实践而探究基本要素与深层逻辑的视角与线索。[1] 为深入且有针对性地回应研究问题，本研究立足网络社会与我国媒体融合语境，引入罗杰·西尔弗斯通的驯化理论，并根据传媒组织与互联网技术特性，结合媒介组织学、组织社会学及组织创新、技术创新等研究领域的关注维度和理论线索，建构起适用于分析两者间互动过程的理论框架。同时将具体的驯化分析框架置于结构与能动性的交互逻辑中，深入探究不同传媒组织选择的驯化方向、驯化路径与实践方式，及其中蕴含的要素、逻辑及相应影响因素等。

驯化理论形成于英国学者罗杰·西尔弗斯通对电视"家居化"的分析，其在 1994 年出版的《电视与日常生活》是该领域的代表作。[2] 罗杰·西尔弗斯通在该书中将"驯化"阐述为：

① 参见［英］罗杰·西尔弗斯通：《电视与日常生活》，陶庆梅译，南京：江苏人民出版社，2004 年，第 116 至 118 页。

② 参见曾薇：《从驯化到中介化：西尔弗斯通媒介技术观念的变迁》，载《新闻知识》2021 年第 1 期。

"驯化（家庭化）是驯服野性的过程，也是培养温顺的过程……它是一种过程，我们在其中使某物隶属于我们，受我们的控制并能印染上、表达出我们的身份。"① 由于技术既不是赤裸裸地来到的也不是中立的②，电视"家居化"作为驯化技术的过程，必然是在技术与其使用者的互动中实现的。在驯化的过程中，电视及其他技术"在被镌刻上社会与文化的意义的同时，也会在社会与文化上镌刻上自己的意义"③。潘忠党在分析新传媒技术应用中的驯化时，依据法国社会理论家米歇尔·德·赛图（Michel De Certeau）的论述，将驯化视作"人们在日常生活中的策略性实践"④。费中正也梳理过驯化理论，并认为"驯化的概念突破技术研究，兼顾消费和传媒的社会生命历程"⑤。

结合罗杰·西尔弗斯通及潘忠党、费中正等学者的论述，本研究将驯化的过程概述为：技术使用者（如家庭或传媒组织）携带着过往形成的"含有秩序的体系"，与同样携带着"含有秩序的体系"的技术进行互动，在互动中促进两者的"秩序"改变，并将技术纳入技术使用者对应的日常性系统，以书写出新的意义。在这一过程中，技术使用者的能动性非常重要，技术也不是

---

① ［英］罗杰·西尔弗斯通：《电视与日常生活》，陶庆梅译，南京：江苏人民出版社，2004年，第258页。

② 参见［英］罗杰·西尔弗斯通：《电视与日常生活》，陶庆梅译，南京：江苏人民出版社，2004年，第116页。

③ ［英］罗杰·西尔弗斯通：《电视与日常生活》，陶庆梅译，南京：江苏人民出版社，2004年，第118页。

④ 参见潘忠党：《"玩转我的iPhone，搞掂我的世界！"——探讨新传媒技术应用中的"中介化"和"驯化"》，载《苏州大学学报》（哲学社会科学版）2014年第4期。

⑤ 费中正：《作为技术商品、符号环境和特殊文本的传媒——费弗斯通的驯化理论探析》，载《理论月刊》2011年第11期。

简单而中立的存在，正如学者们所发现的，驯化研究本就是在承认技术对人类和社会的影响下展开的，驯化也自然是伴随技术对人类和社会的影响而发生的。就分析传媒组织为何面临驾驭技术的难题、传媒组织如何与技术互动等问题而言，驯化理论兼顾了技术使用者的能动性与技术复杂性的视角。而本研究引入驯化理论来分析传媒组织与技术的互动，旨在强调本研究侧重分析组织对技术的驯化，即分析组织发挥能动性而选择技术、创新及应用技术、发挥技术价值的过程；但不忽视技术对组织的影响，甚至认为组织为驯化技术而进行的理念与实践革新，也是在技术的自主性或能动性影响下发生的。同时由于我国传媒组织数量庞大却有着一致的根本属性，互联网技术种类繁多却有着相同的根本逻辑，将传媒组织与互联网技术分别视作两种含有秩序的体系而展开分析，相较于聚焦某种具体的互联网技术、传媒组织某个层面的讨论而言，更有利于探究传媒组织与互联网技术（集群）互动形成的规律或逻辑。

在具体分析组织驯化技术的过程时，本研究同国内外既有的大多数驯化研究一样，将以驯化理论提供的关键环节为分析主线，即"商品化""想像""占有""客观化""合并"和"转换"。其中"商品化""想像"和"占有"构成了技术的"引入"阶段：当技术处于"商品化"阶段时，技术设计者会设想使用者的需求并对技术进行设计和意义赋予，以使其具有物质意义和象征意义[①]；但技术使用者不会全盘接受设计者赋予的概念与意义，不同的使用者在使用技术前会根据自身需求和立场建构自己的想

[①]　参见王炎龙、王石磊：《"驯化"微信群：年长世代构建线上家庭社区的在地实践》，载《新闻与传播研究》2021 年第 5 期。

像，而后再决定是否挪用该"商品"①；当技术使用者决定选择该"商品"后，便会采取相应行动以"占有"它，并让其从公共领域退回私人领域②。具体对技术所携带的秩序和意义进行改造以吸纳、整合、转化技术价值的过程，便是"客观化"和"合并"阶段。技术使用者还会通过"转换"环节，拓展或重新建构起自身与社会系统中其他个人或组织间的连接，并将依托技术"书写"的意义扩散至更多领域。然而正如罗杰·西尔弗斯通所言，"既不能把这些环节看做是分离的，也不能认为它们必然在所有消费活动中均衡出现"③。

同时，本研究对驯化理论的使用还将在结构与能动性的交互逻辑下展开，并结合媒介组织学、组织社会学、技术创新与组织创新等研究领域的理论线索，建构起更加适用于本研究关注的驯化主客体及情境的理论框架。由于"当前的媒介环境已经和理论诞生之初的电视媒介时代大相径庭"④，本研究试图探析的传媒组织驯化互联网技术的过程，既发生于不同以往的移动互联网时代和我国媒体融合语境中，又由传媒组织与互联网技术产物构成主客体角色，自然也对相应的分析框架提出了新要求。本研究对驯化分析框架的建构，因此从多个层次展开：最核心的层次为驯化的环节及各环节间的交互逻辑；第二个层次为同传媒组织、互

---

① 参见王炎龙、王石磊：《"驯化"微信群：年长世代构建线上家庭社区的在地实践》，载《新闻与传播研究》2021年第5期。

② 参见［英］罗杰·西尔弗斯通：《电视与日常生活》，陶庆梅译，南京：江苏人民出版社，2004年，第188至189页。

③ ［英］罗杰·西尔弗斯通：《电视与日常生活》，陶庆梅译，南京：江苏人民出版社，2004年，第188至184页。

④ 王炎龙、王石磊：《"驯化"微信群：年长世代构建线上家庭社区的在地实践》，载《新闻与传播研究》2021年第5期。

联网技术特性、组织创新与技术创新等相关且适用于分析各环节
表征及各环节间交互逻辑的理论线索；第三个层次为结构与能动
性交互作用的大框架或底层逻辑，即在结构与能动性交互逻辑
下，以"商品化""想像""占有"构成的"引入"和"客观化"
"合并""转换"等环节为分析主线①，同时引入有关媒介组织、
组织创新、技术创新等研究领域中相关的理论线索，建构起适用
于分析传媒组织与互联网技术互动过程并利于挖掘其中的要素、
逻辑及重要情境因素的分析框架。具体引入或借鉴的理论线索，
包括媒介组织学关注的传媒组织的重要维度、组织社会学视野的
"两个环境"理论、美国学者帕梅拉·休梅克（Pamela
Shoemaker）的"金字塔"模型②、国内学者李艳红关注的创新
的"不确定性"与协同创新主体"发育"③等。

（二）研究对象

在我国媒体融合进程中，都市类媒体已由都市报、商报等都
市类报纸发展为包含都市类报纸及其转型产物的群落④，呈现出
多元且复杂的状态。为深入分析传媒组织与互联网技术互动的典
型经验，本研究选取研究对象的基本思路为：结合相关研究提供
的线索与都市类媒体现实，划分出传媒组织与技术互动的类型，

　　① 　参见［英］罗杰·西尔弗斯通：《电视与日常生活》，陶庆梅译，南京：江苏
人民出版社，2004年，第184至195页。
　　② 　参见陈力丹：《美国传播学者休梅克女士谈影响传播内容的诸因素》，载《国
际新闻界》2000年第5期。
　　③ 　参见李艳红：《在开放与保守策略间游移："不确定性"逻辑下的新闻创
新——对三家新闻组织采纳数据新闻的研究》，载《新闻与传播研究》2017年第9
期。
　　④ 　参见王晗啸、李成名、于德山等：《基于上下文语义的网络议程设置研
究——以红黄蓝事件为例》，载《国际新闻界》2020年第4期。

并在都市类媒体群落中寻找最能体现不同类型互动情况的典型代表。一方面，根据已有研究的发现，即"在今天媒体所面对的社会条件下，新闻组织在这些新兴技术上的创新可能均会呈现出类似的既开放又保守的特征"①，传媒组织与新兴技术的互动尽管方向多元、程度不一，却不外乎三种情况——明显偏向保守（坚守原有的互动路径）、明显偏向开放（重构原有的互动路径）及中间状态。另一方面，根据对都市类媒体的观察，及对同都市类媒体相关的排行榜、获奖信息、有关成效的数据及国内外研究等分析，在利用技术探索创新及融合转型方面取得显著成效的都市类媒体中，封面新闻是偏向重构的典型代表，新京报是偏向坚守的典型代表，澎湃新闻和南方都市报是中间状态的典型代表。

相关研究和都市类媒体现实都表明，传媒组织的融合转型路径往往与其同技术互动的路径高度契合。在偏向明显的坚守取向和重构取向上，传媒组织与互联网技术的互动路径，或是坚守组织传统以发挥技术价值，或是重构组织系统以发挥技术价值，分别在这两种取向上选择一家最具代表性的媒体为研究对象，便能够较充分地掌握相应取向的"组织－技术"互动实践特征。而在坚守与重构中间，存在探索差异化路径的更多可能，以至于为充分掌握中间取向的"组织－技术"互动实践特征，需要根据现实对相应路径进行细分，并选择不同路径上具有代表性的媒体为研究对象。由此，本研究将研究对象确立为包含封面新闻、新京

---

① 李艳红：《在开放与保守策略间游移："不确定性"逻辑下的新闻创新——对三家新闻组织采纳数据新闻的研究》，载《新闻与传播研究》2017 年第 9 期。

报、澎湃新闻和南方都市报的案例组合。[①] 理由如下：

首先，从传媒组织与技术的互动取向即明显的互动表现和总体性行动方向看，尽管都市类媒体为应对互联网技术冲击而展开了各式各样的探索性实践，在传媒组织与技术互动中表现出不同层面、不同维度的保守与开放，相应互动取向却不外乎三种——坚守既有传统、重构既有传统及两者中间状态。在坚守既有传统的取向上，新京报在坚守并强化原创内容优势上取得明显成效，并在视频化转型方向上联合互联网企业打造"我们视频""动新闻"等品牌，就利用技术创新内容生产与传播尝试了诸多可能性。在重构既有传统的取向上，"在全国率先提出要建设智媒体"[②] 的封面新闻，是朝着创新传媒技术以解决技术痛点方向前行的媒体典型。而在两者中间状态，有许多围绕内容产业而以建设新平台、拓展新业务为方向的都市类媒体，其中南方都市报和澎湃新闻是较早探索差异化创新路径且成效显著的代表。

其次，从我国都市类媒体融合转型进程看，新京报、封面新闻、南方都市报和澎湃新闻在兼顾内容、技术、平台、服务等基础上，探索出差异化竞争优势并成为各自转型路径上的标杆，而相应竞争优势和转型探索既离不开对新兴技术的驾驭，还覆盖了现阶段都市类媒体转型的诸多不同路径。现阶段我国都市类媒体转型中已探索形成的不同路径，便是以新京报、封面新闻、南方都市报和澎湃新闻为代表的，而其他都市类媒体的转型选择，包

[①] 研究选取的四家都市类媒体，均已不是报纸媒体，而是都市类报纸在媒体融合转型进行中形成的产物；或者说研究选取的四家都市类媒体，承载着其"母体/前身"的转型发展期待，并且均是其"母体/前身"整体性转型的产物。

[②] 毛伟、周燕群：《封面传媒的智媒之路——对话四川日报报业集团副总编辑兼封面传媒董事长李鹏》，载《中国记者》2020年第1期。

括强化原创内容生产、推进传媒技术创新和视频化转型等，均可在这四家媒体中找到典型举措或相应表现。封面新闻作为以技术为核心驱动的代表，通过技术创新、技术价值挖掘及新兴技术在内容生产、运营与营销等业务中的应用等，形成了逆风增长、持续发展的迅猛态势。封面新闻的用户规模在 2019 年就超过了 5000 万，日活跃用户数量（简称"日活"）190 万，客户端下载量突破 2000 万①；同时封面新闻在 2018 年实现了盈利，扭转了连续 6 年的收入下滑形势②。澎湃新闻作为以技术为依托而较早建设客户端的代表，2014 年上线以来便以客户端为主打而拓展业务体系，迅速成为"现象级"新媒体③。早在 2019 年，澎湃新闻从业者就表示，澎湃新闻经过 5 年的努力，终于打造出了一个拥有 1.5 亿用户的新媒体。④ 家喻户晓的南方都市报经历低谷后，在智库化转型中依托同数据和服务紧密相关的新兴技术，打造出区别于其他都市类媒体的服务优势。⑤ 南方都市报自 2012 年起收入持续下滑，直到 2018 年全员智库化转型后，在内容生产方面建立 50 余个课题组项目，在经营方面实现"2019 年全年营

---

① 参见李鹏：《AI 引领媒体融合迈向纵深》，载《中国报业》2019 年第 11 期。

② 参见李鹏：《奇迹正在发生——在 2019 年封面传媒年会上的致辞》，人民网，2019 年 1 月 31 日，http://ip.people.com.cn/n1/2019/0131/c136671-30601638.html，2020 年 9 月 17 日。

③ 参见刘永钢：《坚持内容为王 坚决整体转型——澎湃新闻的实践与探索》，载《传媒》2017 年第 15 期。

④ 参见陈良飞：《澎湃的下一个 5 年——从内容运营视角看中国媒体融合之路》，载《中国报业》2019 年第 15 期。

⑤ 参见郭全中、王宇恒：《中国媒体转型的分类、评价与实践研究》，载《新闻与写作》2021 年第 3 期。

收（不含发行）3.86 亿元，利润 7771 万元，同比增长 11％"①。相比较而言，新京报自创立起便坚持以原创新闻生产为核心优势，并在互联网技术冲击下打造出包括视频在内的"新"的内容生产优势。根据新京报社传媒研究院从业者发布的文章，"截至2020 年底，新京报在各类传播平台的传播端口已近 500 个，覆盖人群超过 2.5 亿，每天阅读量超过 5 亿"②。

最后，封面新闻、澎湃新闻、南方都市报和新京报的前身，均在都市类媒体甚至我国传媒领域占据举足轻重的地位。封面新闻的前身《华西都市报》、澎湃新闻的前身《东方早报》、作为传统媒体的《南方都市报》和《新京报》，均位列都市类报纸"第一方阵"③，为相应传媒组织探索驯化互联网技术积累了追求创新、勇于改革的宝贵的精神资源和物质资源。其中《华西都市报》（1995 年创办于成都）作为我国第一家都市类报纸，在都市类媒体发展中具有里程碑意义，其诞生不久，销量（从 1995 年底的 10 多万份到 1998 年的 50 多万份）、收入（从 1995 年盈利60 多万元到 1998 年广告收入 1.3 亿元）都取得"超常规发展"。④ 有研究者将《华西都市报》的影响力表述为："当年一纸风行、名震大江南北的《华西都市报》，开创了报业的'都市报

---

① 任琦：《从办中国最好报纸到全员智库化转型，南方都市报这两年在干什么？》，载微信公众号"全媒派"，2020 年 6 月 6 日，https://mp.weixin.qq.com/s/DwFJkIqXDx2Zh1uGLWjweQ，2020 年 8 月 26 日。

② 孔繁丽、刘国良：《从融媒到智媒——新京报融媒体转型实践分析》，载《中国报业》2021 年第 7 期。

③ 在四家都市类报纸融合转型前，《华西都市报》《东方早报》《新京报》《南方都市报》均是以报纸为载体的纸媒，故本书在指称四家都市类媒体的"母体/前身"（传统的都市类报纸）时加上书名号。

④ 参见赵喜顺：《创新与报业发展——从华西都市报的崛起看创新在报业发展中的作用》，载《新闻战线》1999 年第 8 期。

时代'，创造了全国性的品牌影响力。"①《南方都市报》（1997年创办于广州）也在传统媒体时期大放异彩，形成了国内新闻传播领域的重要品牌，"其发展历程既见证了都市报在广州乃至全国的兴起和繁荣，也代表着都市报向'主流大报'转型的路径和模式"②。《新京报》（2003年创办于北京）作为国内第一次两个党报报业集团合作办报的产物，始终围绕原创内容生产探索创新，在"激流勇进的媒体环境中屡创先河"③，成为诸多从业者在推进内容生产时的参考对象。已休刊的《东方早报》（2003年创办于上海）作为上海报业的重要构成，不仅赋予澎湃新闻以优势文化资本，而且为澎湃新闻占据时间上的先机和场域内的优势位置奠定了重要基础。④

（三）研究方法及技术路线

围绕前述研究问题，本研究沿着"个案研究"这一途径，整合使用田野调查、跨个案分析等资料搜集与分析方法，展开具体的研究操作（如图绪-1）。

---

① 彭剑：《都市报的自我突破与探索——以〈华西都市报〉为例》，载《新闻实践》2005年第3期。

② 张志安：《新闻场域的历史建构及其生产惯习——以〈南方都市报〉为个案的研究》，载《新闻大学》2010年第4期。

③ 陶奕骏：《坚守与嬗变：〈新京报〉的全媒体转型探索》，载《出版广角》2020年第4期。

④ 参见徐笛：《场域内的位置优胜者——媒体转型的"澎湃"范本》，载《中国出版》2019年第20期。

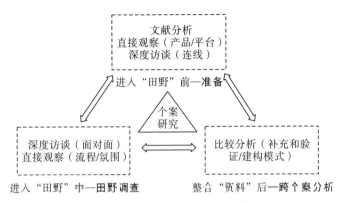

图绪－1　研究方法及技术路线

　　根据瞿海源等在《社会及行为科学研究方法（二）：质性研究法》一书中的论述，个案研究即"研究设计"层次上的一种途径，其以聚焦于特殊事件、相对完整地呈现事件风貌，来达成理解现象、命题概化、理论建构与知识创新的目的。[①] 本研究正是在此意义上使用个案研究的设计逻辑，并根据具体的研究需求选择了多种资料搜集、分析的方法，即本研究将个案研究视作"研究设计"层面的总体路径，围绕个案研究展开具体的方法和路线规划。具体用到的研究方法及相应技术路线如下：

　　一是田野调查。田野调查方式往往包括访谈（开放式、结构式、焦点式、焦点团体、俗民志等）、观察（直接或参与）、视觉资料分析等。[②] 本研究对田野调查的使用，是根据研究问题及个案研究的具体需求，整合使用深度访谈、直接观察等方式进行资料搜集。进入"田野"前，笔者通过搜集文献、网络资料及对研

---

　　① 参见瞿海源、毕恒达、刘长萱等：《社会及行为科学研究方法（二）：质性研究法》，北京：社会科学文献出版社，2013年，第227页。

　　② 参见瞿海源、毕恒达、刘长萱等：《社会及行为科学研究方法（二）：质性研究法》，北京：社会科学文献出版社，2013年，第248页。

究对象的直接观察和深度访谈等，初步了解研究对象在技术创新及应用、组织创新及融合转型等方面的选择和表现。进入"田野"中，主要围绕传媒组织为发挥技术价值而进行的一系列理念改革、实践创新等，展开一对一的深度访谈、直接观察与文本资料搜集，以系统而有侧重地掌握具体传媒组织在同技术互动过程中的理念倾向、实践选择及影响因素等。

根据在广泛搜集文本资料（含"二手资料"）的同时整合使用深度访谈、直接观察等方法的计划，笔者在 2020 年至 2022 年，就都市类媒体的内容产品、平台及相关文本资料展开了持续观察与分析；在 2020 年 11 月至 2021 年 10 月，对前述典型案例进行多次、长时间的田野调查，并根据业界现实而对部分典型的创新进行了反复、持续的跟进观察与深度访谈。在进入新京报、封面新闻、澎湃新闻、南方都市报进行田野调查期间，笔者以面对面、一对一的方式，对 80 多位从业者进行了深度访谈，单次访谈时长一般在 1 小时至 1.5 小时（有单次访谈超过 2 小时），其中部分从业者被访谈了不止一次。由于四家媒体的组织架构、业务布局、发展目标等不同，具体从四家传媒组织中选择的访谈对象的岗位、工种、从业经历等也有不同，但都有兼顾传媒组织内的决策层（高层管理者）、战术层（一个或多个部门的管理者）和执行层（一线从业者），也都以技术人员、内容采编人员、运营与营销人员等为主。为了解相应媒体融合转型概况、考核管理体系等，笔者还对更多相关岗位的从业者进行了深度访谈。

深度访谈主题、直接观察对象等田野调查重点，一方面为全面了解四家媒体的融合转型发展概况而设定，另一方面为深度了解相应传媒组织与互联网技术的互动过程而设定。对封面新闻的田野调查侧重传媒技术优势建构及其对内容、运营、营销等业务的影响，对澎湃新闻的田野调查侧重如何以技术建设和推动内容产业与全媒体平台发展，对南方都市报的田野调查侧重如何将互联网技术应用于智库化转型改革，对新京报的田野调查侧重如何以技术创新内容生产、提升传播效能等。在直接观察的过程中，除搜集文字、图片、音视频等类型的资料外，笔者还将从业者的办公环境、工作现场、沟通氛围及部分业务的运转流程、典型产品等作为观察重点，注重抓取深度访谈不易获知的细节、情景、事实等，以深化对组织与技术互动的认知与理解。同时，通过电话、微信等进行线上访谈，也是本研究根据需要而深化、追踪了解业界现实的重要方式；研究报告、论文、著作等不同形式的资料搜集，以及对各家媒体代表性产品（相关实践的结果）的观察，更是在本研究各阶段甚至写作过程中常态地进行。只是本研究由于重点分析的是成体系的常规化实践过程，因此用于写作的资料以田野调查所得"一手资料"为主，通过多种方式拓展了解、掌握的资料主要用于反思相关研究发现，以进一步提升研究结论的合理性。

二是比较个案研究。比较个案研究往往是对两个或两个以上的案例进行考察，一方面追求单一个案研究所着重的"深描"，另一方面带有发现不同案例之间的差异、相似性或模式的目标，有助于发展或验证理论；正如学者李艳红曾就多家媒体数据新闻创新实践展开比较个案研究，力图发展"个体与组织、结构与能动性"新闻创新分析理论框架。[①]

本研究对比较个案研究方法的使用，正是结合对单一个案的

---

① 参见李艳红：《生成创新：制度嵌入如何塑造新闻创新差异——对三家媒体数据新闻实践的比较》，载《新闻与传播研究》2021 年第 12 期。

"深描"和"比较分析"的思路进行。在资料搜集、梳理等基础上，根据典型案例的材料进行"跨个案分析"①，建构出多种不同的典型的驯化模式，进而基于不同驯化模式的共性与差异性，探讨影响不同模式形成的多重情境因素与一般规律。一方面，分别梳理四家媒体的相关资料，以形成对各家传媒组织与互联网技术互动过程的整体性认知，并在"个案内"进行深入分析，以进一步明确相应互动实践中可能的要素、逻辑及影响因素等。另一方面，对不同媒体的不同互动实践过程进行比较分析，以进一步明确四家媒体在组织与技术互动中形成的特征，尤其是不同互动过程的要素、逻辑及影响因素等。而在具体写作过程中，也将对能够反映该类型互动过程，尤其是应能够反映该类型互动特征的"一手资料"进行重点呈现。为保证研究的效度，笔者在搜集与分析资料过程中，特别注重多种信息来源与资料搜集方式的互补作用，重点对访谈所得信息、直接观察的具体发现及"二手资料"等进行多维比较，以强化事实类信息之间的验证、补充及观点类信息与事实类信息的匹配性。②

需特别说明的是，在使用深度访谈所得"一手资料"时，考虑到受访者人数较多，本研究不以常规编号的方式指代不同的受访者，而选择以适当呈现受访者所在单位（或团队）、职责、经验等信息的方式，反映相关材料的来源及可靠性。根据埃文·塞

---

① 根据美国学者艾尔·巴比在《社会研究方法》（第 11 版，北京：华夏出版社，2009 年）中的阐述，即对多个"个案"进行分析，可以是变量导向分析也可以是个案导向分析。本研究主要是在"驯化"分析框架下使用跨个案分析，既有围绕关键维度而展开的比较分析，也有针对具体个案而进行的深入分析，是将变量导向和个案导向相结合而进行的跨个案分析。

② 参见朱江丽：《媒体融合行动者网络的制度逻辑及"散射效应"研究》，载《新闻大学》2022 年第 1 期。

德曼（Irving Seidman）在《质性研究中的访谈：教育与社会科学研究者指南》（第 3 版）中关于受访者隐私权等权利的阐述，以及其中《贝尔蒙报告》明确说明的伦理准则（尊重个人、善行、公正），为保证受访者利益不受损害及访谈所获信息的真实可靠，笔者将妥善保管相关材料，而在使用及公开发布相关信息时，在一定程度上隐匿访谈对象的具体信息，并对其中可能暴露受访者个人信息或可能损害受访者利益的材料等进行模糊处理甚至删减。① 同时，对于受访者要求核实的材料，笔者按照受访者的意愿将具体材料反馈给受访者核实，并进一步同受访者沟通，以最大限度保证笔者对相关材料理解到位；对于受访者不要求核实的材料，由笔者结合文献资料、多方访谈获得的信息、观察所得及对访谈对象的多次询问等进行综合比较、分析与判断，以尽可能保证相关材料来源及内容的真实可靠。

（四）写作思路

在资料搜集与分析的基础上，本研究从传媒组织驯化互联网技术的典型取径与理论框架建构出发，对新京报、封面新闻、澎湃新闻和南方都市报所代表的传媒组织与技术互动的不同类型进行分析。具体为：在明确不同驯化类型的要素表征和内在逻辑的基础上，探索性建构传媒组织驯化互联网技术的多种典型模式；而后基于不同驯化模式的比较分析，进一步挖掘影响不同模式形成的多重情境因素，及多重情境因素在驯化发生与发展中的交互影响。

---

① 参见［美］埃文·塞德曼：《质性研究中的访谈：教育与社会科学研究者指南》（第 3 版），周海涛主译，重庆：重庆大学出版社，2009 年，第 63 至 82 页。

以此为写作的主体思路，正文的具体内容分五章展开：

第一章围绕"传媒组织与技术互动的现实观察、理论框架与分析路径"展开，一方面观察分析融合转型探索中传媒组织与技术互动的现实表现，另一方面引入驯化理论并将驯化分析置于"结构–能动"的框架下，以驯化理论为核心而引入媒介组织学、组织社会学及组织创新、技术创新等领域中相关的理论线索，建构起适用于本研究的理论框架。而后进一步结合相应的现实观察和理论框架，明确并阐述本研究的具体分析路径，包括明确本研究关注的三种驯化类型，以及就不同驯化类型展开分析的逻辑主线、具体路径等。

第二章、第三章和第四章分别围绕本研究关注的三种驯化类型展开，旨在结合第一章建构的分析路径与典型案例来探究不同驯化类型的形成机制，并以"引入–客观化–合并–转换"为理论主线，展开各环节的"要素表征"、各环节间"内在逻辑"等分析与阐释，进而探索性建构不同类型的驯化模式。需特别说明的是，三种类型对应的传媒组织驯化互联网技术的常规化实践，都围绕"引入""客观化""合并""转换"等环节进行，只是会在要素表征、内在逻辑等层面表现出差异性；不同驯化类型及相应驯化模式并无优劣之分，只是因形成于不同情境而各有特性，也自然适用于不同情境。故第二章、第三章、第四章的写作均以驯化的环节为主线而展开，同时尽可能凸显不同驯化类型对应实践现实的特征，即不同环节的"要素表征"与各环节间互动的"内在逻辑"。

第五章则在第二章、第三章、第四章建构的三种典型模式基础上，进一步对不同驯化模式及影响不同模式形成的具体情境因素进行比较分析，以深入探究影响不同模式形成的多重情境因素组合关系，以及多重情境因素交互触发驯化动态变化的一般规律。首先尽可能通过不同驯化模式间的系统性比较，进一步理清不同模式的共性与差异性，以为深入分析影响不同模式形成的关键性因素做准备。而后基于不同驯化模式的共性与差异性，深入典型案例生存与发展的历时性进程，分析影响相应模式形成的多重情境因素及不同因素间的交互作用机制，以进一步明确不同驯化模式的适用情境及可能需要面对的问题。最后结合不同驯化模式及相应情境因素组合的共性与差异性，深入探究多重情境因素交互孵化不同驯化模式与触发驯化动态变化的一般规律，以进一步提升不同驯化模式及相应逻辑或规律等对人工智能时代传媒发展的参考意义，及可供后续研究讨论的研究结论价值。

第一章　传媒组织与技术互动：
现实观察、理论框架与分析路径

　　面对互联网技术及依托互联网介入传媒领域的新技术的冲击，我国媒体一直在融合转型中寻找驾驭新技术的策略，形成了诸多利用技术探索创新的经验，也普遍面临重建传媒组织与技术间动态均衡互动格局的难题。由传统的都市类报纸转型发展形成并经过市场竞争与筛选，而在不同融合转型路径及"组织－技术"互动取向上具有典型性的都市类媒体，为破解相应难题提供了现实依据。在有关媒体与技术互动的研究基础上，进一步引入强调技术"并不简单"且重视组织"能动性"的驯化视角[①]，透过传媒组织与互联网技术的常规化互动实践，分析其中的要素、逻辑及情境等，建构成体系的驯化模式并探究其在不同情境中生成与变化的可能性，成为回应上述现实难题、拓展媒体与技术研究视野等可行且必要的选择。本章由此在现实观察和理论框架建构基础上，聚焦具有典型性的都市类媒体，在"结构－能动"[②]

---

　　① 参见［英］罗杰·西尔弗斯通：《电视与日常生活》，陶庆梅译，南京：江苏人民出版社，2004年，第116页。

　　② 参见陈学金：《"结构"与"能动性"：人类学与社会学中的百年争论》，载《贵州社会科学》2013年第11期。

框架下明确传媒组织驯化互联网技术的多种类型，及可深入分析相应互动过程的具体路径，以为建构典型的驯化模式与更深入的分析做准备。

第一节 传媒组织与技术互动的现实观察

对传媒组织与技术互动的现实进行观察，既是为重建传媒组织与技术间均衡互动关系等问题寻找答案的前提，也是进一步推动媒体与技术、组织与技术等理论研究创新的基础。观察发现，传媒组织与技术的互动，作为伴随传媒发展与技术变迁而动态变化的过程，通常会随技术革命而发生"巨变"。伴随技术自主性在人工智能时代的膨胀，融合转型探索中的传统媒体普遍游移在既开放又保守的不同取向中，探索着重建传媒组织与技术间均衡互动的创新实践，普遍陷入了难以驾驭新技术的困境。由都市类报纸转型而来的都市类媒体则以相较于日报、行业报、广播电视媒体等更为丰富的试错或成功经验，孵化出走在利用技术探索创新前沿的代表，为回应传统媒体何以突破困境的问题提供了值得深入思考的现象及依据。都市类媒体同互联网技术的互动呈现出三种明显取向——倾向重构（以封面新闻为代表）、倾向坚守（以新京报为代表）、在坚守与重构中间探索其他创新突破路径（以澎湃新闻和南方都市报为代表）。将视野拓展至广大传统媒体转型，亦不难发现各传媒组织同新兴技术互动时的选择，也不外乎偏向重构、偏向坚守及中间状态三种（如图1-1），封面新闻、新京报、澎湃新闻和南方都市报作为走在不同取向创新前列的代表，具备成为分析传媒组织与互联网技术间互动的典型案例的条件。

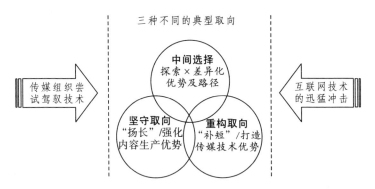

图 1—1　融合转型探索中传媒组织与互联网技术互动的典型取向

一、互联网技术冲击下传媒组织与技术互动的情景变化

　　任何一项技术都有其区别于其他技术的自有逻辑，每一次明显的技术变迁都伴随有"新"的"技术自主性"力量，必将打破个人或组织已往同"旧"的技术互动形成的均衡局面，必然会要求技术使用者为利用新兴技术实现更好的生存与发展目标而重建自身与技术间动态均衡的互动机制。伴随互联网技术发生的新一轮技术逻辑变换，更是深入而有力地搅动着在传统的印刷技术、电子技术等影响下形成的传媒生态，将传媒领域推向探索融合转型发展以驾驭数字化技术的新局面。传统媒体在此情境下，纷纷尝试了借助新兴技术力量来拓展发展路径的创新实践，并有力推动了媒体深度融合发展，却始终普遍处于重建传媒组织与技术间动态均衡互动的探索中，以至于相应的失衡如传媒组织内部原有的良性循环体系被新技术侵袭却又难以重建等问题持续而广泛存在。

（一）技术自主性在智媒新生态中日渐膨胀

互联网技术以不同于传统媒体技术的自有逻辑彰显着自主性，互联网技术与人工智能产物的结合，更是给智媒新生态及人类社会、传媒发展等带来深刻影响及挑战。"自主性"在此处是一个相对的概念，不在于强调技术决定论所主张的技术"不可控性"①，而指向技术并非"简单"或中立的工具的属性，表现为具有一定能动性的复杂体系。

具体而言，不同技术观、不用媒介技术观及不同领域的研究者关于技术自主性的不同看法，从多层面、多维度印证了相应自主性的存在，并认为其会伴随技术变迁而对技术使用者产生不同影响，并对技术使用者提出不同的驾驭技术的要求及挑战。在技术哲学层面，技术决定论与社会建构论作为两种立场对立的技术观，从不同角度关注了技术自主性。在西方学者有关技术决定论的讨论中，伴随技术自主性而发生的技术对现代社会的影响或威胁成为关注重点，认为驯服技术即把技术发展的迅猛势头置于控制之下，是人类应对技术自主性的重要方式。② 社会建构论所关注的技术被社会建构的过程，便是技术被赋予社会期待的"秩序"的过程。这种"秩序"对具体的技术使用者而言，便也是技术携带着的"自主性"。国内学者夏永红更是结合西方学者有关机器与有机体的思想，反思了机器的能动性对人类的威胁，并论及当劳动者成为机器的消极的操作者而不是积极的建造者时，异

①　参见［美］兰登·温纳：《自主性技术：作为政治思想主题的失控技术》，杨海燕译，北京：北京大学出版社，2014年，第12至13页。
②　参见［美］兰登·温纳：《自主性技术：作为政治思想主题的失控技术》，杨海燕译，北京：北京大学出版社，2014年，第11至12页。

化即机器对人类的驯化便可能发生。① 在媒介技术、组织与技术的关系等研究领域，不仅同样有关于技术自主性的讨论，而且揭示了从印刷技术到电子技术再到数字化的互联网技术，每一次大的技术革命都要求技术使用者为驾驭技术而展开新一轮努力的必然规律。从有关媒介技术的时间与空间偏向讨论，到网络技术与网络文化的讨论，再到基于互联网的人工智能应用与风险分析等，都为传媒技术研究提供了重要线索和知识基础。在关于组织与技术的研究中，则有学者认为技术既是人类行动的产物，也体现出结构属性。② 而技术作为人类行动的产物，必然携带人类思维和能动性的印记，会对技术使用者产生影响。换言之，无论是技术的自主性还是其"人性化"的一面③，都揭示了个人或组织面对互联网技术时，再度重建自身同技术间互动关系的必要性。

互联网时代既有现实表明，技术自主性随着以互联网为核心的新一轮技术革命及越发先进的人工智能应用而进入了新生态并且日渐扩展、日趋强大，亦将相应"反向驯化"渗透到人类社会生活与思维方式中。一方面，技术工具和社交媒体等已经潜移默化而深刻地改变了人们的生活方式，让很多人沉醉于虚拟社交④，并反过来"控制人、奴役人"⑤。另一方面，碎片化思维及

---

① 参见夏永红：《机器的能动性：从笛卡尔到西蒙栋》，中国社会科学网－中国社会科学报，2021 年 8 月 10 日，http://www.cssn.cn/zx/bwyc/202108/t20210810_5352680.shtml，2022 年 5 月 16 日。

② 参见邱泽奇：《技术与组织：学科脉络与文献》，北京：中国人民大学出版社，2018 年，第 215 页。

③ 参见邱泽奇：《技术与组织：学科脉络与文献》，北京：中国人民大学出版社，2018 年，第 7 页。

④ 参见陈莎：《警惕移动新媒介的反向驯化》，载《现代视听》2016 年第 8 期。

⑤ 李彪、杜显涵：《反向驯化：社交媒体使用与依赖对拖延行为影响机制研究——以北京地区高校大学生为例》，载《国际新闻界》2016 年第 3 期。

停留于浅表而追求短平快的思维等，已经渗透至人们的信息接收习惯，并对其思想和行为产生较大影响。对于人类同机器互动的过程，已有学者指出为了更好地推进人机交互，人类也在学习机器的思维方式，并尝试按照机器的逻辑去思考问题。① 而研究技术的"反向驯化"的学者们，将这些表现视为互联网、智能技术或社交媒体等对人的异化，或人在相应技术影响下的媒介化。② 这同 20 世纪有关"电视人"③ 的论调一致，但由于互联网技术及智能手机、微信等技术产物或社交媒体，比电视更加明显地突破了技术使用的时空限制，互联网时代的"媒介依存症"也可能更加严重。从"电视人"到"弹幕人"的变化，既是因技术发展而形成的媒介生存方式变化，也是新兴技术更加灵活而深度介入社会生活的表现。④

（二）传统媒体重建组织与技术间均衡互动格局的探索

互联网技术的自有逻辑同传统的印刷技术和电子技术等的自有逻辑不同，其携带的自主性对传媒生态的影响也不同，必然会打乱既有的传媒组织与技术互动的节奏和状态。传媒组织与技术间的均衡互动状态犹如动态平衡的天平，技术自主性在新生态中的日益膨胀，无疑是此天平的一端发生显著变化的表现。为重建

① 参见刘千才、张淑华：《从工具依赖到本能隐抑：智媒时代的"反向驯化"现象》，载《新闻爱好者》2018 年第 4 期。
② 参见刘千才、张淑华：《从工具依赖到本能隐抑：智媒时代的"反向驯化"现象》，载《新闻爱好者》2018 年第 4 期。
③ 参见吴果中、陈妍：《从"电视人"到"弹幕人"：媒介技术对人类交往方式的影响》，载《传媒观察》2021 年第 2 期。
④ 参见吴果中、陈妍：《从"电视人"到"弹幕人"：媒介技术对人类交往方式的影响》，载《传媒观察》2021 年第 2 期。

并维持此天平的动态平衡，不仅需要调整天平另一端的传媒组织，而且需要重建维持组织与技术间动态平衡的互动机制。

为此，诸多媒体在融合转型进程中日渐将技术创新与技术使用创新等，视作突破转型困境以重建组织与技术均衡互动机制的关键，并展开了各种各样的在坚守中改革创新的尝试。2014年媒体融合上升至国家战略以来，传统媒体围绕内容为王、渠道制胜、技术为先、服务至上等进行的改革创新，既推动媒体融合转型取得明显成效，也使得越来越多的互联网技术产物成为媒体融合实践的重要力量。主要做法涉及多个方面：一是利用新技术创新内容生产流程，包括算法、移动直播技术等介入下的生产流程改革或重构等；二是依托新技术提供新的内容产品或服务，包括生产短视频、数据新闻、智库报告、服务性小程序等新产品，及接入政务新媒体账号、自媒体账号等；三是依托新技术建设新媒体平台或搭建新的传播渠道，包括建设门户网站、新闻客户端及在微博、微信、抖音、今日头条等第三方平台上建设传播矩阵等；四是深入传媒组织内部，推进组织架构改革、运转机制改革、管理体系改革等。相较于产品和平台层面的改革，进入传媒组织而改革相应架构及日常实践机制等，既可能对产品创新、平台建设等产生重要且直接的影响，也可能遭遇更多、更大的阻碍。

然而，传统媒体在融合转型探索中寻求组织与技术间均衡互动的已有探索，不仅表现出既开放又保守的特征①，还表现出较为明显的路径依赖。很多融合转型中的传统媒体，将组织同互联

---

① 参见李艳红：《在开放与保守策略间游移："不确定性"逻辑下的新闻创新——对三家新闻组织采纳数据新闻的研究》，载《新闻与传播研究》2017年第9期。

网技术的互动聚焦在技术使用层面，并在很大程度上延续了过往传媒组织使用旧有传媒技术的经验。在具有路径依赖特征的思维指引下，聚焦于技术使用层面的互动，表现出明显的问题：一是在不明显推进组织架构、组织文化等革新的情况下，不合时宜地参照使用传统媒体技术的方式使用互联网技术；二是带有较为明显的拿来主义思维，将互联网技术视作购买或"拿来"即适用的工具，或"照搬"部分媒体的经验；三是对互联网技术的使用呈现出断裂的、非常态化的状态，即受路径依赖和拿来主义等思维影响，没能形成持续的、常态化的使用某种或多种新技术的机制。可以说，尽管已有部分媒体意识到组织架构、运转机制等深层改革对传媒组织驾驭新技术而言的重要性，大部分传媒组织与互联网技术的互动却仍倾向于将互联网技术视作同传统的印刷技术、电子技术等相类似的工具，而没有从根本性的逻辑层面认知和使用互联网技术，也未能对传媒组织及其"日常"进行更为深入的改革创新，甚至期待通过互联网技术使用方式的局部创新，而在延续原有互动路径的方向上实现发挥互联网技术价值的目标。

（三）传媒组织与技术间互动失衡状态的持续存在

在已有探索普遍具有路径依赖特征而少数深度改革的媒体还未能带动传媒领域整体性转向的情况下，同以往传媒组织与传统的印刷技术、电子技术等互动形成的均衡状态相比较，传媒组织与互联网技术间相对失衡的互动状态持续存在。这种情况体现在多个方面：一是传媒组织对技术的原有定位被互联网技术打破而未能实现稳定重建，即传媒组织对技术的角色定位及传媒组织与技术间的关系因互联网技术的介入而变得模糊，以至于传媒组织在应对互联网技术冲击时显得被动且无力；二是互联网技术既明显改变了技术迭代节奏，又大大丰富了技术产物种类，使得传媒组织陷入不知如何选择技术及跟上技术发展节奏的迷茫状态，进而导致传媒组织对技术的使用长期混乱且无序，甚至引发许多传媒组织盲目跟风；三是在增加技术方面的投入而无法达到预期后，有传媒组织将希望寄托于不断引进新技术，不仅导致传媒业务运转中多方面的失衡（如新闻报道数量与质量的失衡），而且由此陷入不断消耗资源而收效甚微的困局。可见传媒组织与技术间动态均衡的互动机制重建，及传媒组织自身的改革创新，均未能真正适应互联网技术发展。

相应路径依赖及传媒组织与技术间均衡互动普遍难以重建的现实，也必然会导致传媒组织陷入被动应对互联网技术冲击的困境，并在媒体融合转型成效、实践过程及观念意识等方面表现出来。就转型成效而言，多数传统媒体的融合转型取得了明显进展，但"鲜有真正的转型成功者"[①] 这一观点，在诸多研究和传媒现状中得到印证。学者们对媒体融合进程中有关"社会矛盾""公共安全"等领域的舆论生态分析[②]，及对人才、资金、技术等不足与媒体转型困境的分析等，均反映出仍处于艰难探索阶段的媒体不在少数。而许多媒体经营困难尤其是都市类媒体被关闭或合并的情况，以及今日头条、抖音等成为重要信源甚至日常生活中的"伙伴"的现实，更直接说明诸多媒体还未能借助技术力量达到较为理想的生存与发展状态。就实践过程而言，互联网技

① 周冲：《传统媒体转型定位与策略》，载《重庆社会科学》2015 年第 1 期。
② 参见张诚、朱天：《从"集成媒体的新机构"到"治国理政的新平台"——县级融媒体中心的方位坐标及其功能逻辑再思考》，载《四川大学学报》（哲学社会科学版）2020 年第 2 期。

术也并不完全如传媒从业者的期待般为其提供便利并帮助其提升效率、拓展创新，反而可能通过多种多样的技术功能或"玩法"等，给传媒从业者增加干扰和负担。有学者指出，"技术手段超负荷地更新并投入应用，缺乏专业的引导和管理，最终由'解放人'变成了'束缚人'的力量"[①]。就观念意识而言，传媒从业者对互联网技术的定位和理解，因普遍未能触及其本质，而导致相应借助技术展开的创新实践，或是难以落地实施，或是效果不尽如人意。

据此，既有现实表明：一方面，融合转型探索中的传媒组织积极使用了新技术却仍未能驾驭技术的事实，说明互联网技术的自主性及其自有逻辑要求传媒组织找到驾驭新技术的方式，以契合互联网技术特性与逻辑的做法发挥技术价值，而非简单地将互联网技术当作同传统媒体技术一样的工具来使用；另一方面，由于互联网技术同传统媒体技术不同，传媒组织驾驭传统媒体技术的经验，不适合移植到对互联网技术的驾驭。再审视互联网技术的多重属性，及转型中的观念认识、实践方式及成效，由此成为破解前述难题的重要基础。

二、都市类媒体重建组织与技术间均衡互动的典型取径

基于传统媒体纷纷展开利用技术推动创新的探索却普遍难以重建传媒组织与技术间动态均衡的现实，由都市类报纸发展形成

---

① 蔡雯、翁之颢：《专业新闻的回归与重塑——兼论 5G 时代新型主流媒体建设的具体策略》，载《编辑之友》2019 年第 7 期。

的包括都市类报纸及其新媒体产物在内的都市类媒体①，成为探索重建传媒组织与技术间均衡互动取径的重要先锋。都市类媒体群落在探索性驾驭技术的过程中，尽管也存在路径依赖现象，却在相较于日报、行业报、广播电视媒体等更为直接且明显的生存压力下探索形成了多极分化的格局，既有许多都市类媒体被迫关停，也有许多都市类媒体在内容为王、渠道制胜、技术为先、服务至上等不同维度脱颖而出。同传统媒体与技术间的互动通常是偏向坚守、偏向重构或处在两者中间一样，都市类媒体的诸多探索与尝试，归结到可被明显观察到的表现及对应行动方向上，亦不外乎三种相互交叉却各有侧重的取向：追求变化而打造全新"传媒技术优势"的重构（如封面新闻）、追求稳定而强化原有"内容生产优势"的坚守（如新京报），及在坚守与重构中间寻找更多差异化优势（如澎湃新闻和南方都市报）。综观我国媒体融合格局及不同转型路径，不难发现这些取向及代表性媒体同技术互动的不同选择，不仅反映了都市类媒体的探路者精神，而且在各地媒体转型中都是位列创新探索前端且具有特色的代表，为拓展媒体与技术研究谱系提供了重要的本土经验。

（一）偏向打造全新"传媒技术优势"的重构取径

从我国都市类媒体乃至广大传统媒体的融合转型现实看，选择重构组织以打造传媒技术优势的媒体，属于直面"技术短板"而追求最大程度的创新变化的类型，主张在利用技术推动内容生产与信息传播创新的基础上，以补齐技术短板的方式，正面应对

---

① 参见王晗啸、李成名、于德山等：《基于上下文语义的网络议程设置研究——以红黄蓝事件为例》，载《国际新闻界》2020 年第 4 期。

互联网技术冲击及伴随互联网而来的新媒体挑战。在传统媒体时期，传媒技术的种类远不如互联网时代多，传媒技术的发展节奏也远不如互联网时代快，广播、电视、报纸等传统媒体在掌握了拍摄、剪辑、印刷等技术后，便进入同传媒技术平稳而均衡互动的状态，以至于其面对互联网技术的迅猛发展时，暴露出明显的技术短板。相较于互联网企业和传媒技术公司，传统媒体的技术短板早已形成且长期存在，非持续、大量的投入不能解决，以至于传媒组织在尝试驾驭新兴技术时，很少有决策者或从业者会考虑或认同以技术创新为重点、将技术建构为优势的选择。

封面新闻作为《华西都市报》融合转型发展的产物，正是着力解决技术短板并以技术为核心驱动来推进发展的典型代表，不仅在跨媒介竞争中推动全员视频化转型，而且打造出其他媒体难以与之竞争的智媒体技术优势。封面新闻客户端上线前，时任《华西都市报》总编辑的李鹏就在一次发言中讲到传媒转型需打破路径依赖，包括打破结构依赖、机制依赖和能力依赖等。[①] 封面新闻于 2016 年上线后，便在全国率先提出要建设智媒体[②]，以技术创新驱动媒体融合发展。而后封面新闻以构建"科技＋传媒＋文化"的生态体、打造一流的互联网科技传媒文化企业为目标[③]，对内容、运营、营销、技术甚至行政管理等进行更加全面且深入的改革创新，并收获较好的社会效益和经济效益。根据封面新闻公布的数据：封面新闻在 2018 年就实现了盈利，扭转了

---

① 参见李鹏：《迈向智媒体》，北京：东方出版社，2018 年，第 43 至 44 页。

② 参见毛伟、周燕群：《封面传媒的智媒之路——对话四川日报报业集团副总编辑兼封面传媒董事长李鹏》，载《中国记者》2020 年第 1 期。

③ 参见李鹏：《智媒体：新物种在生长》，北京：东方出版社，2019 年，第 271 页。

连续 6 年的下滑形势①；封面新闻的用户在 2019 年就超过了 5000 万，日活 190 万②。经过多年的探索，封面新闻在传媒技术及智媒体发展方面积累的资源与成果，成为被传媒业界认知与理解的重要标签。传媒研究者如宋建武、郭全中、张丽伟、吕尚彬等，亦关注封面新闻的探索并展开了讨论，以封面新闻为典型案例而分析其在视频化转型③、智媒体发展④等方面的举措。吕尚彬、李雅岚、侯佳通过对封面新闻的田野调查，反思并阐述了智媒体数据驱动、平台打造和生态构建的三重主要逻辑，为我国新型主流媒体深度融合发展提供参考和启示。⑤ 郭全中曾表示："传统媒体的真融合体现为观念、顶层设计、技术基因、体制机制、内容和渠道等方面的全方位融合……封面新闻的融合转型，采取的就是彻底的真融合思路，也取得了实实在在的效果。"⑥可见，尽管封面新闻以技术驱动创新的智媒体发展探索仍在进行中，却也已经收获了来自多方面的支持与认同，并逐步形成差异化发展路径。

　　当然，都市类媒体对传媒技术优势的打造，并非脱离内容生产、运营与营销而转向技术研发领域，而是在传媒业务运转中建

---

① 参见李鹏：《奇迹正在发生——在 2019 年封面传媒年会上的致辞》，人民网，2019 年 1 月 31 日，http://ip.people.com.cn/n1/2019/0131/c136671-30601638.html，2020 年 9 月 17 日。

② 参见李鹏：《AI 引领媒体融合迈向纵深》，载《中国报业》2019 年第 11 期。

③ 参见宋建武：《全面视频化：5G 时代封面新闻媒体融合转型的新路径》，载《传媒》2019 年第 8 期。

④ 参见张丽伟：《"智能+智慧+智库"："封面新闻"的智媒体之路》，载《传媒》2019 年第 5 期。

⑤ 参见吕尚彬、李雅岚、侯佳：《智媒体建设的三重逻辑：数据驱动、平台打造与生态构建》，载《新闻界》2022 年第 12 期。

⑥ 郭全中：《真融合的封面探索》，载《新闻战线》2018 年第 13 期。

构契合需求的技术优势，并通过技术创新及应用来推动以内容为核心的业务发展。在该取向上具有代表性的封面新闻，亦是围绕内容创新、技术驱动、渠道建设、营销改革等多方面的探索而前行，只是技术驱动在相应探索中发挥了举足轻重的作用。以内容生产创新为例，包括上游新闻、新京报、南方都市报等在内的很多媒体，都推行了依托新技术而展开的视频化转型。而封面新闻的视频化转型则展露出更为明显的技术驱动逻辑，表现为建立视频制作团队与技术设计团队、技术研发团队间的紧密互动常规，并反过来推动视频化的创新探索等。可以说重构取向上，建构技术优势并以技术推动业务发展的过程，是从相对薄弱的技术维度着手并反过来推动媒体整体性发展，从起点到终点的各实践环节均需打破原有常规以匹配相应选择，才可能达到较为理想的发展期待。

（二）偏向强化原有"内容生产优势"的坚守取径

相比于重构取向，选择坚守取向的媒体属于在保持组织状态相对稳定的前提下，持续聚焦于内容优势而同新兴技术进行互动的类型，主张将有限的资源投入内容生产与传播创新，以借助技术来强化既有内容生产优势的方式，应对互联网技术发展及其带来的传媒生态变革、市场竞争变化等。

同少数媒体选择重构取向不同，大量媒体选择利用新兴技术强化原有内容生产优势的坚守取向。细看我国都市类媒体转型路径不难发现，借助技术力量而强化原创内容生产，几乎是包括封面新闻、南方都市报、澎湃新闻、新京报、成都商报、楚天都市报、大河报等在内的都市类媒体共同的选择和坚持，只是有的更加专注于内容生产与传播创新，而有的则更加倾向于在创新内容生产与传播基础上打造平台、服务甚至技术等方面的新优势。相比较而言，前者更能集中有限的资源强化既有优势，也更能保持传媒组织运作与发展的稳定性，而后者的尝试则需面对更多不确定性，既可能"夭折"，也可能带来"新生"。加之内容生产与传播是媒体立身之本及多年形成的核心优势，许多都市类媒体在面临互联网技术冲击时，仍偏向于选择借助技术力量来强化原有内容生产优势的坚守取向。只是随着全媒体时代"内容为王"的内涵发展变化[①]，选择坚守取向的都市类媒体也不尽然适应了情境的新要求，以至于有的媒体因过度的路径依赖而处境艰难甚至关闭，却也有媒体不断做强、做大内容生产优势而逐步在市场竞争中"回血"。

　　基于传统媒体时期积累的优势资源，整体化转型形成的如今的新京报，便是借助技术力量强化内容生产优势的典型代表。在坚守取向上，有诸多适应互联网发展趋势而不断探索创新的都市类媒体，其中已经取得较好转型成效并孵化出典型产物的都市类报纸，有《新京报》《楚天都市报》《大河报》《成都商报》等，且各家媒体均在偏向坚守的道路上探索着契合自身实际的发展策略及个性化路径。进一步观察与比较得知，新京报不仅通过强化内容原创优势而保持着原有品牌影响力，而且借助新兴技术、联合互联网企业打造了"我们视频""动新闻"等新的内容品牌，可见其依托技术创新内容生产与传播的举措的多元性和有效性，能够反映坚守取向的典型表现和深层逻辑。就自身发展而言，新京报通过迅速进入现场、深挖新闻价值、创新报道策略等方式，

---

　　① 参见杨建华：《全媒体时代的"内容为王"有何新内涵》，载《人民论坛》2020年第18期。

从多方面着手强化的原创内容优势及借助新兴技术打造的"我们视频""动新闻"等体现的"新"的内容生产优势，已经使其成为许多都市类媒体"做新闻"的对标对象①；"截至 2020 年底，新京报在各类传播平台的传播端口已近 500 个，覆盖人群超过 2.5 亿，每天阅读量超过 5 亿"②。就学术研究来看，学者们在研究媒体融合议题时，也会对新京报的经验、产品等进行关注与阐析，包括牛卫红以新京报的微信公众号"剥洋葱 people"为例分析非虚构新闻写作③、张腾之等就新京报打造短视频的模式进行的论述④等。由此，融合转型探索中的新京报，已经先于许多都市类媒体探索出以内容生产为核心竞争优势，而有力应对技术冲击的行动路径，成为坚守取向上重建传媒组织与技术均衡互动的典型。

（三）在重构与坚守中间寻找更多"差异化优势"的选择

在重构取径与坚守取径之间，还有许多媒体以利用技术不断推进原创新闻生产创新为基础，寻找更多围绕内容产业体系建构差异化竞争优势的突破性路径。此类型媒体建构的新优势，一方面可能超出新闻生产范畴，另一方面又仍在内容产业发展体系之中，相应转型路径可以说是将利用技术推动转型发展的重点置于

---

① 在正式展开本研究前，笔者曾进入多家媒体进行实地调研，发现诸多传媒从业者在谈及都市类媒体的新闻生产时，都会提及新京报，并认为其是值得参考的对象。

② 孔繁丽、刘国良：《从融媒到智媒——新京报融媒体转型实践分析》，载《中国报业》2021 年第 7 期。

③ 参见牛卫红：《非虚构新闻写作的价值引领探究——以〈新京报〉"剥洋葱people"为例》，载《当代传播》2020 年第 6 期。

④ 参见张腾之、高郑：《传统纸媒转型短视频的三种模式及未来战略路径——以澎湃、新京报、南都为例》，载《中国记者》2022 年第 3 期。

原创内容及其价值转化上，以探索既区别于传媒技术创新，又区别于原创新闻生产的差异化竞争优势。具体到我国都市类媒体发展现实中，跟传媒组织与技术互动偏向较为明确的封面新闻和新京报等相比较，很多媒体在内容生产、技术创新等方面同时发力，却又没有明显侧重重构或坚守，而是在内容生产与技术创新的基础上寻找更多可能性，同属于中间取向的大类。只是在具体的差异化优势和路径探索中，同归属中间取向的媒体也必然会面临诸多阻碍、风险及其导致的不确定性，以至于其中能够在我国媒体融合发展总体格局中崭露头角的不多。

经过多年的探索，脱胎于《东方早报》、依托技术而建设新平台并由其承载多方面内容产业发展的澎湃新闻，及通过推进全员智库化转型而形成的当前的南方都市报，即在不同方式及不同路径上利用技术拓展内容产业发展空间的典型代表。其中，澎湃新闻较早地以技术为依托而建设了新闻客户端，迅速成长为"现象级"新媒体[1]，并以客户端为核心平台而不断在内容产业发展上发力；南方都市报则在一种不同于国内其他媒体的转型路径上建设新的服务优势，从"办中国最好的报纸"转向"做中国一流智库媒体"[2]，通过深挖并转化信息服务价值来探索自身在社会服务与市场竞争中的位置。如前文所述，南方都市报于 2018 年向全员智库化转型后，在内容生产方面建立了 50 余个课题组项

---

① 参见刘永钢：《坚持内容为王 坚决整体转型——澎湃新闻的实践与探索》，载《传媒》2017 年第 15 期。

② 参见王莹岭、范以锦：《从一纸风行到智媒深融的主流化生存——南方都市报打造新型主流媒体浅析》，载《中国报业》2021 年第 7 期。

目，仅该报社 2019 年的全年营收（不含发行）就达到了 3.86 亿元。[1] 而传媒业界和学界对澎湃新闻和南方都市报的讨论也都基于二者各自的特色和发展方向展开，从不同角度给予其认同、分析并以其为典型反思媒体融合现实及趋势。例如陆晔和周睿鸣基于澎湃新闻"东方之星"长江沉船事故报道，论述了新闻业正呈现出的"液化"状态[2]；郭全中围绕南方都市报展开智库媒体转型经验的分析[3]等。由此，尽管澎湃新闻和南方都市报的发展探索以及其中的技术创新及应用，既不是其他媒体可复制的，也仍在进行中，但前述已经取得的成效至少说明其所选路径的典型性和前瞻性，以及在明显坚守与明显重构的取向中间还存在诸多有待探索的路径与空间。

第二节 基于驯化视角分析"组织－技术" 互动的理论框架

面对传媒组织与技术互动的现实，既有研究对封面新闻、新京报、澎湃新闻、南方都市报等媒体典型给予高度关注与多方面分析，却少有研究系统性剖析相应互动过程及机理。从驯化视角

---

① 参见任琦：《从办中国最好报纸到全员智库化转型，南方都市报这两年在干什么？》，载微信公众号"全媒派"，2020 年 6 月 6 日，https://mp.weixin.qq.com/s/DwFJkIqXDx2Zh1uGLWjweQ，2020 年 8 月 26 日。

② 参见陆晔、周睿鸣：《"液态"的新闻业：新传播形态与新闻专业主义再思考——以澎湃新闻"东方之星"长江沉船事故报道为个案》，载《新闻与传播研究》2016 年第 7 期。

③ 参见郭全中：《基于大数据和人工智能的智库媒体转型——以南方都市报为例》，载《新闻与写作》2021 年第 6 期。

切入，深度剖析具有能动性的组织与具有自主性的技术在具体情境中交互的复杂过程，进而建构包含要素表征、内在逻辑的驯化模式，并就不同驯化模式的生成情境及相应驯化动态变化的一般规律进行探讨，成为深入理解现实难题与典型经验以进一步推动媒体融合与相关理论研究的关键。由于传媒组织与技术互动的不同取向及相应驯化过程均发生于网络社会和我国媒体融合语境中，对应的驯化情境和主客体均跟驯化理论诞生时不同，本研究尝试引入组织社会学、媒介组织学及技术创新、组织创新等领域的理论线索，以建构更加适用于分析不同驯化过程及机理的理论框架（如图1-2）。

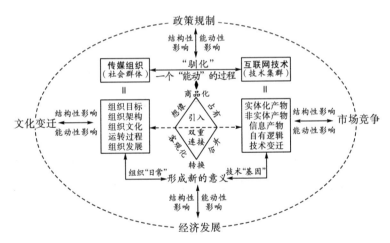

图1-2 从驯化视角分析传媒组织与互联网技术互动过程的理论框架

一、驯化的核心：在"人-技术"互动中生成新的意义

根据罗杰·西尔弗斯通的驯化分析及国内学者潘忠党、费中正、曾薇等对驯化理论的阐释与拓展，传媒组织驯化互联网技术

的核心，即二者围绕"商品化""想像""占有""客观化""合并"和"转换"环节进行非线性的交叉互动，以通过吸收、利用与输出技术价值的实践形成"新的意义"。① 传媒组织对技术的驯化过程不仅发生于传媒组织内部及传媒组织与技术之间，而且发生于传媒组织与社会系统的互动中，可能因组织、技术、社会系统等交互影响变化而形成不同状态。

（一）罗杰·西尔弗斯通的驯化理论内涵

"驯化"本是生物学领域的词汇，用以指"经由对野生动植物及其生长规律的掌握，人们制造一种新的生产环境，通过食物喂养或人工培育给予它必要的条件，实现对动植物行为及生长的控制运用的过程"②。驯化研究的开创者和领军人物罗杰·西尔弗斯通用"驯化"一词隐喻技术进入人们日常生活并在其中找到位置、产生影响的过程，通过对电视"家居化"的分析建构起驯化理论。

根据罗杰·西尔弗斯通在其代表性著作《电视与日常生活》中的论述，驯化的发生以技术本身"绝不是简简单单、直截了当来的"为前提，总是伴随技术对人类生活的影响而展开。③ 在该书中，罗杰·西尔弗斯通不仅用了较大篇幅来讨论电视或技术对人类社会生活的影响，而且通过多处论述反映"驯化"在人类与技术互动中的重要性。他在该书"前言"中提道，"新的技术形

---

① 参见［英］罗杰·西尔弗斯通：《电视与日常生活》，陶庆梅译，南京：江苏人民出版社，2004 年，第 182 至 195 页。

② 费中正：《作为技术商品、符号环境和特殊文本的传媒——费弗斯通的驯化理论探析》，载《理论月刊》2011 年第 11 期。

③ 参见［英］罗杰·西尔弗斯通：《电视与日常生活》，陶庆梅译，南京：江苏人民出版社，2004 年，第 116 页。

式不会被简单地吸收，而它面对日常生活时也不会保持原样"①，可见人类驯化技术的过程实际上是两者均在互动中发生变化的过程，若要新技术进入人类社会并产生影响或是按人类期待发挥新技术的价值，就必须实践驯化技术的过程。

以此为重要前提，罗杰·西尔弗斯通的驯化理论可被理解为：当技术（携带着特定的秩序及意义）进入社会群体（原本就有特定的秩序及意义），技术与社会群体间的互动（碰撞与融合）便发生了，直到该社会群体通过多个关键环节的实践而在"看得见与看不见的日常生活秩序中"给予该技术合适的"位置"，并利用该技术书写出"新的意义"。② 值得注意的是：一方面，在驯化过程中，技术与社会群体对应的秩序或意义均是包含多维度、多层面的复杂体系。正如罗杰·西尔弗斯通在阐释电视的意义时所述："我们要把电视看做是一种心理形式、社会形式和文化形式；同时，它也是一种经济形式和政治形式。我们不要只把媒介理解为影响之源，它既不是简单的有益，也不只是有害。"③另一方面，驯化包含多个核心环节，并且是含有双重连接的技术消费体系。罗杰·西尔弗斯通将相应环节概述为"商品化""想像""占有""客观化""合并"和"转换"，"商品化"是驯化的起始阶段，"想像"在很大程度上决定了技术使用者对商品化技术的选择，"占有"和"转换"分别是已经被商品化的技术由公共领域进入私人领域、由私人领域进入公共领域的过程，发生于

---

① ［英］罗杰·西尔弗斯通：《电视与日常生活》，陶庆梅译，南京：江苏人民出版社，2004 年，第 4 页。

② ［英］罗杰·西尔弗斯通：《电视与日常生活》，陶庆梅译，南京：江苏人民出版社，2004 年，第 28 页。

③ ［英］罗杰·西尔弗斯通：《电视与日常生活》，陶庆梅译，南京：江苏人民出版社，2004 年，第 2 页。

社会群体（如家庭）与社会系统的互动中，"客观化"和"合并"则发生于社会群体（如家庭）内部，是将技术融入社会群体的"日常"并在使用中改写相关秩序或意义的过程。① 双重连接往往在"客观化"和"合并"过程中发生，对驯化技术有非常重要的意义。例如，电视既会通过作为实体的电视（机）同人类及其日常生活产生连接，也会通过作为媒介的电视（节目）同人类及其日常生活产生连接，同时在时间和空间维度产生影响，而技术使用者的能动性在这一过程中非常重要。②

（二）我国研究者对驯化理论的讨论与反思

我国传媒研究领域乃至社会科学研究领域有关驯化理论的讨论并不多，却也促进了驯化理论的本土化应用及发展，为进一步建构适用于回应本研究之核心问题的驯化分析框架提供了重要基础和启发。

一方面，在理论层面就驯化概念展开探讨的研究，揭示出立足新媒体语境、针对驯化的不同主客体而调整或拓展驯化分析框架的重要性。费中正的《信息传播技术驯化研究述评》③ 和潘忠党的《"玩转我的 iPhone，搞掂我的世界！"——探讨新传媒技术应用中的"中介化"和"驯化"》④ 均是从理论层面进行评析

---

① 参见［英］罗杰·西尔弗斯通：《电视与日常生活》，陶庆梅译，南京：江苏人民出版社，2004年，第182至195页。

② 参见［英］罗杰·西尔弗斯通：《电视与日常生活》，陶庆梅译，南京：江苏人民出版社，2004年，第122页。

③ 参见费中正：《信息传播技术驯化研究述评》，载《学术论坛》2011年第10期。

④ 参见潘忠党：《"玩转我的 iPhone，搞掂我的世界！"——探讨新传媒技术应用中的"中介化"和"驯化"》，载《苏州大学学报》（哲学社会科学版）2014年第4期。

与阐释的代表，为国内学者进一步理解驯化理论提供了基础与参考。曾薇则在《从驯化到中介化：西尔弗斯通媒介技术观的变迁》一文中，阐述了驯化研究在新媒体时代面临的挑战：一是移动智能技术的移动性和并行性等，打破了过往驯化研究关注的家居空间与公共空间的界限，使得新媒体时代的驯化研究不得不考虑更多因素；二是移动智能技术携带的新的技术基因，显示了人类无法回避的形塑力量，以至于驯化研究需要将更广泛的社会变化纳入考虑范畴。[①] 曾薇在分析"技术介入过程的不均衡性"时还论述道："在不同的社会文化背景和不同的使用目的下，媒介技术承载着不同的文本意义，人们通过各种意想不到的技术使用方式，将私人与公共连接起来，利用媒介技术表达自我，将媒介技术驯化出不同的意义。"[②] 这既说明了人的能动性对改写技术意义即驯化技术的重要性，也说明了不同的技术使用者、技术产物以及驯化发生的情境会深刻影响到驯化的路径选择、实践过程和结果等。

另一方面，运用驯化视角分析具体议题或现象的研究，为立足网络社会分析传媒组织驯化技术的过程提供了思路与参考。其中较具代表性的，有王炎龙和王石磊关于"驯化"微信群的研究[③]、黄淼和黄佩关于个性化推荐平台的自媒体内容生产网络及

---

① 参见曾薇：《从驯化到中介化：西尔弗斯通媒介技术观念的变迁》，载《新闻知识》2021 年第 1 期。

② 曾薇：《从驯化到中介化：西尔弗斯通媒介技术观念的变迁》，载《新闻知识》2021 年第 1 期。

③ 参见王炎龙、王石磊：《"驯化"微信群：年长世代构建线上家庭社区的在地实践》，载《新闻与传播研究》2021 年第 5 期。

其运作的研究①、李锦辉和颜晓鹏对于年轻群体在算法实践中的人机关系探究②、蒋晓丽和钟棣冰对于算法焦虑背景下短视频用户"再驯化"实践的研究③等。王炎龙和王石磊在《"驯化"微信群：年长世代构建线上家庭社区的在地实践》一文中，还明确指出当前的媒介情境与驯化理论诞生之初的电视媒介时代大相径庭，"智能手机、平板电脑等个人化、移动化媒介不再占据家庭的某个空间；家庭内外的边界也变得模糊"④。可见随着互联网技术的发展，同社交媒体、新兴技术等相关的驯化研究，已经考虑到了情境的变化，并将驯化理论运用于不同群体（主体）对不同技术产物（客体）的驯化分析中。伴随互联网技术发展而变化的驯化的主客体，及伴随驯化的主客体变化而变化的具体情境，已成为驯化研究不可忽视的重要维度或因素。

二、驯化的主客体：传媒组织与互联网技术集群

　　根据前述既有的驯化理论提供的分析框架以及相关本土化讨论与反思，传媒组织驯化技术的过程是一个能动的过程，旨在通过发挥组织的能动性来同具有自主性的互联网技术进行互动，并以两者间的交互作用来推动技术创新和媒体发展。其中作为主体

---

① 参见黄淼、黄佩：《算法驯化：个性化推荐平台的自媒体内容生产网络及其运作》，载《新闻大学》2020 年第 1 期。

② 参见李锦辉、颜晓鹏：《"双向驯化"：年轻群体在算法实践中的人机关系探究》，载《新闻大学》2022 年第 12 期。

③ 参见蒋晓丽、钟棣冰：《"役于物"到"假于物"：算法焦虑背景下短视频用户"再驯化"实践研究》，载《西南民族大学学报》（人文社会科学版）2022 年第 12 期。

④ 王炎龙、王石磊：《"驯化"微信群：年长世代构建线上家庭社区的在地实践》，载《新闻与传播研究》2021 年第 5 期。

和客体的传媒组织与互联网技术均有其对应的"含有秩序的体系",而具体的互动过程便是各自对应的"含有秩序的体系"间的碰撞与融合,既围绕组织的日常和技术的基因展开,又反过来推动具体的日常机制和基因序列发生变化。[①] 而若同电视"家居化"过程中的主客体相比较,传媒组织同家庭一样是社会群体,却具有不同于家庭的组织特性,互联网技术同电视一样是技术产物,却具有不同于传统电视的技术特性。尽管我国传媒组织数量庞大、互联网技术发展迅速且种类繁多,不同传媒组织的根本属性却是一致的,不同互联网技术的根本逻辑也是相同的,将传媒组织与互联网技术分别视作两种"含有秩序的体系"而展开分析,而非聚焦具体某种互联网技术或某个传媒组织系统的局部,将更有利于探究两者在互动中进行驯化与反向驯化的规律或逻辑。只是为深入分析传媒组织驯化互联网技术的过程,还须根据传媒组织与互联网技术的角色功能与特性、表现形式等,对驯化过程中的主体和客体进行再界定。同时须引入媒介组织学、技术创新及组织创新等研究领域的相关理论线索,以进一步明确传媒组织与互联网技术对应的"含有秩序的体系"的构成,并建构起更加契合当前传媒现实的分析框架。

(一)从家庭向传媒组织转变

传媒组织即媒介组织,"是指专门从事大众传播活动以满足社会需要的社会单位或机构"[②],并且"是通过一定的社会制度和运营机制联系起来的人的集合体,这个集合体是一个社会系

---

① 参见 [英] 罗杰·西尔弗斯通:《电视与日常生活》,陶庆梅译,南京:江苏人民出版社,2004年,第2、28、124、146页。

② 李红艳:《媒介组织学》,北京:中国传媒大学出版社,2006年,第59页。

统，具有系统的一般特性和功能……通过组织结构和组织制度将组织内部的一个个元素联系起来，成为一个有机的整体"①。为驯化互联网技术而努力的传媒组织，本质上同使电视"家居化"的家庭一样，由一定的社会群体构成且具有相应的日常体系。

当驯化的主体从家庭转向传媒组织，罗杰·西尔弗斯通的驯化理论的适用性至少体现在三个方面：第一，驯化理论既关注人类对技术的影响，也关注技术对人类的影响，其在重视技术对人类社会的深刻影响的前提下进行驯化分析的逻辑，同传媒组织面对技术冲击时试图驾驭技术的逻辑高度一致。第二，驯化理论在其诞生时期关注的家庭同传媒组织一样，都是以人为中心而形成的，都由一定的社会群体及相应日常表现出来，传媒组织驯化互联网技术的过程也同电视"家居化"过程一样，都由人的力量主导驯化方式及驯化进程。只是由于传媒组织是"被正式组织起来的群体"②，所处环境及组织内部的基础条件、影响因素等均跟家庭有所不同，可能直接导致相应的驯化（尤其是主体和情境）同电视"家居化"之间的差异。正如罗杰·西尔弗斯通所言："在目前讨论的语境中，我所指的对技术的接受是指一个社会群体（大家庭、小家庭或一个组织）对技术的接受能力，它把技术产品及其传送系统纳入自己的文化的能力——纳入自己的空间和时间系统，纳入自己的美学和功能系统——即掌握它们、使得它们或多或少在日常生活的常规中变得'无影无踪'的能力。"③

---

① 周鸿铎：《媒介经营与管理总论》，北京：经济管理出版社，2005年，第146页。

② 于显洋：《组织社会学》，北京：中国人民大学出版社，2009年，第14页。

③ ［英］罗杰·西尔弗斯通：《电视与日常生活》，陶庆梅译，南京：江苏人民出版社，2004年，第146页。

第三，驯化理论强调的将技术纳入日常生活及有关技术对日常生活的形塑的讨论，都对传媒组织与互联网技术的互动分析具有借鉴意义。尽管组织的日常与家庭的日常生活不同，不仅包含组织成员的日常活动，而且包含组织内部的日常运转系统、组织间的日常互动等，对传媒组织驯化互联网技术的过程的分析，却同电视的"家居化"分析一样，都是分析人如何驾驭技术及技术如何介入日常的过程。

从驯化视角分析传媒组织与互联网技术的互动，由此具有合理性和可行性。只是由于传媒组织的构成、运作方式、发展逻辑等均跟家庭不同，对应的日常体系也跟家庭的日常生活有区别，相应分析框架的建构，自然也需要在延续既有的驯化分析思路的同时，考虑更多契合传媒组织的观察维度与理论线索。根据媒介组织学的研究，组织目标、组织架构、组织文化、运转过程、组织变革及发展等，均是形塑传媒组织日常并在组织的日常中被形塑的不可忽视的维度。[①] 其中，组织目标决定了传媒组织期待通过驯化技术实现的成效，组织架构和组织文化分别从权力关系与精神内核等方面直接影响具体的围绕驯化而展开的运转过程，组织变革及发展则是组织反复、持续推进驯化实践以利用技术力量探索前行的结果。此外，由于作为驯化的主体的传媒组织本身也是社会系统中复杂的（子）系统，在对传媒组织为驯化技术而进行的改革创新进行具体分析时，自然还可能涉及学习型组织、媒体与社会治理等更多用于分析组织行为与组织创新的理论线索。

---

① 参见李红艳：《媒介组织学》，北京：中国传媒大学出版社，2006 年，第 91 至 291 页。

（二）从电视向互联网技术集群延伸

互联网技术是以"开放、互联"为核心，具有"去中心化"的"本性"的技术类型①，或者说"互联网技术的核心就是信息数据，而数据就是数值，是人们通过观察、实验或计算出的结果"②。而"互联网技术革命的实质就是信息技术革命，是一场人们对'信息技术'的关注从信息的收集、储存、传输等'技术'转向'信息'本身的观念性革命"③。目前活跃在传媒领域的算法、移动直播、动画制作、机器写作、区块链等，均属于互联网技术或互联网技术产物的范畴。对融合转型探索中的传媒组织而言，互联网技术就是新兴技术，而对报纸媒体融合转型形成的传媒组织而言，新兴技术不仅包括算法、区块链等移动互联网时代兴起的技术，而且包括传统媒体时代已有却在移动互联网时代升级的媒介技术，如跟视频拍摄、剪辑等有关的数字化技术等。

作为驯化的客体，互联网技术及其产物的自有逻辑、功能特性等，均同电视有着巨大差异。但驯化理论关注的是技术而不仅指电视被驯化的过程，其所提供的思想观念及分析线索，同样适用于分析互联网技术被驯化的过程。只是不同于电视"家居化"，传媒组织需驯化的互联网技术，往往不是某一项技术而是多项技术的集群，不仅要求传媒组织具备更为强大的接受并发挥新兴技术价值的能力，而且要求传媒研究者将互联网技术集群考虑在内

---

① 参见谢新洲、石林：《基于互联网技术的网络内容治理发展逻辑探究》，载《北京大学学报》（哲学社会科学版）2020年第4期。
② 速继明：《互联网技术革命与社会进步》，载《教学与研究》2016年第7期。
③ 速继明：《互联网技术革命与社会进步》，载《教学与研究》2016年第7期。

来分析相应机制，而不是聚焦某一项互联网技术被采纳、使用的过程。融合转型探索中传媒组织驯化互联网技术的关键，也不在于是否成功使用某一项新兴技术，而在于是否针对新兴技术区别于传统媒体技术的特性、逻辑及影响等找到可行的驯化路径。

互联网技术的自有逻辑、功能特性等以及已有学者关注到的互联网技术携带的技术基因、底层逻辑等对驯化研究的挑战[①]，由此成为建构分析框架时必须考虑的因素。一方面，互联网技术具有移动化、个人化等特征，其对时空界限的打破及对人类生活中时空秩序、时空感受的重建，是从驯化视角分析传媒组织与互联网技术互动过程时不可忽视的重点。潘忠党在 2014 年就指出，当智能手机、平板电脑等被纳入人类生活，技术在日常中的"位置"可能再次发生变化，例如厨房可能出现摆放电脑的台面等。[②] 另一方面，互联网技术产物可能是看得见、摸得着的实体（如电子大屏、手机等），也可能是在线的数字化软件（如社交或办公软件等），还可能是充斥于互联网平台的信息（如网页新闻、抖音视频）等，而每一项技术产物背后都可能是很多项互联网技术在支撑。如此类型和层次多元、关系复杂的互联网技术体系，将导致传媒组织驯化互联网技术的过程比电视"家居化"过程更复杂。加之互联网技术迭代迅速且可衍生出诸多新产品，容易让传媒组织迷失在眼花缭乱的可选项中，要求其从被动接受变化的技术使用者转变为更能主动掌握技术创新及发展规律的探

---

① 参见曾薇：《从驯化到中介化：西尔弗斯通媒介技术观念的变迁》，载《新闻知识》2021 年第 1 期。

② 参见潘忠党：《"玩转我的 iPhone，搞掂我的世界！"——探讨新传媒技术应用中的"中介化"和"驯化"》，载《苏州大学学报》（哲学社会科学版）2014 年第 4 期。

索者。

　　为了在多线交错、动态复杂的现实中找到融合转型探索中传媒组织驯化技术的可行路径，相应用于指导分析传媒组织多年反复探索形成的改写技术"自有秩序"并书写"新的意义"的常规化操作的理论框架，亦需超越对某一项技术的关注，转向从互联网技术集群出发而建构。同时在具体分析中，还将借鉴有关技术创新与技术扩散的理论线索，以具有代表性的新技术的发明、创新和扩散三个阶段及其演化机制等为线索，对技术创新及扩散过程进行分析。① 而从互联网技术迅速迭代、百花齐放的发展趋势看，传媒组织对互联网技术的驯化将是动态变化而无终点的过程，对相应驯化过程的分析及研究发现，也需适应动态变化的现实。

三、驯化的情境：强化"规范性"与"创造性"的多重因素

　　传媒组织驯化互联网技术的过程，作为主客体发挥能动性或自主性而进行碰撞与融合的过程，通常受到多重情境因素的促进或抑制性影响，相应驯化方向、路径及实践策略的选择，正是在多重情境因素交互作用下形成的。尽管新京报、封面新闻、澎湃新闻、南方都市报及其他都市类媒体乃至整个传媒体系，都是立足网络社会与我国媒体融合语境展开驾驭技术与转型发展的探索，各家媒体探索驯化的情境即相关的多重情境因素组合状态却不同，以至于相应传媒组织选择的驯化方向、路径及策略等也可

---

　　① 参见杨勇华：《演化经济视角下的技术创新机制与政策研究》，北京：社会科学文献出版社，2015年，第136至139页。

能不同。传媒组织驯化互联网技术的具体情境可被视为"结构"与"能动性"交互逻辑中的"结构"①,多重逻辑、不同因素交互形成的结构性关系在其中占据主导地位,不仅可能促进或抑制传媒组织的能动性,也离不开政策、经济、文化等因素作用及传媒组织的能动选择。而相应结构性关系与"组织-技术"互动中的能动性交互,将推动传媒组织在"规范性追求"与"创造性追求"的碰撞与融合中形成具体的驯化路径或类型(如图1-3)。

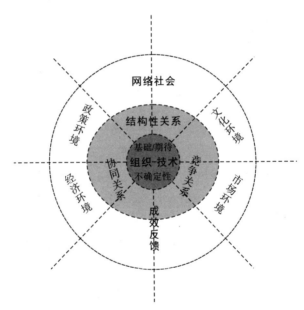

图1-3 驯化情境对"组织-技术"互动过程的影响

(一)网络社会与我国媒体融合语境

我国媒体融合转型发展探索以及传媒组织试图驾驭互联网技

---

① 参见陈学金:《"结构"与"能动性":人类学与社会学中的百年争论》,载《贵州社会科学》2013年第11期。

术的一系列探索，都发生于网络社会中，并受到网络社会的新特征、新样态、新要求等深刻影响。我国传媒组织探索驯化互联网技术的过程，不仅是在网络社会运行中进行的，而且是在媒体融合转型探索中进行的，自然既须遵循网络社会的运行规律，也无法脱离政策、文化、经济及市场竞争等多重因素交互形成的媒体融合语境而展开。

曼纽尔·卡斯特在《网络社会：跨文化的视角》一书中论述道："网络社会的社会结构由基于微电子的信息和通信技术推动的网络组成……网络是没有中心的，其包含的仅仅是节点。每个节点对于网络来说具有不同的关联性。通过更多地吸收并更加有效地处理相关信息，节点就能增强其在网络中的重要性。一个节点的相对重要性并不取决于它的具体特征，而是取决于它为实现该网络目标而作贡献的能力。"① 在这样的网络社会中，传媒组织驯化互联网技术的过程也必然是发生于各节点相互连接、互动的网络中，而各节点连接、互动形成的关系，也是会对传媒组织的理念与行动产生重要影响的结构性关系。传媒组织作为网络社会中的节点，不仅同相关部门、企业、用户等节点关联，而且需要依靠自身对网络运行目标及对相关节点的贡献来强化自身的重要性，并由此获得在驯化互联网技术方面的认同与支持等。

我国媒体融合语境基于网络社会形成，跟许多西方国家的媒体发展语境都不同。政策变迁、文化创新、经济发展、市场竞争及技术革命等多重力量交互，对我国媒体融合发展的影响显而易见，正如有学者指出"技术、资本、市场、政策是中国媒体融合

---

① ［美］曼纽尔·卡斯特：《网络社会：跨文化的视角》，周凯译，北京：社会科学文献出版社，2009年，第3页。

发展进路的四种相互交织的力量"①，也有学者对媒介变革中的两种范式（数字革命范式和媒体融合范式）加以比较，并认为"数字革命范式简单地考虑技术的变迁，它的最大偏颇在于只见技术不见人，从而忽略了技术条件与人、乃至与其他因素的互动"，而"中国的媒体融合进程是政府主导下政府与技术、产业相互影响、相互塑造的结果"。② 在由政策、经济、市场与文化等因素交互形成的媒体融合语境中，传媒组织驯化互联网技术的过程，即传媒组织将原是环境因素的技术力量转变为自身发展内驱力的过程，离不开技术本身的变迁，也一定是在政策、经济、文化与市场竞争等多重因素作用下进行的。

（二）以多重结构性关系为核心的具体情境

借鉴美国学者帕梅拉·休梅克的"金字塔"模型③，及国内学者李艳红对创新采纳情况的分析④，可进一步将传媒组织在网络社会及我国媒体融合语境中探索驯化的具体情境细分为具有交互关系的三个层次的因素，分别为：传媒体系所在的社会系统，同具体传媒组织相关的包含协同与竞争的结构性关系，传媒组织与技术自身的情况。

传媒体系所在的社会系统中，由政策规制、文化变迁、经济

---

① 于正凯：《技术、资本、市场、政策——理解中国媒体融合发展的进路》，载《新闻大学》2015 年第 5 期。

② 秦露：《中国媒体融合进程中的技术范式与政治逻辑》，载《行政管理改革》2020 年第 1 期。

③ 参见陈力丹：《美国传播学者休梅克女士谈影响传播内容的诸因素》，载《国际新闻界》2000 年第 5 期。

④ 参见李艳红：《在开放与保守策略间游移："不确定性"逻辑下的新闻创新——对三家新闻组织采纳数据新闻的研究》，载《新闻与传播研究》2017 年第 9 期。

发展、市场竞争等多因素构成的社会制度，是影响传媒组织驯化技术的理念与实践的根本性力量。例如社会发展中的消费文化、可供技术创新与技术使用创新的经济条件、市场局势变化，以及同媒体发展紧密相关的媒体融合战略等。而包含竞争与协同的结构性关系[①]主要存在于某一媒体与其他媒体、相关部门、企业等机构或相关用户之间。借鉴帕梅拉·休梅克的逻辑，可将这些机构划分为新闻源、收入源（如服务性产品的购买者）、技术供应方三类[②]，具体有跟某传媒组织关联的宣传管理部门、需要媒体提供政务新媒体运营支持的部门、技术公司、教育和医疗等垂直领域的企业、以信息传播服务为核心的互联网企业、融合转型中的其他传统媒体等。同时由于用户地位随着自媒体发展而显著提升，分析传媒组织驯化技术的情境因素时，需要在帕梅拉·休梅克论述的社会机构基础上，增加对媒体自身的用户、自媒体背后的运作者等个人用户的关注。组织与技术自身的情况，则既包括媒体机构自身与相关工作惯例等[③]，也包括传媒组织内从业者群体的专业素养和能力结构、技术的自有逻辑和自主性等。

　　深入分析构成驯化情境的三个层次的因素不难发现：社会系统内各节点间本就存在一定的结构性关系，而存在于传媒组织内外的结构性关系是构成具体情境的核心，传媒组织同其他节点间的结构性关系还可能同传媒组织内部的结构性关系产生交互性影

---

　　① 参见李艳红：《在开放与保守策略间游移："不确定性"逻辑下的新闻创新——对三家新闻组织采纳数据新闻的研究》，载《新闻与传播研究》2017 年第 9 期。

　　② 参见陈力丹：《美国传播学者休梅克女士谈影响传播内容的诸因素》，载《国际新闻界》2000 年第 5 期。

　　③ 参见陈力丹：《美国传播学者休梅克女士谈影响传播内容的诸因素》，载《国际新闻界》2000 年第 5 期。

响，进而对传媒从业者的理念与实践产生影响。若将三个层次的因素分开来看，传媒体系依托的社会环境和包含协同与竞争的结构性关系，可被视为具体传媒组织所处的会对驯化过程产生影响的外部环境，组织与技术自身则直接参与到了驯化的过程中，并通过组织与技术自身蕴含的基础与目标、功能特性等对驯化过程产生影响。就三个层次因素间的交互关系看，包含协同与竞争的结构性关系，不仅是由政策规制、文化变迁、经济发展、市场竞争等多因素构成的社会制度对驯化过程发挥作用的重要载体，而且会渗透到传媒组织内部并对传媒组织内部的结构性关系产生影响，进而对具体组织成员的驯化实践产生影响。参考李艳红分析新闻组织对创新的采纳时的观点，可推论前述三个层次的影响因素构成的具体情境中还会产生"不确定性"和"成效反馈"，相应"不确定性"和"成效反馈"同样是影响驯化的关键性因素[1]，并且是贯穿驯化情境的不同层面而发挥作用的关键性因素。

（三）具体情境对"规范性"与"创造性"的要求

不同传媒组织驯化互联网技术的路径选择、实践方向等，会受到以多重结构性关系为核心的具体情境影响而呈现出不同状态，而不同层面的结构性关系中又包含了诸多影响驯化的具体因素。借鉴组织社会学领域"两个环境"的理论逻辑，不难发现影响驯化过程的多重情境因素中，既有力量推动传媒组织追求规范性，即在基本维持组织稳定的前提下针对性地发挥技术价值，

---

[1] 参见李艳红：《在开放与保守策略间游移："不确定性"逻辑下的新闻创新——对三家新闻组织采纳数据新闻的研究》，载《新闻与传播研究》2017年第9期。

也有力量推动传媒组织追求创造性，即深度推进组织的系统性改革以最大化发挥技术价值。推动传媒组织追求规范性与创造性的力量，通过同传媒组织与互联网技术互动中的能动性的交互发挥作用，促使传媒组织在既追求规范性（求稳）又追求创造性（求变）的探索中形成契合自身实际与发展需求的驯化路径及类型。

根据组织社会学新制度学派的主张，"我们必须从组织环境的角度去研究、认识各种各样的组织行为，去解释各种各样的组织现象"①，而组织面对的两种不同环境——制度环境和技术环境，对组织的要求指向不同，前者要求组织采用可被广泛接受或普遍选择的形式和做法，后者要求组织另辟蹊径以追求效率和效益的最大化。②尽管传媒组织驯化互联网技术的过程，不仅处于制度环境和技术环境的交互中，还处于受资本和市场影响的包含组织与技术自身条件在内的更为复杂的情境中，却不可否认相关情境因素均是在强化规范性（强化稳定/趋同/获取认同）与强化创造性（强化求变/个性/参与竞争）两个方向上发力。李艳红在分析新闻组织对创新的采纳时，就从创新压力、制度同型（institutional isomorphism）等方面验证了这一逻辑，即相关影响因素或是推动创新，或是抑制创新而强化趋同性。③"两个环境"理论线索同罗杰·西尔弗斯通阐述的驯化过程中可能存在的

---

① 周雪光：《组织社会学十讲》，北京：社会科学文献出版社，2003年，第72页。

② 参见周雪光：《组织社会学十讲》，北京：社会科学文献出版社，2003年，第72至73页。

③ 参见李艳红：《在开放与保守策略间游移："不确定性"逻辑下的新闻创新——对三家新闻组织采纳数据新闻的研究》，载《新闻与传播研究》2017年第9期。

"守旧"与"求变"亦高度契合，正如其强调的我们应从不同角度去理解驯化，从系统发生学角度看，驯化是发生在特定情境里的一种媒介出现的故事，而从个体发生学角度看，驯化是求变和守旧的故事。① 而无论是罗杰·西尔弗斯通对电视"家居化"的分析，还是国内学者就新媒体时代的新现象展开的驯化分析，均已说明：从不同角度关注的情境条件或求变、守旧的故事，往往无法隔离开来看，而是会被统一在具体的驯化情境和驯化过程中；驯化过程中求变与守旧的故事，必然是同特定情境的变化交互发生的。以"规范性追求"与"创造性追求"间的博弈为线索，分析不同情境下的驯化过程，由此具有了合理性与可行性。

　　基于不同情境因素同驯化的主客体互动中的能动性产生交互影响，并促使传媒组织在规范性追求与创造性追求的碰撞与融合中选择驯化路径的逻辑，可进一步从理论层面推论：在追求规范性的驯化实践中，传媒组织对应的"含有秩序的体系"是相对稳定的，传媒组织驯化互联网技术的过程也是以相对稳定的"含有秩序的体系"来吸收技术价值的过程；而在追求创造性的驯化实践中，传媒组织对应的"含有秩序的体系"会因互联网技术的介入而发生较大程度的改革创新，传媒组织驯化互联网技术的过程也是以深度改革创新中的"含有秩序的体系"来扩散技术价值的过程。

---

① 参见［英］罗杰·西尔弗斯通：《电视与日常生活》，陶庆梅译，南京：江苏人民出版社，2004年，第153页。

第三节 深入不同"互动类型"实践过程的驯化分析路径

　　结合前述理论框架与现实观察分析可知，传媒组织驯化互联网技术的过程中，两者互动的各环节均可能在"规范性"与"创造性"的交互中呈现一定的偏向——或偏向保持组织对应的"含有秩序的体系"稳定性而发挥技术价值，或偏向改革组织对应的"含有秩序的体系"以发挥技术价值。就各环节间交互形成的内在逻辑而言，相应"组织－技术"互动过程，既受到具体情境因素（结构性关系）的影响，又反过来以"新的意义"（能动性探索）推动情境变化①，并且可能在不同偏向的互动中形成不同的、复杂的环节间交互关系。不同驯化模式的各环节偏向（要素表征）与各环节间交互关系（内在逻辑）均是动态变化的，还可能伴随情境的变迁而变迁，并呈现更多样的状态。

　　驯化理论揭示的"守旧"与"求变"逻辑及在坚守中探索创新的传媒现实均已表明，尽管"规范性"（求稳）与"创造性"（求变）必然同时存在于传媒组织驯化互联网技术的过程中，并且可能在不同维度、不同层面产生碰撞与融合，其所形成的驯化类型却不外乎三种——创造优先型、规范优先型、协调探索型。深入已知的显见的不同类型，以常规化的"引入－客观化－合并－转换"为分析主线，着眼多重因素的交互作用而透过现象分

---

　　① 参见［英］罗杰·西尔弗斯通：《电视与日常生活》，陶庆梅译，南京：江苏人民出版社，2004年，第28、116、118页。

析各环节的偏向及各环节间占主导的交互逻辑，成为解析不同驯化类型的形成过程以建构典型的驯化模式的可行路径。对影响不同驯化模式形成的多重情境因素的进一步分析，及对多重情境因素交互触发驯化动态变化的一般规律探讨，则是面对传媒组织、互联网技术及具体情境的动态变化，讨论并强化典型驯化模式在传媒发展与理论研究中"生命力"的尝试（如图1－4）。

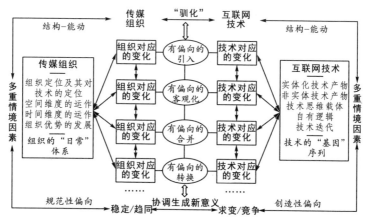

图1－4　从驯化视角分析传媒组织与互联网技术互动过程的具体路径

一、驯化类型：创造优先型、规范优先型、协调探索型

根据现实观察，传媒组织面对互联网技术的冲击而试图驾驭新兴技术时，通常有三种选择——偏向"求变"、偏向"求稳"、在"求变"与"求稳"中间寻找突破性路径。而借鉴组织社会学视野中涉及"规范性"（以获取认同感为重）与"创造性"（以强

化竞争力为重）的思想与逻辑①，亦可知驯化理论揭示的"守旧"与"求变"过程，可能在结构与能动性的交互中形成三种典型的驯化偏向——偏向创造性、偏向规范性及处于两者中间状态。比较现实观察与理论推理所得的三种取径或三种偏向，不难发现两者间的高度一致性，可见现实观察与理论推理所得，可将传媒组织驯化互联网技术的过程归结为显见的三种类型：一是创造优先型，偏向"求变"即重构组织系统以最大化地扩散技术价值；二是规范优先型，偏向"求稳"即在平稳的组织进化中针对性地吸收技术价值；三是协调探索型，致力在"求变"与"求稳"相对均衡的状态下探索利用技术建构差异化竞争优势的互动路径。

（一）规范性与创造性始终并存

不同传媒组织驯化互联网技术的过程，均在网络社会及我国媒体融合语境中展开，自然具有明显共性——规范性与创造性始终共存，正如组织（日常）与技术（基因）始终交互一样，即各传媒组织驯化互联网技术的过程，作为传媒组织以某种方式将新兴技术及其携带的价值"编织"② 到组织相应日常中以生成"新的意义"的过程，尽管会在规范性与创造性的碰撞与融合中形成不同偏向与不同路径，但它们始终是在规范性与创造性交织共存的情境下发生的，也都表现出规范性实践与创造性实践并存的特征。传媒组织对规范性的坚持，即传媒组织为尽可能地在保持稳定的前提下获取网络社会中其他节点或子系统的认同而做出的选

---

① 参见周雪光：《组织社会学十讲》，北京：社会科学文献出版社，2003 年，第 72 至 73 页。

② ［英］罗杰·西尔弗斯通：《电视与日常生活》，陶庆梅译，南京：江苏人民出版社，2004 年，第 2 页。

择，常表现为对传媒组织既已形成的"含有秩序的体系"的延续性创新；传媒组织对创造性的追求，则是传媒组织为尽可能地发挥技术价值以打造出可正面应对互联网技术冲击的新优势而做出的选择，常表现为传媒组织为建构传媒技术优势而就既已形成的"含有秩序的体系"展开的颠覆式创新。

具体到传媒组织的常规化实践中，相应规范性与创造性始终并存的主要表现为：在传媒组织驯化互联网技术的过程中，无论规范性与创造性的理念、实践、目标等如何碰撞与融合，相应传媒组织都是以内容生产尤其是新闻生产与传播为核心业务而展开各种驯化实践，并在坚守新闻报道原则、保障新闻报道品质的底线上，利用新兴技术探索建构组织优势或拓展核心价值体系。传媒组织对规范性的坚持离不开其对新闻媒体定位和职责的坚守，而传媒组织对创造性的追求离不开互联网技术革命带来的冲击和挑战，并且均同社会发展、政策规制、市场竞争等对传媒组织的要求和期待息息相关。

（二）三种具有典型性的驯化类型

由于规范性与创造性始终并存于不同驯化过程中，不同驯化类型之间必然会有明显交叠，而由于规范性追求与创造性追求在不同驯化过程中的交互情况不同，不同驯化类型之间也必然会有明显差异性。在具体驯化实践中，兼顾规范性与创造性的各环节，一方面受到"组织－技术"互动中的能动性作用，另一方面受到多重情境因素交互形成的结构影响，进而形成或偏向规范性，或偏向创造性，或处于两者中间状态的行动取向。相应驯化模式的要素表征、内在逻辑等在不同环节的不同实践（取向）的交互中形成，并会伴随不同环节与不同行动（取向）的变化而变化。正如罗杰·西尔弗斯通论述的，驯化过程常常包含"商品化""想像""占有""客观化""合并"和"转换"环节，但各环节往往不是均衡发生的，也不是简单、线性地逐步演进的，更不是分离的。①

对应不同行动取向的三种驯化类型，也正是在结构与能动性的交互中形成，并且在规范性与创造性的交互中表现出明显的共性与差异性。由于传媒组织经过多年的探索，已经形成相对成熟的得到广泛认同的"含有秩序的体系"，而互联网技术革命与互联网技术变迁对传媒发展甚至社会发展而言，都是会不断发生变化甚至可能发生"突变"的一大"变量"，可将坚守传媒组织的稳定性而吸收技术价值视作偏向规范性的驯化，而将打破传媒组织的稳定性而放大技术价值视作偏向创造性的驯化。同时基于都市类媒体已经体现出的驯化成效与总体性行动方向，可将这三种典型的驯化类型概述为：

其一，创造优先型——重构或再造组织系统，以最大限度扩散技术价值。在相应传媒组织规划与实践中，利用互联网技术而尽可能展开创新性与个性追求，往往优先于对既有组织对应的"含有秩序的体系"的稳定性和趋同性的延续。相应传媒组织旨在最大化地利用新兴技术、补齐传统媒体的技术短板甚至建构传媒技术优势，以为内容生产、运营、营销等传媒业务及传媒业务体系的边界突破，提供由互联网技术转化而来的创新动能，而对组织系统的改革创新则伴随建构传媒技术优势的需求而展开。选择这类驯化路径的媒体，以在坚持"内容为王"理念的同时，将

---

① 参见［英］罗杰·西尔弗斯通：《电视与日常生活》，陶庆梅译，南京：江苏人民出版社，2004年，第184页。

技术视为核心驱动并追求传媒技术领先性的封面新闻为代表。

其二，规范优先型——在相对平稳的组织进化中，有限度却有针对性地吸收技术价值。在相应传媒组织规划与实践中，尽可能保持或不破坏组织稳定性与趋同性的前提下利用互联网技术展开创新性和个性追求，往往优于放大互联网技术的创新动能和空间的探索。相应传媒组织旨在借助新兴技术而延续传统媒体原有的内容生产优势，而避免其他方面的新优势建构可能产生的对相应产能或动能的分散。选择这类驯化路径的媒体，以始终坚持"内容为王"理念并追求新闻生产在互联网阵地的竞争优势与标杆意义的新京报为代表。

其三，协调探索型——在稳定与重构中间发挥技术价值，以建构具有突破性的差异化竞争优势。相应传媒组织的规划与实践，既以利用互联网技术强化创新性与个性为目标，又着力维持组织"含有秩序的体系"的稳定性和趋同性，且给予两者相近或同等的优先级。相应传媒组织致力在"内容产业体系"的范围内，发挥技术价值并推动相应内容产业体系的创新与个性化发展。选择这类驯化路径的媒体，以在内容产业发展方向上，强化传媒技术力量的澎湃新闻和南方都市报为代表。

二、分析主线：常规化的"引入、客观化、合并、转换"

前述三种不同的驯化类型是结合理论线索与传媒现实而根据驯化所得的意义及相应传媒组织驯化互联网技术的外在表现与总体取向判断出来的。关于不同驯化类型是如何形成的，及不同驯化类型对应的实践蕴含怎样的要素、逻辑等，则需通过对具体驯化过程中的常规化实践的分析来探究。对常规化实践的分析，即跳出单项互联网技术被驯化的视野而关注互联网技术集群被驯化的过程。为此综合罗杰·西尔弗斯通的驯化理论、国内学者的驯化研究及相关现实因素，可考虑以反映驯化机制或过程的"日常"为对象、以"引入－客观化－合并－转换"为理论主线，结合各环节的组织变化与技术变化而对其进行系统的过程性分析。这一思路主要包含两方面的关注：一方面认为不同驯化类型对应的过程中，"引入""客观化""合并""转化"等环节，尽管并非均衡、线性地逐步展开，却是各驯化类型及相应过程都可能会涉及的；另一方面认为各驯化环节既在传媒组织与互联网技术的互动中发生，也是两者互动的具体表现，会伴随传媒组织与互联网技术的变化而展开，并可能在特定情境下表现出多种不同的状态（见表1－1）。

表1－1　驯化过程中各环节可能呈现的状态

环节	引入	客观化	合并	转换
状态①	基于驱动型技术想像而引入	将技术嵌入"中心位置"	将技术融入非线性协同机制中	以"技术＋新闻＋"连接更多节点
状态②	基于支撑型技术想像而引入	将技术嵌入"边缘位置"	将技术融入线性协作机制中	以"新闻＋技术＋"连接更多节点
状态③	从支撑型技术想像转向驱动型技术想像	技术嵌入"位置"在"边缘"与"中心"间游移	将技术融入非线性协同与线性协作"共生"的机制中	以"内容产业＋"连接更多节点
状态 N	在支撑型与驱动型技术想像中间探索更多典型取径	在"中心位置"与"边缘位置"中间探索更多典型方式	在非线性协同与线性协作"交互"中探索更多典型方式	以"新闻＋""技术＋"等为基础建立更多连接

（一）引入：基于不同"商品化"与"想像"的"占有"

罗杰·西尔弗斯通所述的"商品化""想像"和"占有"均属于引入技术的环节并且极可能在传媒组织中交叉进行，故在分析传媒组织驯化互联网技术的过程时，可将包含商品化、想像、占有的引入视作首要环节。商品化和想像在很大程度上决定了传媒组织引入技术的情况，其中有关技术需求和技术价值的想像还会影响到商品化的情况。

根据罗杰·西尔弗斯通的阐释，商品化既包含创造人工制品的工业过程与将人工制品转化为商品的商业过程，也包含在人工制品中起作用的意识形态过程。[①] 而想像在罗杰·西尔弗斯通看来是"自相矛盾的"，他认为"购买潜在地是一种改造活动，它在幻想和现实之间作出标记，为（或者不为）施之于实物意义之上的想像和实际的工作（德塞都所说的战术）开拓一个空间"。[②] 占有便是"实物从公共领域退回到私人领域"的过程，而该过程通常包括对技术实物与技术意义的占有。[③] 对传媒组织而言，商品化、想像和占有既可能是线性发生的，也可能是交叉进行的。传媒组织为占有新兴技术产物，既可能根据想像而向第三方技术供应者购买商品化技术产物，也可能根据想像借助第三方技术供应者的力量"合作生产"技术产物甚至"自主生产"技术产物。同作为媒介的电视即电视的媒介意义类比，作为媒介的互联网技

---

① 参见［英］罗杰·西尔弗斯通：《电视与日常生活》，陶庆梅译，南京：江苏人民出版社，2004年，第184至185页。

② ［英］罗杰·西尔弗斯通：《电视与日常生活》，陶庆梅译，南京：江苏人民出版社，2004年，第186至188页。

③ 参见［英］罗杰·西尔弗斯通：《电视与日常生活》，陶庆梅译，南京：江苏人民出版社，2004年，第188至189页。

术即互联网技术的媒介意义，对传媒组织而言，既可能是其他媒体或互联网平台提供的，也可能是传媒组织主动参与或主导建构的，商品化、想像和占有便交织在其中。因此，将商品化、想像、占有统合至引入环节，更有利于准确而深入地分析传媒组织驯化技术的过程。

具体的引入环节包括对商品化技术的想像、对技术需求的想像，以及基于商品化和想像而实现的占有等，自然伴随着同组织与技术相关的变化而发生——组织的变化围绕组织对技术的定位而展开，技术的变化则体现在进入组织采纳范围的技术产物构成上。相应变化与两者各自的"含有秩序的体系"相对应，包括组织目标、组织架构、组织文化、运转过程等维度的可能变化，以及对技术的实体化产物、非实体产物、信息产物、自有逻辑等的引进、建构或改造等。从理论层面看，为更好地实现引入技术的目标或期待，相应传媒组织可能在多维度进行调整，而引入技术的结果也将在多方面体现出来。实体化技术产物（电子屏、智能手机、转播台等）、非实体技术产物（办公或社交软件等）、信息产物、互联网技术思维或技术逻辑等，作为引入的结果，将在后续多环节的组织与技术互动中导致新的变化。

（二）客观化：技术在空间维度的嵌入

"客观化"的核心是将技术置于组织对应的空间维度看得见的"位置"上"展示"出来，以使其对象化与可用化。在罗杰·西尔弗斯通的部分论述中，"客观化"与"客体化"近乎同义，为了与指称"驯化的客体"的表述（客体化）相区分，本研究以"客观化"指代驯化过程中将技术嵌入空间维度的关键环节。根据罗杰·西尔弗斯通对客观化的阐述："如果占用是在占有中揭示自己，那么客观化就是在陈列中揭示自己，反过来它也渗透在家庭意识及其在世界中位置的分类原则……客观化不仅表现在使用中，而且也表现在家庭空间环境里实物的物质秉性中。它也以同样的方式体现在这种环境的结构中。"① 罗杰·西尔弗斯通还提出："客观化并不只限于物质对象。电视节目（和其他媒介文本）通过众多方式，被平等地吸收到展现的技巧之中。"② 尽管罗杰·西尔弗斯通区分了技术使用中的客观化和物理空间环境中的客观化，但其认为客观化偏向空间性，而合并则关注时间性。③ 为进一步区分传媒组织驯化技术过程中的"客观化"和"合并"环节，本研究将客观化限定为技术在空间维度的"位置"、"展示"及影响，包括技术产物在空间环境的呈现及空间环境、布局、功能等因技术嵌入而产生的变化等。正如潘忠党所言，"一旦经过我们在消费市场上的选择、购买而进入我们日常生活的空间，它们不仅占据其间的某一位置，而且成为我们自己设计、摆放而构成的生活场所的一个有机部分"④，而这种有机部分既存在于一定的空间中，又是可用的空间或物质的重要构成。

结合互联网技术集群的特性和电视的客观化表现方式，可进一步明确，在传媒组织驯化互联网技术过程中客观化在空间维度的表现至少包括三方面：一是实体化技术产物在物理空间的"位

---

① ［英］罗杰·西尔弗斯通：《电视与日常生活》，陶庆梅译，南京：江苏人民出版社，2004年，第189至190页。

② ［英］罗杰·西尔弗斯通：《电视与日常生活》，陶庆梅译，南京：江苏人民出版社，2004年，第189至191页。

③ 参见［英］罗杰·西尔弗斯通：《电视与日常生活》，陶庆梅译，南京：江苏人民出版社，2004年，第189至192页。

④ 潘忠党：《"玩转我的iPhone，搞掂我的世界！"——探讨新传媒技术应用中的"中介化"和"驯化"》，载《苏州大学学报》（哲学社会科学版）2014年第4期。

置"与"展示"，例如用于呈现数据等信息的电子屏及智能手机、摄像机、转播台等在物理空间的摆放位置和展示方式；二是互联网技术思维在物理空间中的物化，即空间环境里蕴含互联网技术因素或互联网技术思维的实物的物质秉性，表现为网络化的标语、物件等；三是互联网技术嵌入空间维度导致的空间布局、功能等方面的变化，包括办公空间格局和功能、物品陈列方式的改变等。这些客观化表现，不仅可能对空间环境的改革创新产生影响，而且可能推动组织的其他方面变化，还可能进入使用和沟通中并形成技术使用中的客观化表现及影响。

同时，传媒组织引入互联网技术的结果，还包含一系列在物理空间"看不见"的产物，如新闻客户端、网站、办公或社交软件、网络信息内容等。但这些产物既不存在于特定"位置"，也不是在空间环境中被明显"展示"出来的产物，对时间维度的影响明显大于对空间环境及其中物质秉性的影响。所以，本研究在分析传媒组织驯化互联网技术的客观化环节时，将围绕技术产物在空间环境中的展示、空间环境中蕴含互联网思维的实物的物质秉性、空间布局或物品陈列方式等方面，以及这些方面蕴含的信息、意义与对技术使用的可能影响而展开；而把非实体技术产物、信息产物以及技术逻辑或技术思维等在"看不见"的时间维度的影响，置于合并环节中分析。

由此，互联网技术进入组织对应的空间维度，可能被嵌入"中心位置"，也可能被嵌入"边缘位置"，还可能在"中心位置"与"边缘位置"中间游移。相应的"中心位置"与"边缘位置"，并不仅指互联网技术产物在空间环境中的点位属于中心区位还是边缘区位①，而且指互联网技术产物在组织对应的空间维度的重要性，即其影响是趋近中心地位还是边缘地位。

（三）合并：技术在时间维度的融入

在驯化的各环节相互渗透、交叉的关系中②，"合并"与"客观化"常常表现出明显交叉，同电视相区别的互联网技术的介入，更是加剧了两者间难分先后、难解因果的动态且复杂交织的可能性。相比较而言，若将客观化视为技术在组织对应空间维度的嵌入，合并则可被视为技术在组织对应时间维度的融入。

罗杰·西尔弗斯通基于"合并"的观念，集中关注电视像其他技术和实物一样被使用的各种方式，并认为："技术要发挥作用，必须在家庭道德经济中找到一个位置，特别是在与日常生活惯例的结合中找到一个位置。"③而技术在家庭道德经济中或在与日常生活惯例的结合中寻找"位置"的过程，既是技术使用者将技术置于"看不见"的"位置"的过程，也是技术融入家庭的日常生活的过程。由于互联网技术具有明显区别于传统电视的数字化属性，当驯化的对象由传统电视向互联网技术转变，相应的合并环节自然包含实体化技术产物、非实体技术产物、信息产物等被使用的过程，以及技术逻辑或技术思维等带来的影响。同时由于互联网技术具有时空伴随性且打破了人类社会既有的时空秩序，包括办公或社交软件、网络信源、网络信息内容等在内的虚

---

① 参见岳奎、何纯真：《中心—边缘理论视域下旅游扶贫长效机制研究——以仪陇县"景区带村"模式为例》，载《湖北社会科学》2021年第8期。
② 参见王炎龙、王471磊：《"驯化"微信群：年长世代构建线上家庭社区的在地实践》，载《新闻与传播研究》2021年第5期。
③ ［英］罗杰·西尔弗斯通：《电视与日常生活》，陶庆梅译，南京：江苏人民出版社，2004年，第192页。

拟化产物很可能成为被使用的重要对象，刺激传媒组织改变日常的影响甚至可能超越实体化技术产物的影响。而相应技术思维及技术逻辑，更可能对技术使用乃至组织与技术的互动造成深刻且深远的影响。

以此观照传媒组织驯化互联网技术的现实可知，互联网技术同传媒组织的合并，也是传媒组织将前述技术产物尤其是非实体技术产物、技术逻辑等融入日常的过程，即技术产物或技术逻辑可能被合并到传媒组织对应的生产、运营、营销等不同业务运作及管理机制中，通过从业者的反复使用融入相应常规并对其造成影响。而形成合并特征的关键在于，传媒组织以何种方式使用技术，即传媒组织以非线性协同或线性协作运转机制中的某一种机制为主导，还是以两种机制共生或其他典型的运转机制为主导而将技术整合进各类业务运转机制中。

结合本就密不可分的客观化与合并环节不难发现，同电视"家居化"过程中的双重连接类似，传媒组织驯化互联网技术的过程也包含在"看得见"和"看不见"的"位置"上展开驯化的双重连接。而相应的双重连接，同样源自技术使用者将互联网技术看作物体的同时也把它看作一种媒介[1]，且同样会在时间维度和空间维度产生影响。只是互联网技术被驯化过程中的双重连接可能涉及更多层面，包括以实体化技术产物、非实体技术产物等为中介的连接等。

---

[1] 参见［英］罗杰·西尔弗斯通：《电视与日常生活》，陶庆梅译，南京：江苏人民出版社，2004年，第122页。

（四）转换：向组织外部扩散驯化形成的"新的意义"

罗杰·西尔弗斯通认为，处于社会系统中的家庭必然需要在邻里关系、工作关系等多重关系中找到自己的身份与地位，而"转换"就如同"占有"一样，会勾画出家庭与外部世界的联系。[①] 转换作为与引入对应的环节，是以驯化形成的承载技术价值的"新的意义"及相关业务、功能等，拓展传媒组织与社会系统中其他节点间互动关系及传媒组织的社会影响的过程。这一过程主要涉及两个层面：一是以具有创新性的组织优势承载驯化出的"新的意义"，而相应优势既可能是传媒组织既有优势的延续性创新，也可能是传媒组织在驯化互联网技术的过程中形成的新优势；二是以"新的意义"为中介而拓展传媒核心价值体系及传媒组织与社会系统中其他节点间的互动网络，包括更广泛地拓展媒体的影响，及更深入地强化媒体在社会治理或社会发展中的角色与功能等。而"新的意义"的外化即外在表现，便是可明显观察到的新的竞争优势，及同新的竞争优势紧密相关的重要业务等。

由此，不同驯化类型会在转换环节的"新的意义"上得到明显体现，甚至可以说转换环节的表现直接体现了该驯化路径的类型，只是进入转换环节的技术已有明显的驯化痕迹[②]，而引入、客观化和合并环节都可能发生将转换环节及驯化结果导向不同程度或不同方向的故事。罗杰·西尔弗斯通的论述表明，转换环节

---

① 参见［英］罗杰·西尔弗斯通：《电视与日常生活》，陶庆梅译，南京：江苏人民出版社，2004 年，第 193 页。

② 参见王炎龙、王石磊：《"驯化"微信群：年长世代构建线上家庭社区的在地实践》，载《新闻与传播研究》2021 年第 5 期。

往往同引入环节相对应①；既有的驯化理论体系及有关驯化的研究还揭示出，尽管不同传媒组织驯化技术的过程均可能涉及引入、客观化、合并和转换等环节，但由于不同驯化环节常常不是均衡发生的，而各环节对应的不同维度或不同层面也会有差异，具体的驯化结果、行动方向及其对应的驯化类型自然可能不同。即在不同传媒组织驯化技术的过程中，经过引入、客观化、合并等环节进入转换环节，并强化或拓展组织与社会间连接的"新的意义"可能会不同，相应传媒组织驯化技术的结果也就有差异。

三、具体路径：聚焦表征、逻辑与情境探究互动机制

从理论层面看引入、客观化、合并和转换环节的要素表征，及各环节间交互形成的内在逻辑，理想的创造优先型驯化的各环节均应围绕"创造性偏向"展开，理想的规范优先型驯化的各环节均应围绕"规范性偏向"展开，理想的协调探索型驯化的各环节均应围绕"中间选择"展开，而各环节间的内在逻辑也可能因其对应偏向的一致性呈现出相对不那么复杂的状态。但现实情况比理论推演更加复杂，在"结构"与"能动性"的交互中，尽管"引入－客观化－合并－转化"是组织驯化具体某项技术时的行动次序，各环节却并非均衡、线性地发生，而是都可能形成多种不同偏向并产生交互作用。尤其是在网络社会与我国媒体融合语境下，不同类型的驯化模式及形成机制，很可能是由不同的引入、不同的客观化、不同的合并、不同的转换在多重情境因素作

---

① 参见〔英〕罗杰·西尔弗斯通：《电视与日常生活》，陶庆梅译，南京：江苏人民出版社，2004年，第193页。

用下交叉互动形成的。

为进一步厘清各驯化环节发生的"故事"以建构不同类型的驯化模式，还需以直接反映驯化行动次序的"引入－客观化－合并－转换"为主线，循着如下路径展开分析：首先，由于各驯化环节的不同偏向，既是多重情境因素内化于具体驯化过程的表现，又会外化为相应传媒组织和互联网技术的变化，可延续判断不同驯化类型的逻辑，着眼传媒组织和互联网技术在不同环节的表现或变化而判断不同环节的要素表征与偏向；其次，由于各环节要素表征与偏向间往往具有关联性，可根据具体各环节对应的要素表征与偏向间的实际关联及相关情境因素，在某种程度上推论并分析不同环节间深层互动的内在逻辑；最后，由于根据不同环节的要素表征、偏向和内在逻辑而建构的驯化模式还会在不同情境因素变化下呈现出动态变化的状态，可进一步在"结构－能动"逻辑指引下，比较分析不同驯化模式及相关影响因素，以更为深入、系统地探究影响不同模式形成的情境因素组合，及多重情境因素交互触发驯化动态变化的一般规律，以进一步提升研究发现的可推广性和理论意义。

（一）根据"要素表征"判断不同驯化环节的偏向

为深入分析不同驯化类型的形成过程以建构驯化模式，首先需明确相应驯化过程中各环节的要素表征与偏向，以为进一步分析各环节间内在逻辑及不同模式形成与变化的具体情境和一般规律做准备。不同驯化过程中的要素表征，即该过程对应各环节中表现较为突出，且对整个驯化过程产生关键性影响的要素及其表征。如果说内在逻辑体现了各环节间相互作用的主线，要素表征则体现了各环节的偏向及其是由怎样的要素组合形成的，是驯化过程中更细致、具体的重要组成部分。相应的要素及其表征，不仅同引入、客观化、合并、转换环节相对应，而且同驯化过程中发生的组织的变化与技术的变化密切相关。

故可在"结构"与"能动性"交互的逻辑指引下，依据追求"规范性"与追求"创造性"的实践逻辑，与不同环节的要素表征及其对应的行动方向，判断不同环节的偏向。一方面，延续前述根据外在表征与总体性行动方向而划分驯化类型的逻辑，设定判断各环节偏向的思路，将坚守组织既有"含有秩序的体系"而吸收技术价值视为偏向规范性的实践，将打破组织既有"含有秩序的体系"以最大化利用互联网技术这一变量开拓创新视为偏向创造性的实践。另一方面，具体环节偏向的判断标准，还将结合引入、客观化、合并、转换等环节可能呈现的多种状态进行建构，以更加明确地区分各环节可能呈现的要素表征及相应的行动方向，是属于规范性偏向（以"A"指代）、创造性偏性（以"B"指代），还是寻找更多差异化路径的中间选择（以"X"指代）。具体为：①由于不同的引入技术的实践，往往产生于包含技术定位的技术想像，且会在不同程度上改变传媒组织的产能结构，并表现在技术设计者与技术使用者的互动方式上，引入的偏向可以传媒组织中技术定位（技术想像）为核心判断标准；②当技术嵌入传媒组织对应的空间维度，不同"位置"可能会在不同程度上推动相应空间环境、布局、功能等改造，进而在不同程度上体现出技术产物或空间环境的仪式价值和使用价值，客观化的偏向可以传媒组织在其对应空间维度嵌入技术的位置及随之产生的影响为核心判断标准；③当互联网技术融入传媒组织对应的时间维度，融合技术力量的不同机制即线性协作机制或非线性协同机制，既形成于传媒组织内部的业务运转机制创新，也可能在不同程度上推动传媒组织内部的业务运转机制革新，合并的偏向可以传媒组织在其对应时间维度融入技术的机制（包含相关的行动逻辑、准则等）为核心判断标准；④由于传媒组织通过驯化互联网技术形成的优势，会在不同程度或维度上拓展传媒核心价值体系及传媒组织与社会系统中其他节点间的连接网络，转换的偏向可以传媒组织通过驯化技术形成的组织优势（即新的意义）为核心判断标准（见表1—2）。

表1—2　各环节要素表征与偏向的判断标准

环节	涉及维度	规范性偏向 （以"A"指代）	创造性偏向 （以"B"指代）	中间选择 （以"X"指代）
引入 （基于技术想像而展开）	①商品化；②想像；③占有	基于支撑型技术想像而引入：由传媒组织既有的内容、营销等业务团队主导，延续原有产能结构，持续将技术定位为支撑业务创新的产能	基于驱动型技术想像而引入：引进大量技术设计者，以技术团队为重要主体，深度改革产能结构，致力技术创新与扩散，并将技术定位为驱动业务创新的产能	处于从支撑型转向驱动型技术想像过程中：以技术团队为既有业务团队的重要辅助，局部深度革新产能结构，相应技术定位逐渐由支撑向驱动转换，技术重要性不断提升
客观化 （技术嵌入空间维度的位置）	①技术实体的展示；②物理空间的环境、布局、功能等改造；③互联网思维的物化	将技术嵌入"边缘位置"：以技术产物为补充，保持传媒组织空间维度的物理环境、布局、功能等基本不变	将技术嵌入"中心位置"：以技术产物为重点，重构传媒组织空间维度的物理环境、布局、功能等	技术嵌入的位置在"边缘"与"中心"间游移：以技术产物为辅助，改造传媒组织空间维度的物理环境、布局、功能等

续表1-2

环节	涉及维度	规范性偏向（以"A"指代）	创造性偏向（以"B"指代）	中间选择（以"X"指代）
合并（技术融入时间维度的机制）	①技术与生产、运营机制的整合；②技术与营销机制的整合；③技术与管理机制的整合	以线性协作机制融入技术：推进延续性创新，保持传媒组织时间维度原有行动逻辑、准则等（运转机制）基本不变，以生产与运营为重点而针对性地吸收技术力量	以非线性协同机制融入技术：推进颠覆式创新，全方位改革传媒组织时间维度原有行动逻辑、准则等（运转机制），以最大化地扩散技术价值	以非线性协同与线性协作共生的机制融入技术：不同运转机制多线并行，既明显保持部分运转机制不变，又明显为发挥技术价值而革新部分运转机制
转换（传媒组织连接更多节点的"新的意义"）	①以创新性组织优势承载"新的意义"；②以"新的意义"拓展传媒核心价值体系及"组织－社会"互动场景和影响	以"新闻＋"连接更多节点：在传媒组织既有优势边界内，以"新闻＋"承载技术价值、拓展传媒核心价值体系及"组织－社会"互动场景和影响	以"技术＋"连接更多节点：重构传媒组织既有优势边界，以"技术＋"承载技术价值、拓展传媒核心价值体系及"组织－社会"互动场景和影响	以"内容产业＋"连接更多节点：突破传媒组织既有优势边界，以"内容产业＋"承载技术价值、拓展传媒核心价值体系及"组织－社会"互动场景和影响

（二）分析不同驯化环节间交互形成的"内在逻辑"

不同驯化过程中的内在逻辑即驯化过程中各环节相互作用的主体性逻辑，并非表现出来的驯化实践的行动次序，而是影响驯化实践的深层逻辑，可结合驯化发生的具体情境与具体过程及各环节要素表征与偏向等进行推论。就一般情况和一般性逻辑而言，无论对单项技术的驯化还是对互联网技术集群的驯化，传媒组织与技术的互动都需要在经历引入环节后，进入客观化和合并环节，然后再进入转换环节。但"引入－客观化－合并－转换"仅是传媒组织表现出来的行动次序，而非内在于行动中的逻辑，也并非各环节相互作用的内在逻辑。本研究对内在逻辑的分析，旨在根据国内外既有的驯化研究提供的线索与传媒现实，尝试在各环节交互、渗透的过程中，寻找对驯化过程及走向产生关键作用的逻辑主线。

由于现实情况比理论逻辑更为复杂，结合具体情境和驯化过程各环节的要素表征与偏向等推论和分析各环节交互形成的内在逻辑，一方面是根据典型案例呈现的驯化过程而建构驯化模式的必经过程，另一方面也是深入分析本土经验以在某种程度上拓展关于驯化、媒体与技术的理论研究和知识谱系的可行路径。特别是封面新闻、新京报、南方都市报和澎湃新闻作为三种不同驯化类型的典型代表，以较丰富、多元化的经验或经历，体现出了传媒组织探索驯化互联网技术的过程。对相应的内在逻辑进行分析，不仅是建构驯化模式所必须做出的努力，而且可能在复杂的情境中揭示不同驯化模式的动态性、灵活性及局限性、可参考性，以及形成不同要素表征与内在逻辑的深层原因，进而在深入反思典型案例和驯化模式的过程中推动传媒体系和传媒研究的创新发展。

而国内外既有的有关驯化各环节间内在逻辑的论述，重点强调了各环节间动态、交织、复杂的关系，而少有研究进一步厘清相应的动态、交织、复杂的关系。罗杰·西尔弗斯通在《电视与日常生活》一书中提道："既不能把这些环节看做是分离的，也不能认为它们必然在所有消费活动中均衡出现。"[①] 王炎龙和王石磊在《"驯化"微信群：年长世代构建线上家庭社区的在地实践》一文中提道："尽管在阐述家庭微信群嵌入日常生活的过程中依然采用原框架的阶段顺序，但需要明晰的是这些不同阶段在事实中是相互渗透、互相交叉的。"[②] 而之所以少有研究针对各环节间复杂、交叉的内在逻辑进行深入阐释和辨析，既可能是因为其想要解决的研究问题并不需要梳理清楚各环节间的关系，也可能是因为实际情况中各环节本就相互渗透、相互交叉而没有明确的主线。

本研究由此在分析驯化过程各环节间交互形成的内在逻辑时，仍以国内外学者已强调过的各环节间相互渗透、相互交叉的底层逻辑为基础，尝试在比较分析中探寻三种驯化类型各自对应的逻辑主线，以建构合理且契合现实的驯化模式。需再说明的是，三种驯化类型各自对应的内在逻辑仅是在不同驯化模式占据主导地位的主体性逻辑，而不能代表该模式对应驯化过程各环节相互作用的全部逻辑线路。本研究在具体分析各环节间内在逻辑并建构相应的驯化模式时，将参照国内外学者常用的做法而"采用原框架的阶段顺序"[③]（即"引入－客观化－合并－转化"）进行论述，而尽可能在各环节的论述中阐释其同相关环节的交互影响及该环节在相应模式中的重要性。

---

① ［英］罗杰·西尔弗斯通：《电视与日常生活》，陶庆梅译，南京：江苏人民出版社，2004年，第189至184页。

② 王炎龙、王石磊：《"驯化"微信群：年长世代构建线上家庭社区的在地实践》，载《新闻与传播研究》2021年第5期。

③ 王炎龙、王石磊：《"驯化"微信群：年长世代构建线上家庭社区的在地实践》，载《新闻与传播研究》2021年第5期。

（三）探究影响不同"驯化模式"形成的情境因素组合

为进一步深入分析基于封面新闻、新京报、南方都市报和澎湃新闻而建构的驯化模式，以提升研究发现的现实意义和理论意义，本研究还将对不同模式及影响其形成的多重情境因素组合进行系统性的比较分析，以探究不同模式的适用情境及多重情境因素交互推动不同模式形成与变化的逻辑与规律，进而以此同既有的驯化研究、媒体与技术的互动研究等展开对话。具体而言：首先，通过对不同驯化模式的比较分析，进一步明确不同模式间的共性与差异性，以在强调不同模式的动态性、灵活性的同时，厘清三种典型的驯化模式间的交叉关系及其对形成新模式的意义；而后，基于不同模式的共性与差异性，分析影响不同驯化模式形成的多重情境因素及其间的组合关系，并进一步探究多重情境因素交互触发驯化动态变化的一般规律；同时在不同驯化模式及影响其形成的多重因素比较分析中，深入阐析何种条件组合可能唤醒何种驯化模式并推动驯化进行怎样的本土化拓展，以及传媒组织在何种情境下适合选择何种模式，而何种情境又会要求传媒组织对不同的典型模式进行拆解和重组、修正和延伸等。

尽管对不同驯化模式的比较分析，同对驯化过程各环节偏向的成因分析一样会涉及复杂的情境因素，但后者是为了建构典型的驯化模式，前者是为了在建构的驯化模式基础上挖掘不同模式形成与变化的逻辑或规律，以进一步明确不同驯化模式的可推广意义及其在拓展驯化研究、媒体与技术互动研究等方面的理论价值，即探索性建构不同驯化模式的过程中涉及的要素表征与内在逻辑分析，是在"结构－能动"框架指引下结合媒介组织学、组织社会学等相关理论线索，深入封面新闻、新京报、南方都市报、澎湃新闻的具体现实中展开的。而对不同驯化模式及影响不同模式形成的多重情境因素进行的比较分析，是以就封面新闻、新京报、南方都市报、澎湃新闻进行的分析所得为基础，深入思考结构与能动性的交互逻辑，并对孵化不同模式的复杂情境及相关因素进行系统性分析，以探究不同模式的适用情境、触发机制及相应一般规律的尝试。而无论是为建构驯化模式而展开的分析与阐释，还是就不同驯化模式的构成及多重影响因素而进行的深层次比较分析，均是基于本土经验展开的同既有研究与理论的对话。

第二章　创造优先型：再造组织系统 以扩散技术价值的驯化

创造优先型驯化作为再造组织系统以尽可能在组织内外扩散技术价值的驯化类型，往往是在规范性和创造性的碰撞与融合中，基于坚守规范性的底线而总体偏向创造性的驯化过程而形成。从理论层面看，最为理想或极致的创造优先型驯化，是"引入""客观化""合并"和"转换"等环节均偏向创造性的过程。但实际上，封面新闻作为我国都市类媒体中探索创造优先型驯化的典型代表，以其实践经历证明在我国媒体融合语境下的结构与能动性交互中，尽管有多重因素促进传媒组织追求偏向创造性的驯化实践，却也有诸多因素推动传媒组织在部分驯化环节强化规范性的理念与实践。

本章以封面新闻为典型案例，分析这一类型驯化的理念与实践及其背后的要素与逻辑，并探索性建构创造优先型驯化模式（如图2-1）。分析发现，以封面新闻为典型的创造优先型驯化，具体到由多重要素交互形成的各环节上，引入是偏向创造性的，客观化体现了对创造性偏向的追求却属于中间选择，合并和转换总体上偏向创造性却均包含了创造性偏向与中间选择两种取向。而就各环节间互动逻辑看，创造优先型驯化模式的各环节间具有较高程度的交互性和流动性：一方面，引入的结果在很大程度上决定客观化、合并甚至转换的表现，合并的结果在很大程度上决定转换的可能性；另一方面，转换的情况会反过来影响合并，合并的情况又会反过来影响引入，甚至转换环节可直接与引入环节互动；同时，客观化对引入、合并和转换均有辅助性影响，并在多维度交叉互动中促成传媒组织驯化互联网技术的循环体系，即引入、合并和转换间具有紧密的交互和联动关系，其中任一环节的改变，都会对其他环节造成明显影响。客观化则为引入、合并和转换塑造了追求创造性的空间环境，并一定程度上为各环节交互的循环体系提供了复合性效能。

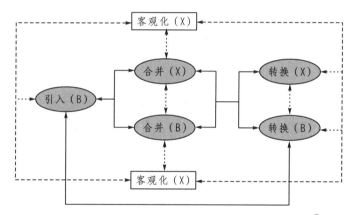

图 2－1　传媒组织驯化互联网技术的创造优先型模式①

---

①　字母 B 代表该环节偏向创造性，字母 X 代表该环节属于中间选择。实线代表两者间的相互影响是明显的，虚线代表两者间的相互影响是不明显的或辅助性的。以封面新闻为典型的创造优先型驯化模式，在引入环节表现出明显的创造性偏向（B），在客观化环节表现出中间选择（X）状态，在合并和转换环节均表现出创造性偏向（B）和中间选择（X）两种取向。同时各环节间的相互影响，以"引入－合并－转换"为主线、以客观化环节为辅助而展开，出现了明显的引入和转换环节直接互动的逻辑和表征。

第一节　基于驱动型技术想像的引入

就理论逻辑而言，"引入"作为传媒组织驯化新兴技术的起始环节，往往在很大程度上决定后续诸环节的走向，以及创造优先型驯化能否形成。我国媒体融合转型探索中最能够体现创造优先型驯化过程的都市类媒体——封面新闻，亦自引入环节就展开了摆脱路径依赖的探索，体现出明显的创造性偏向。其在以技术为核心驱动的技术想像指引下，颠覆传媒组织既有的将技术视作辅助工具的角色定位与产能布局，确立技术设计者[1]在技术创新决策与实践及技术使用中的主体性地位，使其掌握技术创新的主导权并让"技术使用"与"技术设计"互为前提[2]，进而建构可持续的技术共建与迭代的良性循环。

只是越明显的创造性偏向，就越明显伴随不确定性，也就越需要强有力的合法性保障和深层认同，为相应创造性实践提供保障并推动传媒组织在改革创新中"破而后立"。封面新闻作为在报纸之外重建又反过来整合报社资源的新媒体，在成立之初便大规模引进技术设计者，使传统的传媒从业者在同新进的技术使用者、技术设计者互动时，进行更为直接、紧密而常态化的思维碰

---

[1]　就分工而言，技术团队通常包含技术研发、产品设计、测试、运维等工种，但本研究对"技术设计者"的称呼，是相较于内容生产者、运营和营销人员等"技术使用者"而言的，不仅限于产品设计人员而是包括全部技术团队。随着"技术设计者"成为传媒组织的构成，其也可能在某种角度上成为"技术使用者"。

[2]　参见陈凡、陈多闻：《文明进步中的技术使用问题》，载《中国社会科学》2012年第2期。

撞与深度融合。而媒体融合相关政策对技术的重视[①]、"国家一类新闻信息服务资质"的获取[②]、宣传管理部门和忠实用户的支持，及传媒组织对新闻生产与传播的坚守等，均是封面新闻采取偏向创造性的方式来引入技术的合理性和合法性保障，以及获得更多认同与支持的重要基础。

一、以技术为驱动的想像

根据罗杰·西尔弗斯通及国内学者的驯化研究，"想像"是影响技术设计与使用常规的关键因素，不仅会影响技术设计者对技术产品的构想和生产情况，也会影响技术使用者对技术产品的设想和采纳情况。[③] 传媒组织中相关行动者对技术的想像，则集中反映在对技术功能、角色或技术定位的认知和理解上，既可能将技术视作驱动媒体发展的创新动能，也可能将技术视作支撑媒体创新运行的力量，还可能有关于技术的其他认知和定位，在很大程度上决定引入技术的方式。

创造优先型驯化中传媒组织对技术的想像，明显颠覆了传统媒体将技术视作辅助性工具的观念，而是围绕驱动型技术想像展开，即把技术视作媒体发展的核心引擎及业务创新的核心驱动

---

① 参见中国政府网：《习近平主持召开中央全面深化改革领导小组第四次会议》，2014 年 8 月 18 日，http://www.gov.cn/xinwen/2014-08/18/content＿27364 51.htm，2020 年 8 月 25 日。

② 参见封面新闻：《封面新闻获批国家一类新闻信息服务资质》，2016 年 7 月 4 日，https://m.thecover.cn/news＿details.html？from=androidapp&id=39700& channelId=0&userId=OTQ3NTg4T，2022 年 5 月 27 日。

③ 参见王炎龙、王石磊：《"驯化"微信群：年长世代构建线上家庭社区的在地实践》，载《新闻与传播研究》2021 年第 5 期。

力，并以此为指引而塑造引入技术的实践常规。正如封面新闻初
创期的负责人所言，封面新闻成立之初就是将技术视作驱动型力
量而引入的，形成了以技术为引领、以数据驱动为核心的发展
理念：

> 我们自己必须要掌握核心技术，因为这是我们的核心竞
> 争力。所以我们形成了技术驱动，技术引领，数据驱动，这
> 样的基本理念……数据驱动必须要依靠技术……我认为是否
> 实现了数据驱动，是我们转型是否成功的真正的试金石。如
> 果还没有实现这个，那相当于还是在做传统媒体，只不过把
> 传统媒体的内容放到了新媒体客户端上面，是伪转型。所以
> 我们从一开始就是技术引领、技术驱动……技术是连接、驱
> 动内容生产和销售增长的力量，数据驱动文化本质上就是技
> 术引领，而不是一种支撑的作用，是引领，是引擎。

而这种驱动型技术想像能够在传媒组织内达成共识，并使相
应行动者以此为核心理念而引入技术，离不开传媒组织自引入环
节便对组织对应的系统（含有秩序的体系）进行重构并摆脱路径
依赖的决心。表现在封面新闻的建设上，则是"在华西都市报旁
边再新种一棵树，而不是在这棵树的树枝上搞嫁接"①，而且在
"新种一棵树"之初便大规模引入技术人才，并使其成为传媒组
织中举足轻重的角色。

---

① 任琦：《"持续不断地坚持和持续不断地折腾"——华西都市报转型观察》，
载《传媒评论》2020 年第 6 期。

二、作为重要主体的技术设计者

基于驱动型技术想像，探索创造优先型驯化的传媒组织，往往表现出更为明显的需要精准定制并快速迭代技术产品的特征，以及更为明显的促进技术创新、以技术驱动既有业务创新并为业务体系的开拓提供更多可能性的期待。这也使得构建强有力的可生产"商品化"传媒技术的技术团队，成为相应传媒组织的必然选择。

尤其是伴随媒体融合转型的探索与发展，传媒生态及各传媒组织对技术的认知、理解和需求不断变化，一方面导致传统的印刷和视听技术等不能满足其应对互联网技术和新媒体冲击的需要，另一方面导致可提供标准化技术产品的互联网企业、信息技术公司等第三方技术供应机构亦无法满足其动态变化的需求。甚至在传媒组织追求前瞻性的探索中，诸多技术需求本就是不明确的，更是传统的技术或第三方技术供应机构无法满足的。这就要求内容生产、运营、营销与技术人才，在实践的碰撞与磨合中"摸着石头过河"。以驱动型技术想像为指引，引进技术设计者并使其成为传媒组织的重要构成，同时推动其进行"传媒化"① 转型，以使其成为传媒组织内部技术产品创新及技术使用方式创新的重要参与者，几乎成为偏向创造性而引入技术的传媒组织无法回避的选择。封面新闻作为在驯化互联网技术时选择偏向创造性

---

① 此处"传媒化"，系参照学者徐国源在《知识分子"传媒化"及价值悖论》一文中的阐述并进行延伸后的用语，意指技术设计者在同媒体及传媒从业者互动的过程中，被赋予传媒属性及由此形成的"懂媒体"的思想意识、知识及行为决策逻辑等。

的取向的代表，更是在技术设计者的"进场"与"传媒化"转型方面做出了极大努力，使技术设计者成为其偏向创造性而引入技术的关键性力量。

（一）作为重要主体的技术设计者"进场"

让技术设计者进入并成为传媒组织的重要构成，以及使技术设计者深度参与技术的定制和使用创新，是融合转型探索中的传统媒体较为彻底地解决技术痛点的重要前提。这既是媒体融合转型进程中的技术需求迅速变化导致的，也是传统媒体以"破而后立"的偏向创造性的方式应对互联网新媒体挑战，以及避免过度依赖互联网平台和技术供应方的必然选择。在建设之初便大规模引进技术人才，并逐步搭建起覆盖技术研发、产品设计、数据研究、测试及运维等全链条技术生产团队的封面新闻，便将精准响应技术需求、及时推进技术创新等作为目标。

在精准定制与迅速迭代的目标指引下，封面新闻通过设立技术委员会及首席安全官、首席数据官、首席解决方案专家、首席架构师等岗位，深度推进了传媒组织的结构性改革。2021年就有文章提道，"封面传媒技术团队目前已有110人，90后员工占比44％，许多技术骨干来自知名互联网企业……"，技术团队规模及其功能的拓展也在持续探索中。① 其中，技术委员会的设立及后续的封面传媒科技公司的成立，均体现出封面新闻在引入环节的明显的创造性偏向。此类举措既改变了传媒组织内部的技术创新决策者结构，也明确提升了技术设计者的地位，增进了他们

① 方堃、唐金龙：《构建"科技＋传媒＋文化"生态体，赋能媒体深度融合》，载《新闻战线》2021年第11期。

的身份认同，使其成为可与内容生产者、运营与营销人员等顺畅对话的传媒从业者，及推动传媒组织架构在产能分布、互动关系等方面顺势改革创新的推动力。通过对封面新闻高层管理者的深度访谈得知：

> 以前技术对媒体来说是一个辅助，大部分传统媒体没有将技术放在重要位置……随着技术团队逐步取得成效，以及技术在转型发展中越来越重要，我们是为可以贴上技术标签而自豪的。但是技术是有门槛的，写代码、搞研发的能力，是其他工种难以转型过来的，所以技术人员具有不可替代性。

（二）技术设计者的"融入"与"传媒化"转型

对基于驱动型技术想像的引入环节而言，技术设计者的"进场"仅是改变传媒从业者构成的组织架构或产能结构而引动整体性思维转型的开端，更为关键的是推动技术设计者与技术使用者间的思维层面的常态化交流和碰撞。而这便需要赋予技术设计者以传媒属性，使其成为"传媒化"的"懂媒体"的传媒技术设计者。在封面新闻的发展历程中，赋予技术设计者以传媒属性并打造其他技术供应者无法替代的优势队伍，是其建设之初就具有的明确目标和思路设计。在深度访谈中，封面新闻的高层管理者强调：

> 传媒技术跟其他领域的技术不一样，传媒技术团队不单纯是个技术团队，而是在灵魂层面必须要有传媒的基因，经过几年摔打的传媒领域的技术团队是不一样的。

　　根据封面新闻初创期负责人及多位高层管理者的阐述，融合转型探索中的传媒组织引入技术设计者后，推动相关技术设计者进行的"传媒化"转型，对任何意图驯化互联网技术的媒体而言都十分重要。在创造优先型驯化取向上，尤其需要打造"懂媒体"的技术团队，并使其成为理解传媒属性、业务及规范的技术队伍。当被问及从刚进入媒体到经过多年的积累有何变化或感受时，在其他互联网公司工作多年并成为封面新闻创始团队成员的技术人员，通常都会感叹初期的波折并对目前的状态表示欣慰，体现出封面新闻技术设计者"传媒化"转型的深刻努力及成效。以一位入职封面新闻多年且已从一线从业者成长为管理者的技术骨干的阐述为例：

　　　　我们刚来的时候，对媒体的理解，就感觉记者是很神秘的一个群体，记者、编辑都很神秘。我们要逐渐熟悉媒体的业务……刚进"封面"的时候也很波折，对媒体业务的理解不是很深，做出来的东西得到很多差评和"吐槽"。但最好的磨合就是共同去做一件事情，我们也正是在打造核心技术系统（封巢）的过程中，慢慢加深了不同团队、不同思路间的磨合与理解。尤其对于三审三校流程，我们当时的理解就很不透彻，内容生产管理系统第一个版本就做了很久，但结果很不满意，改了也还是不满意。最后还是当时的总编辑专门给我们技术骨干讲媒体的生产流程、生产关系及各个环节的实质性意义。理解清楚了之后，明白要怎么做了，后面做出来的版本就逐渐得到好评，然后不断升级系统。大家也觉得这个东西变得好用了。

三、技术共建与技术迭代的常态扩容

以传媒组织产能体系的重构为基础，技术设计者与技术使用者能否通过互动而形成常态化、高效率的技术共建与迭代机制，也在很大程度上决定了引入的结果。同时，常态化、高效率的技术共建与技术迭代，既是回应驱动型技术想像的要素，也是偏向创造性而引入技术的关键，还决定了引入技术后的使用方式和效果。封面新闻的现实情况也已表明，在具体搭建技术共建与技术迭代的常态化机制过程中，最需解决的关键问题便是厘清"技术设计"与"技术使用"间看似简单却非常复杂的交互关系——"虽然就具体的人工物实践而言，技术设计是技术使用的前提，使用的总是某种业已存在的设计好的客体；但就总体的人工物实践而言，技术使用总是技术设计的前提，设计的过程不仅受使用的指引，还会涉及各种工具的使用"[①]。

（一）不同技术需求与技术想像的常态化融合

同技术设计者的"进场"与"传媒化"转型相适应，技术共建与技术迭代机制的搭建，首先需要推动不同来源的技术需求与技术想像的常态化融合。这不仅要求技术设计者进行"传媒化"转型，而且要求技术使用者进行"技术化"转型，只是技术使用者的转型是为推进媒体融合发展而加深对互联网技术的功能价值、逻辑特性等理解，而非如技术设计者般掌握技术研发能力。

[①] 陈凡、陈多闻：《文明进步中的技术使用问题》，载《中国社会科学》2012年第2期。

从封面新闻自 2015 年成立相关团队以来的实践看，两者间互动与相互带动对方转型的过程是非常艰难且复杂的。而在这一动态复杂的交互过程中，有两条相互交叉的线索，构成了封面新闻回应驱动型技术想像并实践创造性偏向的引入环节的关键：一是技术使用者认为的自身的技术需求与对技术功能价值的想像，二是技术设计者认为的技术使用者的技术需求与对技术产品的想像。如果说技术设计者与技术使用者的碰撞与融合，在传媒组织驯化技术的引入环节是不可避免的，那么使两者间的互动达到较好效果的关键，看似是技术设计与技术使用间如何相互促进，实际上却是如何围绕技术需求和技术想像进行碰撞与协商。

在理论逻辑上，技术需求与技术想像本就互为调节因素。在罗杰·西尔弗斯通的阐述中，尽管技术使用者对技术的想像往往来源于自认为的需求，却很可能是有关技术的"广告"所建构的。[1] 技术使用者在根据想像选择技术并以使用的方式消费技术的过程中，便会产生满意或失望的情绪，进而影响下一次的技术"想像"和"占有"决策。同样，技术设计者对技术的想像往往来自技术使用者及市场的反馈，却也伴随着以"技术设计"建构技术使用者的想像及推动市场需求变化的过程。从这个意义上讲，技术设计者与技术使用者都持有各自认为的技术需求和技术想像，进一步加深了相应需求和想像间本就存在的相互影响、相互调节的复杂关系。让技术设计者理解技术使用者的真正需求，并推动技术使用者进一步明确或提升自身的需求，进而使两者对技术的想像达成一致，以通过更契合或更能优化需求的"技术设

---

① 参见［英］罗杰·西尔弗斯通：《电视与日常生活》，陶庆梅译，南京：江苏人民出版社，2004 年，第 186 至 187 页。

计"来推动业务发展，则成为封面新闻在面对上述难题时的破局思路。

我们通常认为，技术在使用过程中可能是有一些问题的，但解决问题最好的方式是从业务出发，这是成本最低、效果最好的方式。比如一个图片要打水印，哪种打在下角、哪种打中间、哪种不影响字幕、哪种是暗印等，编辑在编辑过程中可以直接勾选。有的人一看，就说这个太懂媒体了，我们说因为当时的这些需求，是由一线的媒体工作人员提出的。反过来，内容人员、运营人员等跟技术人员互动多了，他们慢慢了解了技术是怎样的逻辑，技术人员的工作程序如何，他们也就能提出更准确的技术需求。

以内容生产、运营和营销等业务的技术需求为主导并通过技术需求和技术想像的相互调节来推进技术产品和各类业务升级的思路，既同传媒组织以内容生产为核心的本职高度契合，也以"定制"技术产品的方式成就了传媒组织区别于其他组织的技术优势。在封面新闻多年的探索中，这一思路已经成为以技术为重要驱动力而深化融合创新发展的重要脉络。

技术产品的迭代，我的理解是主要是因为需求变化了。我们有技术团队也有内容团队，但技术从哪个角度去支持内容生产、如何去支持内容生产，是要就需求来考虑的。围绕内容生产有很多的系统功能可以做，有很多的软件、产品可以做，那我们到底做什么或者说先做什么后做什么，要从业务提出的需求出发，以及从我们发现的技术创新的需求出发来做。

同时，不同技术需求与技术想像的常态化融合，决定了技术创新的方向。深入分析封面新闻的技术使用者与技术设计者，面对不同角度的技术需求与技术想像时的处理方式，不难发现其以内容生产、运营和营销等业务的技术需求为主导而调节具体的技术需求与技术想像的关键，是以技术思维与传媒转型思维碰撞与协商而形成不同视角的需求和想像的常态化融合。而不同视角或不同思维中的技术需求与技术想像的常态化融合如此重要，是因为这种常态化融合至少可解决两方面的难题：一是可解决技术设计与技术创新无方向和技术产品推广使用困难的问题；二是可解决传媒业务转型中不知如何发挥技术团队产能价值及如何主动推进技术创新等问题。

> 对技术人员而言，以前很苦恼的是内容或运营人员提出的需求不符合实际或无法实现，以及技术人员付出很多研发出来产品，内容与运营人员却不用。甚至有些人会觉得：理所当然的事情为什么技术就实现不了呢？但在慢慢的磨合中，内容人员也逐渐有了技术思维，也会考虑技术实现方面的东西，会更主动地提一些更有价值的需求并跟技术人员对接。

封面新闻多年的探索经验还表明，技术设计者与技术使用者围绕技术需求、技术想像而展开的常态化融合，不仅在艰辛探索中取得了明显成效，而且成为从思维理念与具体实践、身份认同与职业共同体建构等方面推动技术创新与技术使用创新的关键所在。

　　大家都有这样一种感受，刚开始的时候，技术团队和内容团队、运营团队，相互不太理解，各自有各自的规划，有时候自己的想法不一定多么切合实际，可能这些想法没有和这个领域其他需求或痛点结合起来。这就需要不断的相互磨合和相互学习。这个双向融合的过程中有很多争论，但效果很好。现在外面很多用我们技术系统的人，都觉得我们技术人员太懂媒体了。

　　我们技术人员也想业务人员培养出一些思维和能力，这样到后面，大家用我们的技术系统就会很顺畅。我们开发了大量的数据产品和智能化产品，希望能减少他们的工作量，也希望能让技术团队把更多精力放在更有价值的研发上……内容、经营的业务人员更了解技术之后，也能更好、更深入地参与技术建构。如果技术产品迭代能帮助业务人员转型、创新等，技术人员也很有成就感和喜悦感，会越来越坚信自己和技术团队在媒体里的价值。

（二）"中间人"介入下的技术创新与再创新

　　以技术使用者与技术设计者围绕技术需求和技术想像展开的双向融合为基础，技术创新与再创新即技术共建与技术迭代的动态循环，是保障引入环节的创造性实践落地的关键。传媒组织驯化互联网技术的过程中，技术使用者与技术设计者围绕技术创新与再创新展开互动的情况，甚至直接决定了引入环节的结果，并对后续客观化、合并和转换环节产生较大影响。同时在技术进化的过程中，社会学习被视为提高技术适应性的关键，而"社会学习的概念源自于对'用中学'（learning by doing）和'互动中学'（learning by interacting）这两个经济学概念的扬弃……使技术创新的范围延伸到包括技术产品应用、反馈调试以及技术再创新的整个社会化过程，从而使'调控中学'（learning by regulating）成为技术创新的应有本义"①。这在封面新闻相较于很多媒体而言更为成熟的共建技术与优化迭代技术的机制中得到充分体现。封面新闻以技术设计者与技术使用者的互动而推动技术创新与再创新的循环机制，诠释了传媒组织偏向创造性而引入技术的环节，实际上是围绕高频交互的"用中学""互动中学""调控中学"等方式，强化对传媒组织所需核心技术的掌控过程。

　　而为了保障技术设计者与技术使用者间的互动顺利开展，也为了提升内含"用中学""互动中学""调控中学"等方式的技术共建与技术迭代的效率和效果等，作为互动枢纽的"中间人"便成为创造优先型驯化中的重要元素。经过多年的发展，作为中间人的产品经理，已成为许多媒体协调内容生产、运营或营销思维同技术思维的冲突，进而将内容生产、运营或营销等产能融入引入环节的重要枢纽。封面新闻作为创造优先型驯化取向的媒体代表，更是充分发挥了产品经理在维持技术创新秩序、提升技术创新效率和质量方面的枢纽价值。正如一位技术部门管理者所述：

　　　　以前没有产品经理在中间协调沟通的时候，内容部门或经营部门有了技术需求会直接找到我们开发人员，沟通起来

---

　　① 王能能、徐飞、孙启贵：《技术创新中的社会学习问题》，载《自然辩证法通讯》2011年第3期。

确实是不太容易。但后来流程改了，就是让产品部门牵头，也渐渐理顺了沟通程序。如果需求不明确或不需要开发的时候，产品部门就会把它挡下来，需求就不会传递到我们这里来，有助于提升效率……更重要的我觉得是可以提升质量。严格的流程，绝对可以提升我们的质量，非常明显，当然提升了质量，最终的整体效果也有提升。所以更要对流程机制做严格要求，对每个环节都要做严格要求。

以产品经理为"中间人"，封面新闻形成了以"提出/具化需求—响应需求—追踪/提升落地效果"为主线的技术共建与技术迭代机制，直接影响到引入后的各环节将技术置于"看得见"或"看不见"的位置的情况。而在技术共建与技术迭代的机制中，对技术需求的分级、对技术使用效果的掌握及应对策略的优化等，均是封面新闻平衡有限的技术资源与不断变化的技术需求的方式，也是传媒组织保持引入环节的创造性偏向的重要前提。正如封面新闻技术方面的高层管理者所言：

> 各种各样的技术需求是有等级和层次的……需求一定要跟实践紧密结合，要有很明确的应用场景，同时要确保相应产品研发出来有一定的技术含量和先进性，才会去开发，否则技术团队会投入到大数据、算法等方面，做更有价值的研发……如果说因为外面的技术公司不真正了解媒体需求和痛点，原来媒体的技术都是"隔靴搔痒"，我们现在是把手伸进靴子里面去抠。

封面新闻的技术产品上线前后的效果测试、追踪反馈、推广使用等，同样发生于技术使用者与技术设计者的互动中，形成了围绕技术设计者与技术使用者而推动技术创新与再创新的闭环。正如封面新闻的产品经理所言，封面新闻自用的技术产品迭代是一直持续的，既有间隔时间相对长一些的"大迭代"，也有间隔时间很短的"小迭代"；既有根据技术使用者反馈进行的迭代，也有由技术设计者提出并争取落地实践的创新想法。

> 重要产品上线前，我们都会组织内部试用，搜集反馈意见。有时候很多深度用户给的评价很差，深度用户可能是对比过其他更成熟的产品。我们特别重视深度用户的意见及给差评的用户，因为我们觉得分数越低，提出来的意见越实在。技术团队内部做详细分析，做回访调查，非常有针对性地去了解问题，然后解决问题。这样一来，内容或经营团队就介入到了技术产品生产中，技术产品又用到内容生产与经营中，就形成了融合的日常。我们有很多这样的交叉线，交叉线多了，融合就形成了。

> 我们在推动某些技术的时候，有时也会受到阻力或被忽视，内容与经营人员可能会觉得这些系统没有用而不愿意用。这种情况下，最好的方式就是证明给他们看，这些技术是可以帮助他们工作的。

（三）"自主掌握"的核心技术体系优化与扩容

封面新闻所体现出的技术共建和技术迭代的引入环节，有非常明显的流动性。这种流动性既表现在技术设计者与技术使用者的交互中，也表现在技术产品持续的创新变化与功能拓展中。封面新闻以其多年的探索实践，证明了围绕"自主掌握核心技术体系"而不断推动技术创新与再创新的过程，是赋予驯化过程中引入环节以生命力的过程。而充满流动性或生命力的引入环节，也被封面新闻证明为创造优先型驯化得以展开的必要条件。封面新闻掌握并优化、扩容"核心技术体系"的过程主要从三方面展开：一是整合技术团队、内容生产与运营团队等，共建客户端等前端技术平台与内容生产管理系统，以辅助策划、采访、编辑、写作、发布等新闻生产环节，并根据动态变化的需求而迭代升级。

> 核心技术系统涵盖了"策采编审发"等环节的技术需求。"策采编审发"中每一个字都是一个系统。"策"是热点监控系统，涉及全网热点、线索抓取等。"采"包括视频采集和文图采集、机器审核等。"编"对应设计了很多容器，方便内容管理。"审"对应传媒业务中的审校机制，既方便操作也有利于提升安全和规划性。"发"就是发布，也有很多针对具体稿件的操作。

二是主动掌握并优化重要数据和算法技术等，以对相关技术的自有逻辑进行改造，使其更符合传媒的功能定位、核心价值与业务发展需求。其中最为典型的便是对算法的掌握和调整，即针对算法技术潜在的风险和问题，摸索出一套适合主流媒体应用的算法模型。[①]

---

① 参见徐桢虎、张华、于欣：《智媒体时代的价值观构建——深入主流媒体算法的研究与实践》，载《中国传媒科技》2020年第12期。

> 封面新闻作为主流媒体，需要不断增强传播力、引导力、影响力、公信力，所以用的算法也是主流价值算法。

三是联合更多技术研发团队的力量提升传媒技术的领先性，以在自主掌握核心技术的同时，不断拓展技术设计者同组织外部的技术供应方的互动，并反过来推动传媒组织内技术设计者与技术使用者间共建技术的机制及技术资源、技术研发和推广能力、技术产品功能体系等循环升级。例如，封面新闻在引入微软的人工智能机器人"小冰"后，以自有的技术团队研发了智能机器人"小封"，在购买引进、合作研发、自主研发等相互助力的过程中，增强了自主掌握核心和前沿技术的能力体系。封面新闻的后台管理系统"封巢"，更是以较有限的技术资源掌握核心技术，并在广泛连接和学习中升级相应功能价值的典型代表。

> 整体的内容管理系统是我们自己做的，因为我们不能把所有内容都放在第三方平台。但我们在自主研发这个系统的基础上，可以接很多小的功能或服务进来，包括利用人工智能辅助写作、辅助视频审核等。

尽管封面新闻的技术创新中包含购买、合作研发等拓展技术体系的方式，其以自主研发为主导、吸收他者经验的实践探索却证明并回应了融合转型探索中的传媒组织"自主掌握"核心技术的重要性。一方面，在传媒组织"自主掌握"下，相应技术产品可以更加精准而有效地为相关业务运转与发展提供支持。另一方面，传媒组织内部技术共建与迭代的机制的形成与升级，可推动技术创新和技术使用创新形成良性循环，进而持续推动传媒组织在追求创新发展的路径上形成难被替代的差异化优势，并开拓出更多发展空间和可能性。

第二节 趋近"中心位置"的客观化

客观化作为传媒组织引入新兴技术后将其"展示"于组织对应空间维度的重要环节，既包括对技术产物或技术产品的直接展示，也包括将技术的功能、特性、逻辑等嵌入空间环境的物质秉性，还包括在技术产物或技术思维的嵌入下对空间布局、功能等进行改造等。被引入的新兴技术在传媒组织空间维度的"位置"，既可能趋近"中心"也可能趋近"边缘"，但并非局限于地理空间区位①，而是指新兴技术产物在空间环境中"看得见"的点位属于中心区位还是边缘区位，以及新兴技术产物对应的"看得见"的位置与物质载体所产生的影响是否足够重要，包括对不同空间环境改革创新的影响、对空间环境功能与氛围塑造、对组织发展的重要性等方面。从理论上讲，创造优先型驯化取向上传媒组织驯化技术的客观化环节也可能偏向创造性而深入"中心位置"，并在技术驱动下展开组织对应空间环境的全面改革。但实际上，封面新闻作为创造优先型驯化的典型代表，在不断扩容自主掌握的核心技术体系的同时，尽管也基于偏向创造性的引入而在客观化环节做出将技术嵌入"中心位置"及以技术的嵌入带动组织对应空间环境进行多方面改造的明显努力，却仍因原有空间

---

① 参见岳奎、何纯真：《中心－边缘理论视域下旅游扶贫长效机制研究——以仪陇县"景区带村"模式为例》，载《湖北社会科学》2021 年第 8 期。

布局、物质基础等条件限制，而呈现出趋近"中心位置"并且仍属于中间取向的客观化实践。可见即便是创造优先型驯化中的客观化环节，都不容易以技术的嵌入来对原有空间布局和功能等进行颠覆式改革；而从客观化对引入、合并和转换的影响来看，对相应空间环境进行颠覆式改革或局部改革等选择，往往发挥着促进创造优先型驯化的辅助性作用而非决定性作用。

一、空间维度的"中心位置"

"工业社会确立起了'中心－边缘'的社会结构，社会以及社会治理的各方面都被分为中心和边缘"[1]，而"随着中心－边缘理论的深入发展，中心－边缘结构的二元对立被打破……后续的中心－边缘理论观点更加强调中心和边缘之间的互动、合作、共赢"[2]，只是"中心"和"边缘"依然发挥着不同的作用，处于"中心位置"和"边缘位置"的要素即中心要素和边缘要素，也发挥着不同的作用。

在这一逻辑指引下，分析创造优先型驯化取向的封面新闻的理念与实践不难发现，相应传媒组织在空间维度运转中对技术进行客观化，可被视为试图将技术嵌入组织对应空间环境中并将技术转化为空间环境的中心要素的努力。空间环境的中心要素即在传媒组织对应空间环境的重要位置明显展示出来并在空间维度运作中具有重要影响的要素，包括位于空间环境显眼位置的要素及

---

[1] 向玉琼：《"中心－边缘"结构下政策过程的线性思维》，载《党政研究》2017年第6期。

[2] 岳奎、何纯真：《中心－边缘理论视域下旅游扶贫长效机制研究——以仪陇县"景区带村"模式为例》，载《湖北社会科学》2021年第8期。

对空间环境的改造具有明显影响的要素，或是在"硬件"物质的构造上被明显展示出来的要素，或是在"柔性"氛围营造上被明显展示出来的要素。只是正如"中心"和"边缘"的二元对立关系被打破而又发挥着各自的作用来实现两者间协同共进的目标，传媒组织对应空间环境中也并不存在介于中心要素与边缘要素之间的明显界限，只能说趋近"中心位置"的要素与趋近"边缘位置"的要素所能发挥的作用和影响不同。

进一步观察与分析得知，封面新闻对应的传媒组织驯化互联网技术的过程中，将技术转化为空间环境的中心要素的客观化尝试，即趋近"中心位置"而嵌入技术以从多方面改造空间环境的努力，既受到追求"互联网化"的主观意愿驱动，也受到原有基础条件的限制。由于原有的空间环境结构、物质基础和资金等限制，相应传媒组织有关趋近"中心位置"展开客观化而将技术转化为空间环境中心要素的努力仍在进行，并且呈现出创造性偏向日渐明显却仍属于中间选择的状态。这在封面新闻从业者的实践经历中有明显体现，例如封面新闻在打造办公环境时，一方面致力推行互联网化改造，另一方面考虑到物资成本与空间布局条件等，采取相对折中的办法建构融入互联网思维的物理空间。

二、仪式化的技术产物展示

在将技术转化为空间环境中心要素的追求下，仪式化的技术产物展示即让技术产物的嵌入为"空间的仪式性"[①] 服务，成为

[①] 焦红乐、位俊达：《仪式性 在场性 崇高性——〈一本好书〉的创新策略与文化价值》，载《电视研究》2020 年第 2 期。

相应传媒组织朝趋近"中心位置"的方向而努力实践客观化环节的重要表现。同罗杰·西尔弗斯通所阐述的客观化的可能表现一样,这种仪式化的技术产物展示,通常会在两方面发生:一是直接展示互联网技术产物并将其内嵌于物理空间中,同时根据技术产物的仪式化展示的需要,对空间环境的布局、配件等进行局部改造;二是让技术产物进入从业者的话语中,使其成为常被提及的对象。而之所以将技术产物在空间维度的展示称为仪式化的展示,是因为对追求创造性偏向的客观化环节而言,以技术在空间维度的嵌入而营造更加浓厚的互联网化氛围,已经成为推动跨工种的交流、学习并在从业者的思维碰撞中深化转型的重要手段,以及向传媒组织内部和外部的人们展示引入之成果的重要方式。在此过程中,相关技术产物的仪式价值明显强于使用价值。正如封面新闻反映出的现实,无论是技术产物在空间环境中的直接展示,还是技术产物在话语中的展示,都在某种程度上促使传媒从业者及进入该空间或对话的人提升对传媒技术的重视度,以及对该传媒组织打造出的传媒技术优势的认同感。

(一)环境中的仪式化展示

仪式化的技术产物展示,表现在环境中"看得见"的对象上,通常是对较为先进的技术产物的展示,以及在展示中推进技术产物与空间环境的互嵌。封面新闻的客观化实践,就包含展示具有先进性的技术产物以体现传媒组织创新成效的举措,表现出明显的趋近"中心位置"而嵌入技术的追求。据田野调查期间的观察:一是将具有标志性的依托智能技术打造的电子大屏置于空间的"中心位置"。在封面新闻对应空间环境的"中厅"①和多个区域的办公室入口附近，均能看到展示生产动态、传播动态等方面的监测数据的电子大屏。而该类"中心位置"不仅在空间结构中处于中心，而且是组织成员和来访者进入相应空间环境时会"第一眼"看到的，是追求开放性的空间区域中极为显眼的存在。二是对更多能够反映传媒组织在技术创新、产品创新等方面的能力和成效的代表作进行动态、交互的展示。包括将"暴风魔眼"（720度实时全景个人摄像机）、"TVU"（直播背包）等设备摆放在"中厅"或办公区；将具有代表性的新闻报道、智媒云功能架构等展示在"中厅"的电子屏上；展示机器写作等技术并供来访者提供体验操作等。这些"展示"，既体现着传媒组织的创新思维，也营造了传媒组织重视技术并走在传媒技术创新前沿的氛围。

这些技术产物被仪式化地展示在封面新闻对应的空间环境中，不仅体现出相应传媒组织的创新思维及对应空间环境的局部改造成果，而且营造了传媒组织重视技术并走在传媒技术创新前沿的整体氛围，既提升了外来的观察者对封面新闻的认知与理解，也有利于促进组织内从业者的自我认同。甚至经过一段时间的摸索后，封面新闻还以类似于传统的"黑板报"方式呈现出各个技术研发项目的进程，以不同于先进技术的"淳朴"，彰显着从业者精益求精、有序前行的精神。根据封面新闻的经历，可知在技术产物或具有技术秉性的产物展示上，展示的方式往往同传媒组织想要营造的氛围息息相关，而传媒组织期待通过展示技术产物来实现的目标，则与传媒转型发展的目标紧密相连。

---

① "中厅"作为封面新闻空间环境中较为开放的区域，位于相应楼层A区和B区的中间，具有多重功能——既是从业者进行日常交流和讨论的重要空间，也是传媒组织召开例会的重要地点，还是来访者和从业者大概率会经过的位置。

（二）话语中的仪式化呈现

技术产物在话语中的仪式化呈现即技术产物在人们面对面或有中介的对话中被对象化的表现，类似于罗杰·西尔弗斯通所述的电视节目被人们当作谈资的情景。[①] 随着某一技术产物高频率、反复地出现在话语中，该技术产物的形象或更具灵动性的"性格"就会逐渐被相关话语塑造出来，也必然会越发深入地进入空间维度的中心要素范畴，并且越来越趋近"中心位置"。而如果说技术产物在空间环境的仪式化展示，是促进传媒组织进一步推动技术创新与提升技术认知、强化自我认同的重要因素，那么技术产物在话语中的仪式化呈现，则是相应认同度提升的重要表现。

从封面新闻的理念与实践看，技术产物在话语中的仪式化呈现，通常离不开技术产物的概念化、人与技术关系的亲密化、话语表达的口语化等要素。首先，以概念化的方式为技术产物命名，是技术产物可进入传媒从业者常用话语体系的重要前提。例如封面新闻的"封巢"（内容生产管理系统）、"小封"（智能机器人）等，均是在名称上就带有封面新闻印记且区别于其他媒体技术产物的对象，也是便于人们记忆并提及的对象。其次，人与技术的亲密化程度，往往是传媒组织发挥该类技术产物活力和影响力的重要表现。封面新闻的机器人"小封"除可提供智能写作功能外，还以另一种拟人化的形象存在于传媒组织内的日常话语中。观察与访谈发现，机器人"小封"不仅被视为封面新闻"第

---

① 参见［英］罗杰·西尔弗斯通：《电视与日常生活》，陶庆梅译，南京：江苏人民出版社，2004年，第191页。

240 号员工"[1]，而且经常被很多从业者提及，成为从业者间日常讨论的一部分，甚至还有从业者亲切地称之为"小封封"。最后，话语表达的口语化也会促进技术产物的客观化发挥更多元的功能。相关从业者正是在赋予"小封"具体形象和可爱气质的话语表达中，进一步挖掘了"小封"在活动营销、用户运营等方面的价值，并且这些价值往往同"小封"作为技术产物而被设计好的功能（如智能写作）有着明显差异。例如常有从业者在讨论某活动的策划方案时表示"把小封封也带过去"[2]。

相比于技术产物在环境中的仪式化展示，技术产物在话语中的仪式化展示，除促进技术产物在技术设计阶段就被赋予的功能价值得到发挥外，还可能促进技术使用者探索更多赋予其新功能、新价值的可行路径。技术产物在话语中的仪式化呈现，往往是基于技术产物本身可被展示、被体验的功能进行的，却可能反过来推进相关技术产物功能价值的进一步延伸，进而催生出技术设计阶段未被重视甚至未被预料到的功能价值。

三、渗入空间功能的技术思维物化

同技术产物直观的仪式化展示不一样的是，渗入空间布局与功能的技术思维物化，并非直接表现在技术产物的展示中，而是表现在空间布局及功能因技术思维嵌入而发生的变化上，同样承载着仪式价值，却也可能伴随空间布局及功能的互联网化改造而发挥重要的使用价值。只是相较于技术产物的仪式化展示，将技

---

[1]　张菲菲：《深度推进 AI＋媒体应用，打造智媒体——封面新闻的融合发展探索》，载《青年记者》2019 年第 18 期。

[2]　此话语源于笔者在封面新闻调研时听到的内容。

术思维植入空间环境并以技术思维为指引而对空间布局与功能进行改革，更加明显地受到原有空间布局和物质条件的限制，而往往只能在原有空间的主体框架下进行局部改造与柔性的氛围重塑。封面新闻也以极大的改革空间布局和功能的努力，体现出在原有空间架构下做局部调整或柔性创新的实践特征：一方面对空间布局与功能进行局部改造，以推动组织内部的交互学习和思维转型；另一方面以互联网化的物质秉性传递创新活力和改革精神，以推动组织文化和氛围向前发展。

（一）空间布局与功能的局部改造

对空间布局与功能进行改造，是客观化环节追求创造性偏向的传媒组织的常见选择，只是不同的空间环境基础、物质条件和创新目标等，会促成不同程度的改造结果。表现在具体的传媒组织的行动上，不同的改造结果既是判断其客观化环节行动偏向的重要标准，也是其组织文化、内在氛围和行为准则、惯习等一系列内在机制的外在表现。就封面新闻的客观化实践而言，相应空间布局与功能的改造，内含明显的朝创造性偏向努力的意图，却仍处于中间取向的状态，突出表现在两方面：

一是在可操作范围内，对空间布局进行局部改造，使其形成兼具创意与实用功能的沟通和讨论空间，同时以此推动传媒从业者深化对转型的认识，并辅助性地强化传媒从业者的思维理念和行为习惯转型。其中较为典型的表现便是根据封面新闻的英译"COVER"而展开的常规办公区域的创意化改造，既形成了新的特色又突出了封面新闻的品牌理念。对此，品牌公关方面的从业者曾阐述：

我们办公室那个座位（布局）是"COVER"（的形状）……六块屏那儿是"C"，主要坐的是视频部的同事。"O"那儿，一个圆，是大家可以讨论的地方，相当于公共的办公桌，我们平时开小会就在那个地方。"V"那儿有实习或者设计等。"E"那儿是编辑，经常会有稿子找上门来。"R"那儿也是编辑。我们很多时候就可以围在"O"那儿说一下，大家头脑风暴或者什么的。比如说文案，不是一个人就能写得出来的，大家一起碰一碰，说不定就有更好的文案。

二是打造集合技术产物的仪式化展示、日常讨论、组织会议、娱乐和服务功能等于一体的"中厅"，并有意识地推进组织文化创新。封面新闻对"中厅"的打造和技术迭代的思维一样，追求以用户为导向的精准化、"小步快跑式"[①] 的迭代创新。封面新闻行政与人力方面高层管理者的阐述，就体现了技术嵌入的组织文化创新：

比如做咖啡厅，也要小步快跑，要有迭代、创新。但也不是关起门来自己在那儿想，要了解员工的想法。要求他们在做创新前，尽量通过在线调查小工具了解相应意见或反馈。再比如我们刚搞完年会，也给大家发了一个在线问卷，看大家对年会怎么看，有什么改进的建议等。

---

① "小步快跑"一词，被封面新闻技术方面的重要管理者反复提到，用以强调有创新想法时便立刻着手落实，然后根据实际情况和反馈等迅速、细致地进行调整和迭代，以适应互联网时代瞬息万变的发展节奏。

（二）作为情感标记的"互联网化"物质秉性

同空间布局与功能的局部改造相对应，互联网技术思维的物化还表现为将技术思维植入一定的物质秉性中，再将承载技术思维的物质嵌入空间环境，以深化空间环境的互联网化转型。其中承载技术思维的物质或物质秉性，作为技术思维"表征化、符号化"① 的重要载体，也是具有情感标记作用的重要载体，同样具有将仪式价值转化为情感型功能的作用，有利于推动组织文化的互联网化发展。

对封面新闻而言，承载技术思维的"符号"或"物质秉性"，以散布于空间环境各处的方式，发挥着重塑空间功能价值的作用。其中最为典型的是融合了品牌思维与设计思维的标语创新以及随处可见的智能机器人"小封"的人形立牌或头像标志。观察发现，封面新闻的"中厅"挂着"打造智媒体 建设一流互联网科技传媒文化企业"的标语，办公区域还随处可见"智能媒体 智慧媒体 智库媒体""简单快乐 向上向善""自我驱动，自我进化，不断迭代"等标语，以及各类融合转型进程中获得的奖项，洋溢着融入互联网技术思维的创新活力。智能机器人"小封"的形象也成为空间环境的重要构成，甚至"小封"的立体化模型还出现在了四川日报报业集团大楼的入口处。此外，为适应跨年的氛围，封面新闻还曾在"中厅"设置"Cover Family"区域，展示从业者们的新年愿望。可见，相对于空间布局的改造而言，作为情感标记的物质秉性的互联网化，即以某一物质为载体而探索

---

① 刘志森、耿志杰：《情感仪式视域下档案与身份认同：理论阐释、作用机理及提升路径》，载《档案学研究》2022 年第 3 期。

技术思维的表征化、符号化的实践，往往更倾向在细节层面以技术的嵌入来改变传媒组织所处的空间环境，也具有较大创新空间和较多可能性。

第三节　以非线性协同为主导的合并

创造优先型驯化对应的实践过程中，传媒组织引入互联网技术后，不仅需要在组织对应空间环境嵌入技术，而且需要在组织对应时间维度融入技术，并在运转机制的深度改革中发挥技术的使用价值。而在多重运转机制中融入技术、发挥技术价值以及在技术融入下改革相应运转机制的过程，便是同客观化对应的合并环节。在合并过程中，将技术融入传媒组织对应时间维度的机制与传媒组织内部的多重运转机制往往是交叉重叠的，两者常常同时发生改变并推动技术使用与业务运转创新。

结合理论线索与现实分析不难发现，由于合并环节是传媒组织在内容生产、运营、营销与管理等方面发挥技术价值并形成"新的意义"的关键，总体上偏向创造性而落实合并环节，即改革相应运转机制而尽可能扩散技术价值，成为创造优先型驯化取向上推进传媒业务发展的必然选择。封面新闻也正是在此情境下，展开了既保持规范性又追求创造性的合并探索，形成了以非线性协同为主导、总体偏向创造性的合并过程。值得注意的是，尽管相应传媒组织在合并环节总体上呈现出明显的创造性偏向，却仍既在新闻生产维度坚守着将社会效益放在首位的底线，又在协同作战的新闻生产流程的部分环节（尤其是把关环节）坚守着明确的线性协作机制，在"技术使用"与"新闻生产"的互动中呈现中间选择状态。形成这种总体上偏向创造性而包含创造性偏向和中间选择两种取向的合并环节的关键，在于市场竞争局势对新思维和新产品的要求、传媒组织扩张业务体系和转变盈利模式的需求，以及传媒组织在社会发展中的职责及多年实践形成的常规、惯习等，要求相关从业者在技术使用中进行分类型、分情境的考虑。

一、时间维度的"人－技术"共生能动性

传媒组织坚持新闻生产与传播相关原则的同时，总体偏向创造性而在时间维度融入新兴技术的过程，即传媒从业者在相应运转机制的深度改革中，以"非线性协同"为主导而实践合并环节的过程，根本上是在人和技术间"共生能动性"（symbiotic agency）[1] 的推动下展开的。共生能动性是"代理能动性"（proxy agency）的一种特定形式——"心理学家班杜拉在社会认知学层面对人与技术系统互动中的能动性进行了讨论，认为对自己的心理和身体能够施加影响的人类主体，倾向于将任务委托给复杂技术，而这种能动性可称为代理能动性"；而共生能动性则是"人与技术在互动中，通过技术中介模型实现的一种特定形式的代理能动性……其中人的能动性影响技术产品的使用，同时技术中介也影响人的经验、感知和行为"。[2] 在共生能动性作用下，传媒组织与新兴技术的相互影响往往更为深入且复杂。

---

① 张岩松、孙少晶：《人－算法共生主体：计算新闻生产网络中的主体创新》，载《编辑之友》2022 年第 3 期。

② 张岩松、孙少晶：《人－算法共生主体：计算新闻生产网络中的主体创新》，载《编辑之友》2022 年第 3 期。

封面新闻探索的包含创造性偏向和中间选择的合并环节中"人－技术"的共生能动性，充分体现在主导多重业务运转的"人机协同"逻辑上。而这既离不开传媒组织对新兴技术的持续引入即持续迭代的技术创新，也离不开非线性协同的运转机制的形成。

> 人机协同的意义在于，机器可以完成很多重复性的机械的工作，而记者可以写更有价值的东西。人有人的优势——深度、温度，人会思考，所以人写的稿子更有力度，机器就长于速度和广度，人和机器是互相弥补和互相促进的关系，而不是非此即彼的关系。
>
> 原来的写作机器人大家都比较熟悉，就是利用机器写作。现在我们已经进化到协作机器人，实际上就是人工智能辅助。协作机器人就是协作、辅助记者和编辑工作，包括智能校对等功能。我们专门设置了 AI 视频审核模块，视频审核原来是个难题，但我们突破了这个难题。过去编辑审核一个视频，肯定要把它看完，看一遍可能还不够，还要看两三遍。AI 参与视频审核，就简化了工作方式。

也正是由于以非线性协同为主导的合并环节围绕"人机协同"逻辑展开，相应技术使用与运转机制的互动和创新，不仅具有明显的在实践中推动传媒组织创新发展的特征，而且会伴随技术创新而呈现新的可能和趋势。这种自下而上的创新趋势和可能，既在传媒组织依据从业者兴趣和特长等设立新岗位或新部门以改革结构、开拓业务等方面有明显体现，也是相应传媒组织总体偏向创造性而将技术融入组织对应的"含有秩序的体系"中的重要表现。

二、技术使用与传媒业务整体性创新

在"人－技术"共生能动性的推动下，将技术融入多重业务即通过技术使用而推进传媒业务的整体性创新，已经成为传媒组织总体上偏向创造性而以"非线性协同"为主导来实践合并环节的重要方向。通过技术使用而对内容生产、运营、营销及管理等进行全方位改革创新，既是形成以"非线性协同"为主导的合并机制和多重业务运转机制的必经过程，也是形成总体上偏向创造性的合并环节的必然选择。只是由于技术融入各项传媒业务的进度不一，以及践行传媒组织核心职能的新闻生产与传播业务等有其必须遵守的原则和底线，当传媒组织把技术融入多重业务运转，自然甚至必然会产生多元分化的表现。正如封面新闻一方面在相关从业者使用新兴技术的过程中，推进内容生产、运营、营销及管理等创新，形成多重业务一体化创新的格局；另一方面在传媒组织坚守核心职能的基础上，将原有运转常规、惯习等影响延续至部分业务运转（尤其是新闻生产）中，使其呈现在创造性探索中保持明显的规范性取向的特征，并进入创造性和规范性相对均衡的中间选择中。

（一）技术使用与内容生产创新

在以新闻生产为核心的内容生产方面，传媒从业者对新兴技术的使用，以及伴随技术使用而探索的创新，需要在保障内容品质、坚守主流媒体职责的基础上展开。在技术融入下推动业务创新发展的封面新闻，亦在"内容生产"与"技术使用"的互动中，推进了坚守中的多维度创新。

首先，将技术思维融入内容生产，在"人机协同"过程中推动产能的重构，以提升生产效率和效益。封面新闻对管理者与业务骨干均有这样的要求："以新技术的方式思考新闻，是在座每个总监、每个骨干都要开始的一次转型。"[①] 而"通过智媒编辑部实现 AI 赋能人机协作的内容全流程管理包括线索、采集、编辑、审核、发布、考核等"[②]，极大地重构了产能体系。

> 对一个选题，你可能有个人的主观判断。有技术的支持，有数据的支撑，会告诉你这个选题到底热不热、关注度高不高……我们内部也有对一些热点的竞品的监测，可以辅助判断……数据支持的优点肯定有，但不能代替人工。因为数据的分析，一般是在已经有了数据之后才给你一个信号……预判还得人工，经验不可替代。

> 在审核和发布环节，既审了稿，也评价了，整个流程非常清晰，考核也有依据。记者写了稿子以后，把名字输进去，这个月的绩效就能出来……随着区块链技术的发展，我们现在每条稿子都要上链，进行具有法律效力的存证，可以通过追溯版权问题来保障原创内容的价值影响。

其次，生产流程、生产方式和生产逻辑在技术的融入和影响下，发生着深刻的变革。随着用户的信息需求变化，总体上偏向创造性而实践合并环节的封面新闻，在依托互联网技术产物而进

---

① 此材料来自受访者（封面新闻中分管多个内容生产部门的管理者）提供的文本资料。

② 周琪、张菲菲：《全场景应用覆盖 封面智媒云的破局之路》，载《传媒》2022 年第 6 期。

行移动化办公的基础上，一方面在传媒组织内部推动全员视频化转型和创意设计升级，以文字、图片、视频、音频等方式传递信息并反过来指导生产，适应用户对具有创新性、趣味性等及以动态叙事为主的新闻产品的偏爱；另一方面建设拍客队伍、拓展UGC（用户生产内容）和 PUGC（专业用户生产内容）等生产模式，以尽可能第一时间了解新闻现场的情况；还同今日头条、腾讯等合作推广"定制内容"，以连接信息市场并反过来为内容生产与传播策略创新提供参考。而这些改革都围绕非线性生产逻辑展开，相应产物被封面新闻内容方面的重要管理者视为秒级、分钟级、小时级、日级、月级、年级产品等构成的产品序列。[①]同时不同的内容生产方式，均坚持新闻价值、真实性等方面的原则。以编辑和拍客共同生产内容的过程为例：

> 不是拍客给了我们什么，我们就要用到，我们后方还有一个强大的编辑团队，负责对信息进行审核、过滤、筛选及核实、补充……我们和拍客有合作，比如拍客上传一些信息后，我们会看这个拍客是不是在现场，如果他在现场，是目击者，我们就可以做目击者的后续新闻。

最后，新兴技术对既有的时间秩序和空间边界的打破，也给新闻生产乃至更多内容生产带来了新的可能。正如麦克卢汉将技术视作"人体的延伸"[②]一样，新兴技术也是封面新闻延伸新闻报道视野和内容生产空间，以及激发从业者思维活力和想象力、

---

① 此内容来自对封面新闻内容生产方面的高层管理者的访谈材料。
② 参见刘婷、张卓：《身体－媒介/技术：麦克卢汉思想被忽视的维度》，载《新闻与传播研究》2018 年第 5 期。

呈现创新思想和创新产品的重要力量。

　　凉山州火灾发生了，海拔四千米以上的情况，记者要跑上去采访的话，光爬山都要一天，来来回回就很慢，但无人机一会儿就飞上去了，把地形地貌拍下来，用 3D 技术建模，再加上一些特效技术，就能直观地展示火灾是怎么发生的、消防人员的情况等。而如果在地下发生了爆炸，人根本看不到的，但我们可以根据以前的一些地图、图纸等，用 3D 技术还原当初爆炸是怎么发生的、工人是怎么受困的、营救是怎么展开的等，就比简单的一篇图文报道更有信息量、更有价值，传播力度和效果也会更好。

　　传统媒体还剩下什么？我觉得最宝贵的财富是记者超强的逻辑思维、选题和资源把控能力。选题、采访资源等很重要，但要是没有技术的话，逻辑思维再强，做出来的东西没法完全表现你的逻辑思维，你的思维就打折扣了。原来是介质内竞争（同类型媒体竞争），现在是跨介质竞争，技术是第一层面的东西，得先补足那个介质，报纸补视频，视频补文字。

（二）技术使用与运营创新

　　在内容与平台运营、活动运营、用户运营等方面，传媒从业者对技术的使用也往往和运营工作同时展开，即前述多重运营是依托新兴技术而进行的。其中，内容运营与平台运营是互联网时代新闻生产与信息传播业务的重要构成，依托互联网平台展开。相较于传媒组织自有的信息传播平台，微博、微信、抖音等第三方平台的市场影响力处于强势地位，传媒组织的内容运营与平台运营也自然需将第三方平台的运营纳入重点工作范畴。而随着传媒组织对运营的重视度提升，技术融入活动运营并发挥作用的可能性也越来越大。正如封面新闻不仅融入抽奖、积分等互动形式以创新连续举办多年的常规活动，而且利用智能技术及技术背后的深层逻辑举办了"AI相亲"等有技术特色的活动。相应活动中的技术使用和创新探索，既是技术赋能的结果，也是传媒组织的宣传优势与技术动能的结合。封面新闻运营方面的高层管理者曾言：

> 在媒体里面，搞活动也是我们的强项。在宣传功能基础上，媒体的聚合功能也很重要，但也容易被忽略。很多时候，媒体都可以发挥自身作为桥梁和纽带的作用，把政治资源、商业资源以及其他社会资源融合在一起，通过论坛、评选、项目、产业落地等更大化地发挥资源效果。

无论是内容运营、平台运营还是活动运营，归根结底都属于用户运营的范畴。除前述以用户为重要导向的内容运营、平台运营与活动运营外，专门针对用户的运营也是封面新闻融入新兴技术而探索创新的重要表现。尽管用户运营在很多媒体中都较难开展，同样在某种程度上受限于用户数据的封面新闻，却依托技术开启了增强用户黏性、精细化运营用户社群的多维度探索，包括设立"用户节"以增强自身与用户间的联系和互动、对用户进行分类以重点培养拍客、结合线上和线下的方式拓展用户规模等。可见在用户体量不如今日头条和抖音等平台、难以掌握第三方平台用户数据的情况下，以封面新闻的社群运营为代表的分类型、深层次、精细化的用户运营，是利用技术力量可实现的选择。

> 我们客户端上有一个社区，类似于百度贴吧……最早的时候，我们会在微博上设立抽奖，后来发现这个福利可以直接回馈我们 App 用户。微博用户再多，还是借助新浪的平台，而 App 是我们自己的平台，也希望能有更多人使用我们的 App……后来觉得我们既然有社区这么一个相当于社群的东西，为什么不把这个福利转移到社区来呢？然后我们就开始在这个社区里做这个福利的活动。

（三）技术使用与营销策略创新

如果说新闻生产与技术使用的互动中存在诸多生产常规、惯习和制度化体系的影响，运营与技术使用的互动往往受到更多互联网平台的限制，营销与技术使用的互动方式则更为灵活，对传媒组织的能动性提出了更为多元的挑战。田野调查发现，在营销策略创新上，尽管封面新闻有采取偏向创造性的理念与实践，却仍然处在以"技术使用"推动营销创新的探索阶段。封面新闻营销方面的一线从业者曾表示：

> 营销工作中，对技术基本上没有太多的运用。就目前来说，技术方面，我们部门运用得不是特别多，结合得不是特别紧密。

然而，技术越发深入地融入营销工作，也带来了诸多营销创新方向和策略。封面新闻探索了社群营销、版权营销、内容技术营销、影响力营销等营销方式，转变了传媒组织原有的营销轨道并进入重建营销体系的进程。在访谈封面新闻营销方面的高层管理者时，对方就伴随"技术融入"而形成的营销策略创新进行了概述：

> 数据驱动主要从九个方面来实现，就是九大营销。比如数字文博。博览会、科博会、西博会等云上展览，从大的角度看也是泛媒体，因为它有人关注，有传播载体和渠道，有受众。比如内容技术。包括将多种技术手段用于新闻编采……相当于我们提供底座、运营和服务，就是我们封面那套（技术解决方案）……比如内容版权。因为封面新闻拥有国家一类新闻信息服务资质，其他很多机构可能需要购买、转发我们的稿子。还有社群营销。这也是数据驱动下的精准化营销，我们把群体细分，更加精准化，更加下沉。包括我们的研学项目，也属于社群营销的范畴。相当于在我们的客户和用户之间进行了有效的打通。还有影响力营销。实际上就是广告，只不过这个广告跟以前的广告还不太一样，形式更加多样，包括开机屏、信息流、底通广告、飘带、腰封……

而相应营销策略具化到营销实践中，则既跟运营创新有一定的关联（例如社群营销便是以"圈子运营"为基础而展开的），又可能开拓更多利用技术来创新的方式和路径。以封面新闻营销方面的管理者在受访时的阐述为例：

> 传统的部门都在进行升级，比如汽车部，以前就单纯做

广告，现在我们给车企输出怎样看车（新技术），用到 3D 技术还原等。还有房产这块，网上看房、线上看房，就卖这个技术，就是基于我们现有产品的升级换代。

（四）技术使用与管理体系创新

同前述内容生产、运营与营销创新相适应，在总体偏向创造性而又明显有规范性的合并中，技术使用与管理体系的互动也是传媒业务一体化创新的关键。封面新闻以建构"学习型组织"[①]为目标，从硬性的考核体系和柔性的组织文化建设两方面，融入技术思维、利用技术功能而展开了管理体系的改革创新。根据陈国权的观点，"学习型组织是指能够有意识、系统和持续地通过不断创造、积累和利用知识资源，努力改变或重新设计自身以适应不断变化的内外环境，从而保持可持续竞争优势的组织"[②]。封面新闻正是在营造学习气氛、促使从业者加强学习、提升从业者创造力和自我驱动力以推动组织内部知识结构和能力迭代的过程中，体现出学习型组织的特征。封面新闻多位高层管理者、部门管理者及一线从业者，均从跨界融合、适应技术创新发展等方面强调了学习的重要性。以其中技术方面的高层管理者的陈述为例：

深度融合一定要互相跨界学习，这是最核心的，如果没

[①]　参见国秋华：《我国传媒学习型组织建设研究》，博士学位论文，武汉：武汉大学，2010 年。

[②]　陈国权：《学习型组织的过程模型、本质特征和设计原则》，载《中国管理科学》2002 年第 4 期。

有这个，协作就太恼火了，你做你的我做我的……我经常说他们就是信息不对称，知识不对称，有知识落差。我们这群人是懂内容的技术人，他们慢慢进入内容，内容人员也接近技术、了解技术，这就是融合的真实生态。最懂技术的内容人员、最懂内容的技术人员，越来越相互融合，深度融合才渐入佳境。不能硬拉，不能强融。

具体到封面新闻的管理体系上，一方面，以技术赋能考核体系，打造出契合运转实际和发展目标的考核模型。在访谈封面新闻内容方面的高层管理者时，对方特别阐述了封面新闻的考核体系创新：

> 我们的特点大概是，通过一次机器打分、两次人工校正和三个金字塔的模型，形成了三体联动、技术赋能、人工协助的考核体系。联动薪酬、职级、考核三个领域，我们叫三体联动。过去可能是记者跟记者 PK（比拼），编辑跟编辑 PK，现在不同了。过去一个报社或媒体的岗位种类，主要的可能也就七八种、八九种，记者、编辑、评论员、美编、校对等，而现在的岗位种类细化下来，至少有接近一百种。在这个基础上，内容部门考核是一张表全部拉通，全部在一起来考核。数据的换算是比较复杂的，但都是数据驱动。通过数据驱动的模式，不断调整、优化模型……通过考核指挥棒，来完成内容部门架构对生产效率的提升、对生产关系的优化和对生产力的解放。

另一方面，为更好地发挥技术价值、推动技术创新和技术使用创新而展开培训、评奖等机制创新，以在解决传媒从业者"本领恐慌"的基础上，打造资深传媒从业者（坚守规范的意识和能力较强）和新进人才（探索创新的意识和能力较强）相融互补的梯级队伍。首先，对于人才队伍梯度的建设，封面新闻的管理者和一线从业者均从新闻生产的专业性、在互联网时代参与竞争所需要的创新性等方面，阐释了推动资深的传媒从业者和新进人才相互学习、有机协作的重要性。其次，定期或集中开展的培训会、分享会等，不仅是促进不同领域、不同经验水平的从业者间沟通、学习的举措，也在很大程度上为从业者自身解决"本领恐慌"及其带来的一系列问题，提供了方向性指引和知识支撑。据封面新闻视频团队的一线从业者（主播）回忆，除行政人力部门统筹的机构整体层面的培训外，相应知识和技能培训还可能渗透到具体的日常中：

> 很早之前，那时候我们还只做直播，不做视频，我们领导就说六月份之前，要是能够自己拍一条，自己剪一条，就会奖励我们什么什么，或者就说你就不用被淘汰了，就开玩笑啊。然后我们就拿着机子去找摄像研究、学习，让他给我讲这个怎么弄。学了之后，我就自己去拍，拍完、剪完、写文字，弄出来了。那个片子出来，没想到上了微博热搜，就很神奇。PR（非线性视频编辑软件）会了，马上又让我们学其他的。反正他隔一段时间就要问我们……部门内有剪辑高手，他们会带，老带新。比如这条新闻，就两三个人来完成，你做一段，我做一段，他做一段。我负责这一段的话，就可能在做的时候问他，慢慢跟他学，慢慢就会了。这种感觉还不错，就不会怕啊，不会担心我一个人完成这条新闻得

花多长时间，或者能不能按时交。有人带，只分一小段，慢慢的，每天一小段每天一小段，后来就可以自己独立去做了。

此外，为弥补常态化考核体系及其他管理措施的滞后、刻板等不足，"项目制"已成为封面新闻实践偏向创造性合并的重要选择。经过从《华西都市报》到封面新闻的多年探索，封面新闻现已形成相对成熟的项目管理机制和运转机制。正如封面新闻运营与营销方面的高层管理者所言：

> 每个项目，一定要有目标，有时间表、路线图、任务书，要有奖惩和考核，才行得通……项目制管理，比如每个领导根据分管部门的长项，来牵头组建班子、组建专班，来推进这个项目……首先开会要明确职责、分工，要明确奖惩，要细化。我们的精细化管理，就是这么体现出来的。每个人领什么任务，能够做什么，是要考核的，要推进。也通过微信群等进行线上管理，不断往前推进。我们现在几个方向一盘棋，一般调动起来都可以。

经过技术使用与管理体系的互动，封面新闻的组织文化也在具体的日常中得到创新与发展，并且成为进一步推动考核体系创新、培训和评奖机制创新甚至内容生产改革、运营与营销创新等各维度实践探索的重要推动力。学习型组织的特征，在封面新闻一线从业者工作与成长中的体现，便在一定程度上说明相应组织文化的发展变化。以两位一线从业者的阐述为例：

领导让我们看书，他会把自己看了多少书发给我们。然后说你看我看了多少书啊，你们也要看哈。他也会经常会问我们最近有没有看书。反正你要看，不一定要看跟新闻行业相关的书，看你感兴趣的也行。

要学习的，我觉得太多了，就是自己去学习的那些，很多啊。比如前两天举办一场活动，邀请函、H5海报的制作等，全部都是现学的。

三、非线性协同运转实践的例行化

根据封面新闻的运转现实，即便是选择创造优先型驯化的传媒组织，在组织运转的时间维度融入技术而改革相应机制的过程，仍是基于坚守同新闻生产与传播相关的一系列原则和部分环节（如把关环节）线性协作机制进行的，表现出以非线性协同机制为主导的总体偏向创造性却在部分业务运转（尤其是新闻生产）中选择中间取向的状态。同时也正是在前述技术融入传媒业务运转机制并驱动相应机制改革的基础上，相应传媒组织内部以非线性协同为主导的运转实践才得以"例行化"①。

进一步借鉴吉登斯的观点——"人类的社会活动始终具有一种循环往复的特性，即'结构化'或'例行化'特性"②，可知

① 参见谢立中：《主体性、实践意识、结构化：吉登斯"结构化"理论再审视》，载《学海》2019年第4期。
② 谢立中：《主体性、实践意识、结构化：吉登斯"结构化"理论再审视》，载《学海》2019年第4期。

封面新闻在时间维度融入技术而改革运转机制的过程中，通过打破原有秩序并重建秩序的循环往复的实践，已经形成例行化的非线性协同运转机制，即相关传媒从业者在打破原有惯例的同时，围绕非线性协同重建了相应惯例。这种非线性协同如同"弹性新闻时序"一样呈现出"非线性的、无时序"的特征，产生于传媒从业者对各项业务运转的时间观念的重建，并且反过来促进相关从业者时间观念的重建。[①] 传媒组织内的时间观念重建，表现在具体的追求创造性的合并环节中，则是前述技术融入下的传媒业务一体化创新，及伴随传媒业务创新而进行的以非线性协同为核心逻辑的多重业务运转实践和非线性协同运转实践的例行化。

对于较为理想的非线性协同的例行化状态，封面新闻初创期负责人的概述，反映了封面新闻对协同文化的追求，即封面新闻不仅在探索非线性协同实践，而且期待将协同理念上升至文化层面并深深融入组织文化：

> 理想当中的组织，就是水一样的组织，灵活变动。

封面新闻内容方面的高层管理者（资深传媒从业者）在接受访谈时，也强调了在打破传媒组织固有秩序后重建秩序的过程中，即传媒组织内部正在经历变化而还未形成相对成熟的机制和相对稳定的局面时，增强"向心力"的重要性：

> 近些年传统媒体转型过程中，人员流动是非常普遍的现

---

① 参见杨保军、孙新：《论新闻时间观念的构成与变迁规律》，载《新闻与写作》2022 年第 6 期。

象，也有很多优秀的人离开原来的媒介组织，去到新媒体单位或者自己创业。从某种角度看，这种现象可以用一个物理学领域的名词来表述，就是一些机构媒体的媒介组织中出现了"离心力"，转着转着就有员工转出去了。但如果做得好的话，整个媒介组织保持相应的能力和状态，以一种良性循环的方式运转，就会有"向心力"。就是媒介组织带领其中的绝大多数员工甚至每一位员工，以维持均衡和持续发展的形式一起转动。这中间就需要相应的纽带以及不掉队的节奏，这种纽带可能是运作机制、考核、培训等。

（一）新闻生产中的"界限"与"协同"

非线性协同运转实践的例行化表现在新闻生产中，必然是在坚守一定界限和一系列原则的基础上，同部分环节的线性协作实践相配合着展开的。即便是在合并环节总体偏向创造性而推动技术融入与机制改革的传媒组织中，也仍需坚守同新闻生产相关的原则及部分环节的线性协作逻辑，而其他既不在合并环节追求创造性也未形成非线性协同运转机制的传媒组织，则自然保持着原有的界限。封面新闻在新闻生产中对固有的逻辑、原则或界限的坚持，重点表现在坚持采编与经营分离的原则、坚持以稿件质量为重要标准而"打稿分"、坚持以"三审三校"为基础而加强把关、尽管改变了"采前会"和"编前会"的内容却仍坚持召开这两项会议等方面。这些措施均是为了保障新闻内容生产与传播质量、践行新闻媒体职责等。对于非线性协同中延续原有制度或习惯的表现及对相应界限的坚守，封面新闻的一位高层管理者曾表示：

采编和经营，一是要两分开，二是要两促进、两加强。这个促进，并不是把两个打打伙伙地在一起整，是两条线之间的、从大的角度来说的相互促进。媒体办好了，看的人多了，商业模式就形成了。用户量增加了，日活、月活增加了，商业价值就出现了，就可以聚集更多资源。每个用户、读者都是我们的资源……当然这个群体越大越好，越聚焦越好，越精准越好。

以一定的坚守为前提，对创造性的追求还必然伴随以协同为主导的新闻生产实践。封面新闻作为创造优先型驯化的典型，既是将技术深度融合进生产机制的代表，也是以技术为核心驱动而构建"集体作战式"生产模式的代表。而相应集体作战机制的形成，既得益于互联网时代市场竞争对专业性要求提高所产生的倒逼作用，也是传媒组织内部对专业化岗位进行精细布局后不得不建构的生产机制。访谈封面新闻高层管理者、部门管理者、一线从业者及初创期负责人等发现，"集体作战式"生产机制不仅是封面新闻在具体情境中的必然选择，而且可能带来更多协同之前意想不到的产品或创新。

以前我们做报纸的时候，一个记者某种意义上是单打独斗的，自己去采访，然后写回一篇稿子交给编辑，可能最多跟编辑沟通一下想法。但现在我们产品形态特别多，涉及的领域也不一样。一个热点事件，需要记者出原创内容，客户端平台的编辑可能会做专题集纳，运营其他平台的编辑也要把这个事情延伸出来看抖音、微博等有没有可以传播的。这些都可以直接沟通，甚至可能在沟通中发现深入的点，再来做一个定制视频，要他们再跟其他平台对接和沟通。做出来这个东西后，为了使传播效果更好，可能不是简单的图文、视频就够了，比如有没有必要做直播，如此又可能要去跟视频团队沟通。

（二）跨专业交互协同的例行化

经过多年探索，封面新闻在技术驱动下已形成跨专业交互协同的例行化状态，而总体偏向创造性的合并环节也正是在传媒组织内部一体化运作的过程中形成的。

对于传媒组织内一体化运作的协同关系，自封面新闻诞生起便已有相应规划，而其中的关键便是技术、内容、运营、营销等业务间互动的关系建立，以及不同业务直接或间接地互促互进的机制搭建。封面新闻自诞生起便是围绕"121 模式"[①] 展开运作的，自封面新闻与《华西都市报》于 2018 年深度融合以来，便开始从"121 模式"向"111 模式"迈进，即突出一体化发展、一盘棋整合的融合发展思路。[②] 当被问及传媒组织中技术、内容、运营、营销等不同团队及业务的关系时，封面新闻多位高层管理者均对其中的交互协同关系进行了阐述与强调。以封面新闻经营方面的高层管理者的阐述为例，其在强调采编与经营分离等原则的基础上提道：

---

①　"222 模式""121 模式""111 模式"等均源自传媒从业者的阐述，是对融合转型中不同顶层设计和运作模式的概述。其中，"222 模式"指传统媒体与其新媒体产物，分别依靠两支队伍、两个平台，进行两套系统的运作。"121 模式"和"111模式"均指用一支队伍，通过一体化运作推动融合转型，两者的区别为前者主要聚焦于两个平台（品牌）展开运作，后者主要聚焦于一个平台（品牌）展开运作。

②　参见方堃：《都市报的转型与未来》，载《中国报业》2021 年第 7 期。

> 封面传媒要打造的是"科技＋传媒＋文化"的生态体。其中的重要构成，包括内容、技术、运营……不能切割开来，只是在不同领域有不同侧重……是你中有我、我中有你的关系。

封面新闻内容方面的高层管理者，则以列车来比喻封面新闻，用车头、引擎、车厢、车门等之间的关系，强调不同业务协同一体的发展关系：

> "新闻车头"方面，更多是针对产品方面，重点要求采编人员等具有突破创新能力、拼抢能力。"创新引擎"方面，内容平台、内容运营、技术部门、创意设计部门等，要进行智媒创新，包括后台系统、考核系统的迭代升级，以及更多功能模块的打造等，都要基于生动实践来总结、提炼、上升为知识库。"资源车厢"方面，涉及人力资源、经营资源的转化等，要在采编和经营分开的前提下拓展相应资源。"安全车门"的重点是几大编辑部，对于在 App、微博、微信、抖音等平台上发布信息，要起到"安全车门"的作用。

为了推动内容、技术、运营与营销等团队间跨专业的交互协同例行化，封面新闻各团队的管理者将沟通机制置于重要位置，并认为引进解决方案专家、数字策展人等衔接型人才[①]，对从业者间的交互协同和传媒组织的创新发展非常重要。从封面新闻的

---

① 参见崔燃：《从全场景可视化到数字文化产业》，载《传媒》2021 年第 24 期。

组织架构布局看，应用"内容科技"①或"内容新技术"②的从业者，也是在交互协同中起着重要衔接作用的技术应用能力较强的人才。而在被问及如何形成交互协同机制时，封面新闻多位资深从业者做了如下讲述：

> 那天领导还在说，互为组长、互为组员。你现在是组长，你给我安排这么多工作，我给你做得很好，下次我当组长的时候我给你安排，你做不做嘛，你肯定要做嘛。就需要形成一个良性循环，这种文化氛围很重要。

> 从报纸转型到封面新闻，内容团队和技术团队共同生产产品，包括视频中心和新闻采编部门的磨合，都是"吵"出来的。"吵"完了之后，理解到了对方的想法，就开始干，很简单……反正目的就是整明白。技术团队要明白采编团队的需求，采编团队要搞懂技术团队能够做什么，搞明白之后，大家就很好合作了。

> 在领导层面，是鼓励更多的沟通。有时候，不是说这个事情可能会涉及这个部门才去沟通，有可能是因为沟通了才

---

① 人民网：《人民网（厦门）内容科技产业园开园 开创央媒与地方合作新模式、新路径》，2021 年 12 月 18 日，http://fj.people.com.cn/n2/2021/1218/c181466-35056944.html，2022 年 7 月 7 日。

② "内容科技"一词出自人民网 2019 年发布的《深度融合发展三年规划（纲要）》。在媒体融合中，有传媒从业者称"内容科技"为"内容新技术"，意指用于内容生产创新的视频技术、创意设计技术等，从业者可借助其生产动画、海报、长图、直播视频等内容产品。应用相关内容科技的团队或人员，拥有比文字采集人员更强的技术使用能力，但不需要像技术设计者一样深入掌握有关代码的知识和技术研发能力。

促使某个新的产品形成。所以部门之间有时候未必是那么严肃地开个会，可能聊天，可能讲到我们部门最近在做什么，我们能不能有个新的什么东西，可能对方又有新的一些想法。因为大家领域不一样，所了解的东西不一样，在交流过程中进行思维碰撞，就可能会出现很多新的东西。

第四节　深入"技术-社会"互动场景的转换

经过客观化和合并环节，传媒组织对互联网技术的驯化进入转换环节。从某种程度上讲，转换既是围绕合并和客观化的结果而展开的，又是前述引入、合并和客观化努力的方向，既是传媒组织将驯化互联网技术而形成的"新的意义"扩散至社会领域的过程，也是相应"新的意义"影响力的体现。创造优先型驯化中的转换因此必然是总体偏向创造性的，即当相应转换环节总体上围绕重构传媒组织既有优势边界的新优势或新意义展开时，才可能形成创造优先型驯化模式。封面新闻的转换实践也证明，总体上偏向创造性而建构传媒技术优势并在"技术-社会"互动场景中拓展核心价值体系，是相应传媒组织践行创造优先型驯化的必要条件。

进一步分析发现：相应转换不仅总体上呈现创造性偏向，而且和合并偏向高度一致，却不一定跟在组织对应空间维度嵌入技术的客观化偏向一致；由转换扩散开来的便有合并的结果，会促使传媒组织内外的认同度降低或升级，并反过来影响合并及引入环节，甚至可能直接影响引入实践。同时在创造优先型驯化中，依托新兴技术取得的结果，不仅体现在因技术驱动而不断创新的新闻生产优势与内容产业优势上，而且体现在传媒技术发展及传媒技术优势建构和影响上，共同推进技术引领或支撑的传媒公共服务价值体系拓展。在相应传媒组织受到政策、市场、媒体职责等多重因素影响的情境下，如果说合并环节以技术的使用价值为核心而发挥了技术的关系价值，总体上偏向创造性的转换环节则以前述诸环节的实践及结果为基础，进一步彰显了技术的关系价值。相应传媒组织可能以传媒技术为纽带同更多媒体、政府部门、企业和个人用户等产生连接，并在相应连接关系的拓展中扩散与深化"组织－技术"互动结果在社会系统中的影响。

一、以"关系技术"为纽带的内外循环

在讨论互联网技术社会化的研究中，曾有学者提出："过去，对于技术的发展，人们注重的是生产力和生产效率，而以互联网为基础的信息时代，技术的发展正是侧重在各种'关系'的建立方法和价值挖掘上。互联网技术可以称为一种'关系技术'，它重组了人与人之间的连接方式，扩展了人们之前的活动场景……"[1]以此观照封面新闻的现实情况，不难发现传媒组织驯化互联网技术之合并环节的具体实践，及当驯化实践进入转换环节后形成的内外循环，均是以关系技术为纽带而运行的。以关系技术为纽带的内循环主要发生于传媒组织内部即组织内成员之间，侧重在转换和引入、合并环节的交叉互动中生成并调整驯化所得新的意

---

① 杨乐怡、钟大年：《"关系技术"：互联网技术的社会化内涵》，载《现代传播》2019 年第 12 期。

义；以关系技术为纽带的外循环则主要发生于传媒组织外部即传媒组织与其他组织或个人之间，侧重以驯化形成的新的意义连接更多节点并以转换需求指引引入和合并环节进行调整；并且均是以技术的关系价值为纽带的循环体系。相应地，内循环和外循环涉及的需求、实践、成效等，来自社会系统并会回到社会系统之中，呈现内外循环交互推进的状态。

（一）以"关系技术"为纽带的内循环

在内循环体系中，转换和合并、引入环节表现出明显的交叉互动，并因转换所得的来自其他媒体机构、相关部门、企业或群众等竞争者或协同方的认同度影响，进入不断强化或转变驯化方式及相应新的意义的循环中。可以说其形成于需求与想像的融合，表现为以成效响应需求的良性循环状态。

一方面，封面新闻的现实情况表明，偏向创造性的转换环节，同其他环节一样是以需求与想像的融合为牵引的。只是该需求和想像不仅是传媒从业者对技术的需求和想像，更包含了传媒从业者对用户需求和社会发展需求的想像。而在以"引入－合并－转换"为主线、以客观化为辅助的创造优先型驯化闭环中，对转换环节产生影响的需求与想像，甚至可能先于引入、合并和转换环节而存在，并对相应驯化过程产生深入影响。相比较而言，前述合并甚至客观化环节在发挥技术关系价值的同时，更加明显而深刻地发挥了技术使用价值；转换环节的一系列实践在发挥技术使用价值的同时，更加明显而深刻地发挥着技术关系价值。由此，在技术连接下已形成的非线性协同运转机制及运营成效等基础上，以封面新闻为典型的选择创造优先型驯化的传媒组织，会进入进一步扩散和强化技术优势的阶段；而以关系技术为纽带而建构并拓展相应的内循环体系，进而系统性地优化传媒组织为驯化互联网技术而重建的"含有秩序的体系"，便成了相应传媒组织根据动态变化的需求和想象而拓展业务体系和发展成效的可行选择。

另一方面，基于技术的关系价值形成的内循环，既发生于非线性协同机制主导的运转实践中，还需在转换而来的不同业务创新成效推动下进入良性循环。传媒组织驯化互联网技术的意义，也正是在"需求催生－技术与业务一体化创新－融合转型效果升级"的良性循环中产生。封面新闻从需求出发而取得的实践成效，表现在社会效益和经济效益两方面：社会效益上，封面新闻在打造传媒技术优势的探索中，"创立一年多便获得了中国报业协会的最具原创力媒体奖，成为内容生产的一支重要力量"[①]，并在 2019 年就达到超过 5000 万的用户规模（客户端下载量突破 2000 万）[②]；《全乡村民化身"爬山侠"守护雪山！村民跋涉 5000 米高山捡垃圾》和《1 个人与 27 个人的生死对话》分别获得第三十届中国新闻奖"短视频新闻"二等奖、"文字通讯与深度报道"三等奖[③]。同时，在智能技术辅助下，封面新闻产出的日常报道量相较传统媒体时代也有显著提升。在田野调查期间，封面新闻内容方面的一位部门管理者曾言：

① 王志中：《智能分发 智库赋能 智能生产——从几个典型案例看智媒体建设》，载《新闻战线》2021 年第 16 期。

② 参见李鹏：《AI 引领媒体融合迈向纵深》，载《中国报业》2019 年第 11 期。

③ 参见封面新闻：《喜讯！第三十届中国新闻奖、第十六届长江韬奋奖揭晓 封面华西两件作品获奖》，2020 年 11 月 2 日，https：//m. thecover. cn/news_details. html?from=androidapp&id=5919343&channelId=0&userId=OTQ3NTg4T，2022 年 7 月 3 日。

现在一天的发稿量有 12000 条的样子，机器一定要做好辅助功能。我们有自动发布功能、自动校对功能、自动排版功能来辅助编辑。

经济效益上，封面新闻整合《华西都市报》的资源和力量后，越发深入垂直领域优化有针对性的服务，同时通过营销策略创新及内容生产、技术创新及伴随形成的品牌影响等，推动盈利模式转变、营收来源结构性转变和经济收益迅速增长。一位资深传媒从业者兼部门管理者分析封面新闻营收数据后表示：

2020 年，接近 80％属于新媒体部分……广告只是其中的一部分。2020 年全年的占比分析，排名最高的是影响力营销。新媒体是一个很泛的概念。第一块是影响力，第二个是技术输出营销，类似于我们提供的融媒体技术服务，已经占到全年经营收入的 20％左右。还有新技术内容营销，是我们提供的跟传播加技术有关的服务，比如直播。同时我们还做视频、动画、创意短视频等，更多是一种制作服务，都属于新技术内容营销。还有内容版权收入、分发平台账号的影响、智库舆情营销等。基本上，我们有一半的业务不属于广告类型。

（二）以"关系技术"为纽带的外循环

在外循环体系中，传媒组织通过驯化互联网技术而形成的传媒技术优势可能成为强有力的纽带，被用以强化并拓展传媒组织同网络社会其他节点或子系统的连接关系。而根据市场对传媒技术的需求设定的转换方向或目标，既可能反过来影响合并和客观化环节的选择，也可能跳过合并环节而直接影响到引入的选择。封面新闻作为总体偏向创造性而实践转换的典型代表，便是以"技术服务输出"为核心纽带和渠道，建构起"技术输出－连接用户－服务用户－优化技术方案"的外循环体系。尽管相应外循环的形成离不开内循环的运行与结果，并且是在内循环中内容生产、营销创新等方面成效的基础上展开的，但若无用户、市场竞争及社会发展等多重需求，以关系技术为纽带的内循环及其成效，就无法彰显其他机构或个人对该媒体的高认同度，相应传媒组织也难以通过技术的连接作用拓展自身同其他媒体、政府部门、企业或个人用户的关系网络。这正契合了网络社会的运行逻辑：社会系统中节点或子系统相互需要，若其中某节点想要获取更多业务，则需要取得其他节点的信任，而取得信任的前提是该节点向其他节点展示了自己的成效或可胜任该项业务的能力。①

　　具体而言，封面新闻通过技术服务输出，发挥技术的关系价值，建构起相应传媒组织与传媒领域其他机构间的"强连接"。围绕技术解决方案，封面新闻不仅为其他媒体机构提供技术支持，而且通过拓展经验共享、资源整合等机制建设，搭建起更为紧密、深层的联动关系。包括"以封面智媒云核心技术打造的扬子晚报融媒体指挥调度中心、采编发联动平台"等②。关于以技术服务输出搭建媒体间紧密的互动机制，封面新闻专门负责对接其他媒体机构的资深从业者表示：

---

　　①　参见［英］约翰·厄里：《全球复杂性》，李冠福译，北京：北京师范大学出版社，2009年，第12页。
　　②　周琪、张菲菲：《全场景应用覆盖 封面智媒云的破局之路》，载《传媒》2022年第6期。

技术服务输出收获了很多好评，正面反馈非常多，说他们能够用我们的技术产品、效果很好等。有一个明显的现象是，对方单位听我们讲解了我们的方案后，可能会想要参照封面新闻的经验进行改革。比如有报业集团把我们整个系统购买了之后，在其内部进行了刮骨疗伤式的改革，就是围绕我们提供的这一套东西，改革他们自己的业务。

除传媒领域外，封面新闻还在跨领域的技术服务输出方面展开探索。封面新闻高层管理者曾发文述及，"智媒云 5.0 是多行业解决方案，封面传媒已经面向北京、江苏、黑龙江、辽宁、海南、四川、新疆生产建设兵团等地输出 30 余个数字化服务项目，涉及党建、政务、媒体、会展、司法、网信、教育、文博、数字经济等多个领域"①。以较具代表性的为"科博会"提供技术支持的实践为例，该类技术解决方案的输出，既充分调动了封面新闻内部不同工种、不同专业的从业者间的交互协同，也奠定了封面新闻以技术为纽带而向文化、教育等领域拓展循环体系的基础和影响，还在定制化与模块化、标准化的交互中储备更多的技术资源、更强的技术能力。封面新闻人力行政方面的管理者就曾阐述了定制化技术服务的模块化及其在技术服务业务可持续发展中的意义：

科博会的项目做完之后，我们就会考虑梳理其中的一些技术开发点位，做一些刊例、商标，做一些知识产权的沉淀

---

① 周琪、张菲菲：《全场景应用覆盖 封面智媒云的破局之路》，载《传媒》2022 年第 6 期。

和申报、梳理。我们会从定制的东西里面，考虑做一些模块化、标准化的东西出来，以后再遇到类似的，就会缩短开发时间、提高效率。

正是经过多年定制服务与模块化、标准化技术生产的交互探索，封面新闻在跨领域的技术服务输出方面，已经建立起传媒组织同诸多相关部门、企业等机构或行业间的联系。这种以关系技术为纽带而产生的组织间"强连接"，一方面伴随相关领域从业者对封面新闻的技术解决方案优势的认知度和认同度提升，而处于不断扩散和加强的状态；另一方面也常常依托封面新闻作为媒体的内容生产与传播等核心业务、核心实力而展开，并以连接所得的成效来对封面新闻的内容生产、运营、营销等业务进行有力的反哺。

二、双重循环中的公共服务价值拓展

封面新闻在转换环节的实践探索已表明，总体上偏向创造性的转换往往是以关系技术为纽带而拓展传媒价值体系，而在推动相应价值体系拓展的内循环和外循环间往往存在紧密而深刻的交互关系。封面新闻在技术引领下拓展自身同其他媒体甚至其他领域间互动关系的实践，超越了既有的新闻生产优势边界甚至内容产业优势边界，而在传媒技术优势与社会体系的互动场景中进行，有力拓展了传媒公共服务价值体系及传媒组织在社会体系中的影响。从某种角度来看，可将封面新闻在前述双重循环中拓展公共服务体系的路径概述为：首先以技术创新驱动以新闻生产为核心的多方面业务及优势升级，并在相关业务优势升级中强化技术优势；而后以技术优势为其他媒体机构或其他行业领域提供服务，再反过来强化自身的技术优势；最后以不断优化的技术优势反哺自身业务发展和价值扩容，持续发挥传媒组织能动性以深化整体化转型发展。

（一）双重循环的"互哺"与业务发展

在双重循环中，外循环体系的形成本就离不开内循环体系的运转及成效，而封面新闻在转换环节的实践探索，不仅说明通过内循环检验技术解决方案有效性的重要性，而且说明相应外循环对其他机构或领域的影响还可能反过来推动内循环发展。封面新闻中负责技术解决方案输出业务的资深从业者，曾概述了封面新闻自用的技术产品与向外输出的技术产品间的联系与区别：

> 我们大概有三个版本……第一个版本是封面新闻自用的定制的版本，也是高度符合封面新闻运行需求的版本。第二个是标准化版本，既不是为封面新闻定制的，也不完全是为客户定制的，而是基于市场广泛的需要而建立起来的比较通用的中间版本。第三个版本是为客户专门定制的版本，这当中肯定会产生新的想法，是我们和客户碰撞出的新的成果。经过评估以后，也会定期地（把新的成果）放到标准化的这个版本里。

技术服务输出对传媒组织驯化互联网技术及推动传媒组织创新发展而言的意义具体表现在两方面：一是有利于传媒业务发展，包括对原有业务的优化和拓展新业务等。相应传媒组织对互联网技术的驯化，可以参考更多以技术优势连接到的先进经验，并在思维碰撞产生的创新活力推动下展开新的探索。正如封面新闻中负责技术解决方案输出业务的资深从业者所言：

> 过去媒体与媒体之间、单位与单位之间的联系，更多是业务联系，或者是行业的联系。这种联系我们认为是一种弱联系，会随着人际关系、人脉关系的变化或时间而增加、减弱或断裂。而我们在解决方案输出过程中形成的联系，是一种强联系。只要对方使用我们的系统，双方就可以在技术联系的基础上拓展更多的业务和更广阔的市场空间。跟媒体之间，更多是同行业的资源或基于不同领域、行业的资源互换。跟政府之间，在社会治理层面，我们可以考虑的不仅是建设技术系统，还可以争取在内容生产运营或信息管理与发布等方面展开更多合作，为相关部门提供更多服务。

二是有利于传媒品牌影响升级，包括以技术服务输出拓展封面新闻的品牌影响力等。正如封面新闻中专门负责品牌推广的一线从业者所言：

> 技术确实对我们影响很大，技术品牌也反哺了封面新闻的品牌。比如封面新闻的"智媒云"落地在黑龙江或海南等地，很多项目都是封面新闻在做。我们出去的时候就很多人在问什么什么是不是你们做的。这其实也是品牌影响力的一部分，技术团队给他们做这个东西，人家就知道封面新闻在做这个，就有反哺回来的那种感觉。

（二）传媒组织公共服务价值的拓展

从理论层面讲，传媒组织在驯化互联网技术的过程中，必然会生成"新的意义"，而选择创造优先型驯化的传媒组织更可能通过驯化新兴技术而形成超越既有价值体系和组织优势边界的重要意义。作为创造优先型驯化取向上具有代表性的封面新闻，亦通过传媒组织与互联网技术的互动理念与实践证实了这一理论逻辑。同时封面新闻的转换环节实践还说明，传媒组织在总体偏向创造性的转换探索中，既需坚守自身在新闻生产与传播方面的核心价值，又可能以技术优势拓展着将技术优势、内容生产优势等置入社会系统运转中形成的公共服务价值体系。相应拓展传媒公共服务价值体系的方向和逻辑，同封面新闻经营方面的高层管理者所阐述的媒体功能具有一致性：

> 对媒体而言，宣传是基础功能，还有聚合和聚达功能。聚合就是要整合资源，聚焦社会各界的资源来推动一些需要以媒体为纽带来推动的事情。聚达就是要实现资源变现，在保证社会效益为第一位的同时提升经济效益。

而随着网络社会发展及社会系统运转对传媒组织的要求变化，更为多元、更加深入垂直领域的公共服务创新，就成为传媒组织盘活原有资源、打造差异化优势的重要方向。在传媒组织驯化互联网技术的过程中，选择总体偏向创造性的方式而将驯化所得意义扩散至更多领域的封面新闻，则以其在传媒技术方面的优势驱动着公共服务业务发展和价值拓展。其中传媒技术优势的持续驱动及伴随技术创新而建构的新业务、新产品或开拓的新路径、新方式等，则是以封面新闻为代表的创造优先型驯化取向的传媒组织，区别于其他传媒组织的在公共服务体系拓展方面的竞争优势。

可见，从引入到客观化、合并、转换环节，创造优先型驯化取向上的传媒组织，即便是明显偏向创造性且极具典型性的封面新闻，都仍会在驯化互联网技术的实践探索中保持对新闻生产与传播这一核心职能的坚守，并且持续坚守着媒体职责与相关原则或底线。由此而来的驯化形成的"新的意义"及其扩散方向和扩散结果，尽管会在很大程度上重构传媒价值体系边界或拓展传媒的核心价值体系，却仍是以新闻生产与传播为基础并沿着传媒的公共服务价值体系发展路径，围绕信息传播、社会服务等功能价值发挥作用的。创造优先型驯化的优势及其可能给传媒组织带来的差异化发展路径，则主要体现在传媒技术优势的建构，及将技术作为核心驱动而可能达成的业务体系扩容、功能价值拓展、组织系统创新发展等方面。

第三章　规范优先型：在组织进化中
吸收技术价值的驯化

　　同创造优先型驯化不同，规范优先型驯化作为在组织进化中吸收技术价值的驯化类型，往往是在规范性和创造性的碰撞与融合中，基于必要的创造性追求而总体偏向规范性的驯化过程而形成的。从理论层面看，最为理想或极致的规范优先型驯化，是由引入、客观化、合并和转换等环节均偏向规范性的过程形成。但实际上，新京报作为我国都市类媒体中探索规范优先型驯化的典型代表，以在组织原有"含有秩序的体系"中找准对新兴技术的需求点并有针对性地吸收技术价值的实践说明，互联网技术给传媒体系带来的颠覆式冲击，已经使得规范优先型驯化取向上的传媒组织也需要在部分驯化环节更为明显地偏向创造性。相较于诸多在驯化技术方面有明显路径依赖的传媒组织，新京报如何在结构与能动性交互中，通过传媒组织对互联网技术的驯化而取得较显著的发展成效并成为新闻报道标杆，具有重要的分析价值。

　　本章以新京报为典型案例，分析这一类型驯化的理念与实践及其背后的要素与逻辑，并探索性地建构规范优先型驯化模式（如图3－1）。分析发现，以新京报为典型的规范优先型驯化，具体到由多重要素交互形成的各环节上，引入和客观化都偏向规范性，合并和转换总体上偏向规范性却均包含了规范性偏向和中间选择两种取向。与创造优先型驯化不同，在保持传媒组织系统①相对稳定的前提下，规范优先型驯化中各环节尽管存在交互性和流动性，却始终围绕合并的需求展开，而非以技术创新探索为主导。其基本特征表现为：一方面根据合并对应业务运转的技术需求，进行精准化、精细化的引入；另一方面将客观化的选择和实践直接融入技术使用，将空间维度的技术展示与合并环节的技术使用深度融合，并从为"技术使用"做准备的角度出发而在空间环境嵌入相关技术产物。与创造优先型驯化相同的是，规范优先型驯化中转换环节既受到合并环节直接且有力的影响，又会反过来影响合并继而影响引入环节，其偏向也同合并的偏向高度一致。

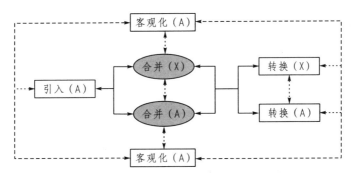

图 3—1　传媒组织驯化互联网技术的规范优先型模式②

---

①　此处"系统"指可能在组织与技术的互动中产生变化的"含有秩序的体系"。这种"含有秩序的体系"对应到组织上，则包含组织架构、运转机制等。

②　字母 A 代表该环节偏向规范性，字母 X 代表该环节属于中间选择。实线代表两者间的相互影响是明显的，虚线代表两者间的相互影响是不明显的或辅助性的。以新京报为典型的规范优先型驯化模式，在引入和客观化环节表现出明显的规范性偏向（A），在合并和转换环节均表现出规范性偏向（A）和中间选择（X）两种取向。各环节间的相互影响，以"引入－合并－转换"为主线、以客观化环节为辅助而展开，其中合并环节的具体需求是直接影响其他三个环节走向的关键性因素。

第一节　基于支撑型技术想像的引入

尽管引入环节在理论逻辑层面是传媒组织驯化新兴技术的起始环节，往往决定了后续诸环节的走向，但规范优先型驯化取向上的传媒组织却可能在引入新兴技术前，比创造优先型驯化取向上的传媒组织更为明显地根据合并环节的具体需求，而限定引入的对象和方式。以新京报为代表，由于相应传媒组织引入技术的主要目标是使技术为强化原有核心优势提供支撑，而非利用技术再造新的组织优势，其在引入环节自然体现出明显的规范性偏向。在以技术为重要支撑的技术想像指引下，新京报延续传媒组织将技术视作支撑或辅助力量的角色定位，以"实用"和"够用"为原则来推动引入实践，同时主张以内容生产与运营的技术需求为先导，强调技术设计者的服务性而非主导性角色，重视相关技术产物的可用性和适用性而非前瞻性和引领价值。

在偏向规范性的引入环节，传媒组织对引入的对象和目标的锁定，自然会限制传媒组织采纳新兴技术与发挥技术价值的范围，要求相应传媒组织具备可在市场竞争中突围的内容优势。新京报便在偏向规范性的实践探索中，形成了以自主掌握核心技术与灵活引进前沿技术有机配合的引入机制。为降低自主掌握新兴技术的局限性及其给传媒组织竞争优势建构与强化造成阻碍的可能性，新京报还在以偏向规范性的方式引入新兴技术的同时，植入了强化技术产品实用性、精细度、优质程度的理念，并围绕生产与运营的技术需求而不断调整不同工序的衔接方式和协作链条。

一、以技术为支撑的想像

由于技术想像既是影响技术设计与技术使用的重要因素[①]，也是影响引入环节实践方向的重要变量，不同于驱动型技术想像的支撑型技术想像，自然会影响传媒组织对技术和技术设计者的角色定位，及其建构可持续引入机制的方式。相较于驱动型技术想像，支撑型技术想像通常表现为：传媒组织将技术视作辅助型产能、将技术设计者视作辅助型生产者，期待通过技术的辅助来落实或支撑相关业务的创新与发展。从某种角度上讲，两种技术想像并非相互对立的关系，而是相互交叉、相互包含的关系，只是分别体现出传媒组织对技术和技术设计者的两种不同定位。在驱动型技术想像指引下，传媒组织运转实践中往往包含对技术的支撑价值的发挥；而在支撑型技术想像指引下，传媒组织的一系列实践探索中亦会产生以技术驱动创新的探索，还会出现由技术设计者提出创新想法并联合技术使用者落实该想法的情况，只是同将技术视作辅助性支撑的业务实践相比较，这类情况发生的频率不高，对传媒组织转型发展的影响也不如后者强大。

回归到新京报的实践探索中，尽管相关从业者意识到了互联网技术对传媒发展的影响是生态性的[②]，却仍根据实际需求选择

---

① 参见王炎龙、王石磊：《"驯化"微信群：年长世代构建线上家庭社区的在地实践》，载《新闻与传播研究》2021 年第 5 期。

② 参见常江：《数字新闻学：一种理论体系的想象与建构》，载《新闻记者》2020 年第 2 期。

由支撑型技术想像指引引入实践，并由此形成了成体系的引入机制，支撑传媒组织为应对互联网技术的生态性影响而展开的实践探索。在就技术团队的定位、技术的驱动作用等访谈新京报技术方面的管理者时，对方便答道：

> 以前技术团队就是解决技术保障的问题。现在技术部门的定位，支撑是一个，还有一个是引领推动，还有数据化、智能化的一部分工作。相当于以前是支撑，现在变成了三部分……传统媒体有采编驱动、内容驱动，现在大家在讲技术驱动。在我看来，技术一定不是驱动媒体的最终方式，技术的价值是让内容生产和传播更高效等。它是一种工具类的采用方式，这也是我们技术团队的定位。

可见新京报作为偏向规范性而引入新兴技术的代表，已在互联网新生态中建构了可推动传媒技术创新的技术团队，并拓展了技术团队的能力体系、业务范围和角色价值，却仍是在支撑型技术想像指引下展开引入实践。尽管在技术团队重要管理者看来，技术在新京报当下发展中既有支撑作用，也有驱动作用，相应理念与实践中体现为用更多、更前沿的技术提升内容生产与传播效率的驱动作用，却跟集中体现为解决技术故障等方面的支撑作用一样，蕴含着延续传统的将技术视作辅助工具的逻辑。这种侧重于发挥技术的服务价值或支持力量的驱动作用，同驱动型技术想像下的技术定位有明显差异。

二、被中介化的技术设计者

基于支撑型技术想象，规范优先型驯化取向上的传媒组织同创造优先型驯化取向上的传媒组织一样，都需要自建的技术团队来更精准、及时地满足业务运转中的技术需求。但由于不同传媒组织对技术的定位不同，偏向创造性的引入环节的技术设计者往往会被赋予传媒属性，并深度融入由技术使用者构成的从业者群体；偏向规范性的引入环节的技术设计者（同样也是传媒组织自建的技术团队）则往往会被中介化为传媒组织内及组织间的沟通枢纽，同传媒组织内外相关节点互相衔接，而非深度融合。技术设计者被中介化，即技术设计者在相关从业者互动和沟通中发挥中介作用。相应中介化的意涵与媒介化不同，意在关注中介化概念的空间维度意义，即其内含的"空间的之间性（inbetween）"①，正如跟技术设计者深度融入传媒组织并推进传媒化转型不同，新京报体现出来的技术设计者被中介化的现象，更加集中且突出地强调技术设计者在组织内部、组织间的沟通及衔接作用。

在新京报选择的偏向规范性的引入环节，传媒组织内部的技术设计者与技术使用者、第三方技术供应者间的衔接大于融合，正是形成于技术设计者直接承担相应职能而没有同技术使用者深度磨合的过程。在传媒组织引入技术人才却没有深度推进其传媒化转型的情况下，传媒组织内的技术设计者在技术使用者、第三

---

① 潘忠党：《"玩转我的 iPhone，搞掂我的世界！"——探讨新传媒技术应用中的"中介化"和"驯化"》，载《苏州大学学报》（哲学社会科学版）2014 年第 4 期。

方技术供应者间起着明显的衔接作用，而不是深度融入传媒组织内原有从业者群体，也就没有经历复杂而曲折的跨界磨合过程，而是直接进入依托两者各自的专业能力展开的协作。这种衔接式的配合，一方面是传媒组织转型发展中实际产生的技术需求促成的，另一方面也是传媒组织自建的技术团队迅速进入"提出需求—响应需求"循环机制的可行方式，还契合了传媒组织以多线性协作方式推动业务发展的惯习。

（一）作为组织内部中介者的技术设计者

在传媒组织内部，作为中介者的技术设计者以产品经理为代表，而以技术设计者为中介者形成的偏向规范性的引入方式，同创造优先型驯化中的技术共建较为类似。但由于偏向规范性的引入是基于支撑型技术想象而展开的，相关技术设计者与技术使用者间有关技术需求与技术想象的碰撞与融合并不是那么频繁而激烈，也并没有因此产出大量超出常规的技术创新想法。田野调查发现，技术设计者在新京报内部的中介者作用，就主要基于支撑型技术想象而围绕以产品经理为桥梁的常态化沟通机制展开。新京报运营方面的部门管理者表示，运营团队会频繁出于技术需求和技术迭代需求等而同产品经理沟通：

> 技术中心有产品经理，我们每天都要找他。客户端升级，往哪个方向走，细节怎么调整，开会都要开很多次……他每天也在琢磨这个……我们更多还是作为用户去体验产品（技术产品），看觉得哪些地方用起来体验不太好。

同时，新京报技术方面的管理者也反复强调了产品经理的桥梁作用：

> 比如运营人员提的需求，可能会说这个不好用、那个不好用，所有需求都来自他们专业性的提法。设置产品经理的目的就是去沟通，也是做一个转化。产品经理把专业的需求，转化成技术团队可理解的需求、可开发的产品，转化成技术语言……产品经理也算是一种翻译方式。我要求产品经理懂产品、懂用户、懂运营、懂经营、懂技术……所以一般可用的产品经理，差不多工作经验都至少是五年以上。我们的产品经理，从生产、运营、经营等不同部分拿到需求，把需求变成我们自己开发的一个模式或者排期，然后持续迭代这个产品。协作方式就是这样，由产品经理进行中间的对接。

（二）作为组织间中介者的技术设计者

在传媒组织内部，以技术设计者为中介者的协作与互动，延伸至传媒组织与第三方技术供应者之间，也同样是以自建的技术团队为中介者，推动更为广泛的技术采纳与技术创新。正如新京报技术方面的管理者所言：

> 我们设了产品经理这个岗位，解决了技术跟我们的生产还有跟外面合作的整个沟通大环节的问题。产品经理是以项目制的方式（在推进）……有专门负责客户端的产品经理，那所有的客户端的需求都是他整理、汇聚，同时要给我们出具下一个版本要解决的问题，还会去跟外面完成沟通、排

期。如果我们需要第三方协助，我们就会完成第三方公司的选择、合作、引入。

也就是说，我们是用一个桥梁来解决这些问题。有好多企业产生的问题就是，由技术使用方去跟技术开发方沟通。开发方派的一般都是现场实施工程师……就是你做的不是我想要的，我想要的你就没做到，最终做出来的东西对谁来说都不好用，谁也不想用。你不能让技术人员用技术的语言跟使用方沟通，那两下子就大家一起干瞪眼了。你讲的我听不懂，我讲的你也听不懂，技术还在那儿愁，说我就是按那个需求做的呀，他们怎么不是这个需求呢？实际上是这个需求，但总是有问题。

相较于技术设计者在传媒组织内部发挥的中介作用，其在不同组织间发挥的中介者价值，往往伴随着传媒组织与技术公司、互联网企业等第三方技术供应者的合作而展开。就新京报的引入实践体现的特征而言，技术设计者在传媒组织内部与不同组织之间发挥中介化价值的过程，也分别代表了不同的引入新兴技术的方式，包括自主研发、合作研发、购买引进等。

三、以生产与运营需求为先导的定向引入

在以技术设计者为中介者的组织内及组织间互动中，偏向规范性的引入实践较为明显地受到技术使用者的技术需求与第三方技术供应者的技术供应的影响。通过衡量传媒组织内部与外部的需求和供应等相关因素，以新京报为代表的偏向规范性而引入新兴技术的传媒组织，尽管形成了在技术设计者与技术使用者协商

下选择性采纳某些技术的路径，却没有在其中展开频繁且深入的思维碰撞，而是以各环节或工种相互衔接、有机协作的方式，推进着引入实践。

在这一过程中，相应传媒组织中技术设计者在为整个机构的业务发展提供支持的同时，通常侧重于以生产与运营的技术需求为先导，而在多种多样的新兴技术中有选择性地采纳或控制。相较于偏向创造性而持续拓展与优化传媒组织自主掌握的核心技术体系的选择而言，偏向规范性的引入则因以生产与运营的技术需求为先导而呈现"少而精"的特征。相应传媒组织为有针对性且精细化地满足核心业务的需求尤其是生产与运营的需求，往往会就某方面的技术体系进行深入研发，而对前沿技术的追求及以技术引领业务拓展、业务创新等，却不如对保障技术产品的优质和精细化重视。

（一）针对核心产品的"自主研发"

偏向规范性而精细、精准地引入新兴技术的实践，在新京报转型探索中主要表现在呈现给用户的核心产品的自主研发上。正如新京报技术方面的管理者所言：

> 我们自己的技术团队，主要负责那些对技术水平要求不那么高，但又要求技术人员精细处理及付出很多精力和努力的工作。因为把技术外包给其他技术团队，也会按时完成，但质量是需要投入大量成本去做却又最不好把握的。我们要的是做精我们的产品，所以我们的思路是：核心产品的迭代通过自主研发进行，新的技术的探索和新的体系的引入，则由我们跟外面的团队合作来做，以自主开发外加合作开发的

方式为支持。因为外包的合作团队，所思索的是在单位时间内完成这些工作，而质量是大家看不到的一点，要付出大量成本去做。恰恰任何外包公司都没有办法把这一部分的成本给到我们，因为即使给到我们，大家也可能不太会认可……所以我一直讲，我们的人要做精我们的产品（以客户端和网站为主）。必须是我们自己的团队用心打磨，才能出精品。

可见相较于偏向创造性且围绕技术共建与技术迭代的常态扩容而展开的引入，新京报体现的偏向规范性的引入呈现的精细化特征，比常态化共建与扩容的特征更为明显。进一步访谈发现，新京报依托技术打造客户端和网站等核心产品的策略，既同很多媒体一样是围绕生产与运营展开的，却又体现出打造原创内容生产平台而非分发平台的特色。而以有限的投入来回应同核心产品相关的技术需求的做法，也是相应传媒组织在历史的经验教训的基础上，对投入与产出进行评估后的选择。传统媒体时期进入新京报并对新京报的融合转型有深刻体会的资深从业者（内容方面的团队管理者）曾说：

> 我们认为传统媒体的优势不在于技术和资金，而是在于这种资质和源源不断地生产优质内容的能力，以及专业的采编队伍。所以报社后来提出的战略，不是打造内容的分发平台，而是打造优质的原创内容生产平台。

（二）面向生产与运营需求的多元整合

在核心产品之外，面对技术使用者诸多有关生产与运营甚至营销业务的技术需求，尤其是为相关业务提供技术支撑的后台系统或创新工具的引入实践中，技术设计者的中介化特征更加突出。就新京报而言，以技术设计者为中介者而"翻译"技术需求并整合相关技术以回应技术需求的方式，已在反复的实践探索中成为同自主研发一样重要的包含合作研发元素的引入方式。正如新京报技术方面的管理者接受访谈时所言：

> 所有对细节和质量要求高的，我们都会采用自研的方式。但其他的，我们还会更多采用合作方式……我们有整体的规划，看哪一部分适合自研，哪一部分适合整合。内容生产这一部分，现在就在整合方正融媒体采编系统……大数据的部分也在用，标签化、智能化和一些语义分析也在用。我们可能会用别人的模板完成一部分算法，或采购一部分 AI 的数据来用，因为这一部分的人才所需要消耗的成本，跟采购的成本相比，是采购的成本更低……我们的财经稿件有一部分是 AI 写的……机器写稿也在用。

而对于新京报融合转型探索中的技术系统即后台管理系统，技术设计者将其划分成了生产侧和运营侧两大部分，并在生产侧和运营侧的技术体系建构中推进从多方面整合新兴技术的实践探索及规划。这种做法既在某种程度上圈定了引入的范畴，也体现出相应传媒组织以生产与运营的需求为重点而提升有关技术创新的投入产出比，进而强化新闻生产团队与运营团队能力优势的策略。田野调查期间问及有关内容生产管理系统的问题时，新京报技术方面的管理者的阐述，亦揭示了以生产与运营需求为重点、综合采用自主研发与多元整合等方式引入技术的重要性：

我们自己的后台，整体规划有两个东西，生产侧和运营侧。我们现在规划的，生产侧着重于内容生产，运营侧着重于内容运营，这里面还有一个"中台"，是为我们整个内容生产、内容运营服务的，可能有一部分是 AI、大数据等，还有我们的智能算法，以及全网流量的分析。

第二节　趋近"边缘位置"的客观化

由于规范优先型驯化中，传媒组织通常在引入环节就表现出明显的规范性偏向，同引入环节一样围绕合并的需求而展开的客观化环节，受到引入结果与合并需求的影响，亦很可能呈现规范性偏向。表现在新京报的运作中，相应传媒组织引入技术的选择明显侧重于内容生产与运营的技术需求，其对合并技术的期待也明显聚焦在内容生产与运营创新上，以至于相应客观化既不致力扩大技术产物展示的范围，也不致力增强空间环境的互联网化氛围，而是有侧重地为内容生产与运营提供支持。具体客观化实践，则在保持传媒组织对应空间环境大体不变的情况下，以开辟"特区"① 的方式嵌入技术创新产物，呈现出在原有空间布局和功能上补充含有技术思维或技术功能的物质载体的特征。

---

① 本书中的"特区"，是借鉴学者李艳红在《在开放与保守策略间游移："不确定性"逻辑下的新闻创新——对三家新闻组织采纳数据新闻的研究》一文中的提法，指技术的嵌入并没有打破或打乱旧有结构和秩序，传媒组织是在维护旧有结构和秩序的前提下为技术的嵌入开辟了特别的区域。这种操作方式，也是李艳红所说的缓冲策略的一部分。

　　进一步分析以新京报为代表的媒体实践发现，规范优先型驯化取向上的传媒组织往往将引入的技术置于空间维度的"边缘位置"，并以内容生产与运营的需求和技术产物的实用价值作为衡量具体如何在空间维度嵌入技术的重要标准。尽管任何技术产物在空间维度的展示都有仪式价值，规范优先型驯化的客观化环节却更重视同引入环节一样以技术产物或空间环境实用性为先的原则，并根据合并的需求而强化客观化载体的使用价值。正如就新京报而言，诸多技术创新产物或技术工具存在于"使用－被使用"中，而未长期且相对稳定地存在于传媒组织对应空间环境中，以至于空间环境中的客观化聚焦在为技术创新产物开辟的"特区"和不多的技术思维载体上。在这种客观化过程中，相应技术产物或技术思维载体，如何在业务运转与发展中发挥工具性的使用价值，明显比其拥有的情感标记、氛围营造等仪式价值更为重要。可以说偏向规范性的客观化，既是在传媒组织空间环境原有结构和物质基础限定下进行的，也是根据传媒组织对空间环境的使用需求而探索形成的。

一、空间维度的"边缘位置"

　　在"中心－边缘"视角下，传媒组织对应空间维度的边缘要素与"边缘位置"，并非仅指地理空间区位上的边缘[①]及该位置上的元素，该元素在空间环境的改革创新、功能与氛围塑造、对组织发展的影响等方面，也都有可能处于相对边缘的地位。

---

　　① 　参见岳奎、何纯真：《中心－边缘理论视域下旅游扶贫长效机制研究——以仪陇县"景区带村"模式为例》，载《湖北社会科学》2021年第8期。

　　与深度嵌入空间环境"中心位置"的技术不同，嵌入"边缘位置"且作为边缘要素而存在的技术，是该空间环境中一种有用的补充性存在。以新京报为代表的传媒组织的客观化探索，便明显倾向于将技术嵌入组织所对应空间环境的"边缘位置"，以在不明显改变原有空间环境整体架构和功能布局、风格基调等基础上，进一步有针对性地补充作为边缘要素的技术产物或技术思维载体。正如李艳红在分析新闻组织对创新的采纳时所述，补充作为一种在原有结构基础上增加相应创新组件或元素的方式是有益的，却并不会深入地影响原有的结构安排。① 在将技术嵌入空间维度"边缘位置"的客观化中，相应技术产物或含有技术思维的物质秉性，对传媒组织所在空间环境而言，还可进一步被视为一种"有益的边缘补充"②。

　　根据田野调查结果，进一步深入分析新京报的融合转型探索现实可知，这种将技术视作空间维度边缘要素或有益补充的做法，既受到原有空间环境中基础条件的影响，也契合了相应传媒组织围绕内容生产优势强化竞争力的运转需求。一方面，就新京报的空间环境布局看，多个区域因楼层不同而有较为明显的区隔，增加了空间布局改革的难度。另一方面，就新京报的运转需求看，相应传媒组织在规范优先型驯化取向上，是以内容生产与运营的技术需求为重点而引入技术并使其在空间维度客观化。而主要负责内容生产与运营的采编人员在相应传媒组织中占比超过

---

① 参见李艳红：《在开放与保守策略间游移："不确定性"逻辑下的新闻创新——对三家新闻组织采纳数据新闻的研究》，载《新闻与传播研究》2017 年第 9 期。

② 李艳红：《在开放与保守策略间游移："不确定性"逻辑下的新闻创新——对三家新闻组织采纳数据新闻的研究》，载《新闻与传播研究》2017 年第 9 期。

70%①，采编人员中的记者群体更是常年在外进行采访活动，对偏向创造性的客观化需配置的开放且便于交互沟通的空间和氛围要求并不高。也正是在基础条件与需求的双向碰撞与融合下，新京报更加关注嵌入传媒组织对应空间环境的技术产物或技术思维载体的实用价值或使用价值，而对相应产物或载体的仪式价值或情感价值的发挥则并未给予更多关注。这种选择既在很大程度上延续了原有的组织文化，并在组织文化的延续性发展中推进从业者对新兴技术的客观化实践，也契合了新京报持续打造优质原创内容产品与内容生产平台的组织文化发展需求。因而至少在田野调查对应的新京报发展阶段，对空间环境的大力改造及以技术的嵌入来重塑空间氛围或组织文化，并非必要或首要的任务，将技术作为空间维度的边缘要素的客观化目标设计，也就自然而然地形成了。

二、空间环境中的区隔与"特区"

在将技术环境视作空间环境中有益补充的理念指引下以及具有明显区隔的空间布局中，为将技术创新产物嵌入空间环境而开辟"特区"的做法，成为相应传媒组织趋近"边缘位置"而实践客观化的重要表现。从空间视角看，空间区隔往往既表现在物理空间的分隔上，也表现在伴随物理空间的分隔而形成的群体认知、互动意识、资源条件等多维差异上。② 具体到新京报的客观化实践中，相应空间区隔的影响，也自然会从物理空间波及传媒

---

① 此数据为笔者对新京报进行实地调研时访谈所得。
② 参见吴宗友、丁京：《从区隔到融合：空间视角下城市"混合社区"的多元治理》，载《云南社会科学》2021 年第 4 期。

从业者群体的认知、从业者间互动机制建设等方面。而对于在原有空间环境中开辟的"特区",可借鉴李艳红曾讨论过的"在维护旧有结构和流程的前提下为创新开辟特区"① 中的"特区"意涵,而将其视作在保持组织系统相对稳定的前提下展开创新探索的试点。新京报为嵌入新兴技术产物而开辟的"特区",既可能表现在空间维度,也可能表现在时间维度,均指向在原有结构或机制基础上补充有关技术的体系的做法,而其在空间维度开辟"特区"的做法便是客观化的重要实践。

(一)具有明显区隔的空间布局

空间维度的区隔不仅表现在物理空间层面,而且会影响群体认知、互动意识等,进而形成专业知识、创新意识、互动机制等多层面的区隔。就偏向规范性而实践客观化的新京报而言,相应传媒组织所在空间环境的架构和布局,因楼层、办公区域等物理层面的区分而呈现明显的相互区隔的状态。同时由于这种区隔是物理空间布局层面的区隔,往往需要非常大的投入才能对其进行较为明显的改造。

也正是在有明显区隔的空间环境结构限定下,新京报从侧面证明在延续既有空间布局的情况下,仍能以聚合而非发散的方式来推进有重点且有针对性的客观化实践。经深度访谈和实地观察发现,从某种角度看,在新京报的融合转型及相应传媒组织驯化互联网技术的探索中,对空间布局中的区隔的打破或许并非必要或首要选择,相应区隔的存在反而有助于形成严谨、高效的工作

---

① 李艳红:《在开放与保守策略间游移:"不确定性"逻辑下的新闻创新——对三家新闻组织采纳数据新闻的研究》,载《新闻与传播研究》2017 年第 9 期。

秩序。只是区隔的明显存在，必然会影响高频且深度交互的沟通机制形成，要求传媒从业者根据业务创新与发展的实际需求来选择打破区隔的程度或方式。

可以说区隔对于传媒组织内部运转机制而言，往往可能促进流线性的高效协作，但可能会阻碍日常性的交互协商与深度协同。而随着互联网技术的发展和媒体融合转型的深度推进，技术创新的需求变化和新业务的多元化发展，很可能既需要流线性的高效协作来支撑，也需要多方协商与协同来回应，也就对既有空间环境中的区隔改造提出了新要求和新挑战。尽管作为新京报组织群体中重要主体的记者群体常年在外进行采访活动，以会议方式推进的多方协商与协同也具有明显的作用，线上沟通也随着新兴技术和通信工具的发展而越来越方便，运营的创新与发展、技术的创新与迭代、大型策划的落地实践等却仍需要更为紧密的面对面沟通。在此类业务创新与拓展过程中，进一步打破空间环境中的区隔并促进沟通氛围和机制升级，也就成了以新京报为代表的偏向规范性而实践客观化的传媒组织正在应对或需要面对的趋势。

（二）将技术产物嵌入空间环境的"特区"

在具有明显区隔的空间布局中，新京报以为技术产物的嵌入开辟"特区"的方式，推进了技术在相应传媒组织空间维度的客观化。田野调查发现，尽管 TVU（直播背包）等设备也存在于相应空间环境中，新京报最为明显的将技术产物嵌入空间环境的客观化实践，却是开辟容纳有电子大屏的"特区"，以及用作演播室的"特区"，前者用以连接市场、分析市场反馈、了解竞争局势等，后者则体现了以视频内容生产强化自身跨媒介竞争优势的探索。

同时，演播室及嵌入了电子大屏的会议室等，都是从实用性即技术的使用价值出发而打造的，既在某种程度上顺应了市场竞争趋势，也在某种角度上体现出新京报的转型选择。在实地观察过程中，新京报从业者便表示，演播室是以前没有的，主要用于邀请嘉宾接受采访等活动。原为都市类报纸的新京报在融合转型探索中设立演播室的举措，也充分体现出其将同视频生产与传播等相关的技术嵌入空间维度，以推动视频化转型的投入与尝试。而嵌入了电子大屏的会议室，更是典型的为技术创新产物开辟的"特区"。新京报有从业者将该电子大屏视作整个报社大楼里较为特别的存在，并称其为"洋气的"或"高科技的"东西。① 基于电子大屏展示的发稿量、流量等进行的数据分析，不仅成为新京报从业者了解内容传播市场变化尤其是新闻传播动态的重要方式，而且成为相关从业者衡量新闻生产创新与前行方向的重要参考维度。

在新京报融合转型探索中，传媒组织为将技术产物嵌入空间环境并有针对性地发挥技术产物的使用价值，而将技术产物聚合到相应"特区"而非将其散布至空间环境各处的客观化方式，也为其他传媒组织提供了可参考的经验。尤其是对技术需求和技术资源等均相对有限的传媒组织而言，集中力量打造自身转型发展中最需要的技术产物并将其嵌入空间环境，侧重于发挥相应技术产物和空间环境的使用价值而非仪式价值，或许是偏向规范性而驯化互联网技术并使其为自身发展所用的直接且有效的选择。

---

① 新京报从业者对该"电子大屏"的称呼，源自笔者在实地观察过程中听到的说法。

三、作为有益补充的技术思维载体

除为具有创新性的技术产物开辟的"特区"及传媒从业者可直接使用的技术设备外，新京报还在其组织群体日常所处的空间环境嵌入了技术思维载体即含有技术思维的物质秉性。集中体现在依托技术而生产的视频类内容产品的获奖情况展示中：一方面，新京报在行业新闻奖、报纸版面编辑奖等基础上，增设了视频直播奖、数据新闻报道奖、新媒体编辑奖、新媒体设计奖等契合互联网传播生态的奖项，并将相关获奖情况展示出来；另一方面，新京报办公空间环境中多处都摆设有各类获奖证书，包括有关"我们视频"和直播的获奖证书等。①

深入分析这种以补充的方式嵌入空间环境的技术思维载体不难发现，对获奖情况的展示尽管具有某种程度上的仪式价值，却仍是对原有组织文化的延续，并且有着激励相关从业者利用技术创新生产与运营的直接作用。从被展示于空间环境的获奖信息看，尽管相应传媒组织增设的奖项和获得的奖项多种多样，却都是围绕内容生产与传播尤其是视频化内容生产与传播而展开的。在获得相应奖项的产品中，视频直播、视频 IP（我们视频）等已经成为较常见的类型，而这些类型的产品又都是依托技术生产出来的。这一方面回应了新京报将新兴技术嵌入空间环境，以推动内容生产与运营创新的客观化期待，另一方面也反映出从业者群体对内容产品质量和影响力的追求，及相应传媒组织内部的竞争意识和追求精品的精神驱动力。同时，依托印有获奖情况的

---

① 此内容是笔者在新京报进行实地调研时观察所得。

"挂牌"、获奖证书等形式而存在的技术思维载体，均是原有空间环境和物质基础上的附加物，也自然是作为补充而存在且并未打破原有空间环境结构和功能体系的客观化形式。

第三节　以线性协作为主导的合并

在规范优先型驯化的具体过程中，合并环节的运转需求和技术使用情况，既会对引入和客观化环节产生较大影响，也在很大程度上决定了转换的方向。由于规范优先型驯化的目标在于尽可能在维持组织系统稳定的前提下吸收技术价值，并在具有持续性的组织进化中强化传媒组织原有的内容生产与传播优势（尤其是新闻生产优势），相应合并环节自然需在总体偏向规范性的方向上进行。新京报也以其实践证明：在合并环节的规范性与创造性交互中，总体上偏向规范性，而以传媒组织过往主张的线性协作逻辑为主导来推进时间维度的运转机制创新，尤其是在内容生产与运营中深度融入可支撑甚至牵引创新的技术，已成为规范优先型驯化形成的关键。同时由于传媒组织内部原有运转机制的有效性、市场竞争局势的变化、技术作为动能的潜力等均较为明显，相应合并环节的具体实践过程中，既可能形成偏向规范性的实践方式与特征，也可能形成属于中间选择的实践方式与特征，只是这两种取向的合并实践都是围绕以线性协作逻辑为主导的机制展开的，并在总体偏向规范性的大方向上进行。

相应线性协作机制在底层逻辑、操作方式及适配的产品矩阵等方面，均与偏向创造性而推进合并环节的交互协同机制有明显差异。借鉴有关协作与协同的既有研究论述，可将协作视作各个独立劳动组合形成的运转方式，即"将一项工作分解成具体任务，单向任务之间排列组织共同完成工作"；而协同则更加侧重造就系统的整体趋势，强调"开放系统中大量子系统之间的相互作用"及其产生的"整体效应"。[①] 具体到传媒组织，如果说交互协同机制在某种程度上模糊了不同工种、不同专业的界限，主张在网状互动机制中推动业务体系的运转，线性协作机制则更加强调不同岗位、不同专业间的分工界限，旨在通过不同岗位、不同专业的衔接而形成高效、有序的配合机制。这种以线性协作机制为主导的合并也被新京报的具体实践证明，既在一定程度延续了原有运转常规且有助于转型探索中的传媒组织平稳过渡，也是契合相应传媒组织融合转型发展路径的可行选择。

一、时间维度的"人－技术"代理能动性

相比于人和技术间"共生能动性"（symbiotic agency）[②] 推动形成的以交互协同机制为主导的合并实践，以新京报为代表的规范优先型驯化取向上的传媒组织，表现出较为明显的由人和技术间"代理能动性"（proxy agency）[③] 推动形成的以线性协作机制为主导的合并实践倾向。深入比较共生能动性与代理能动性可知，尽管有学者将共生能动性看作代理能动性的一种特定形式，两个概念间隐含的深刻差异却不可忽视：尽管两者均强调了人和

---

① 韩康宁：《从"协作"到"协同"：黄河流域环境司法治理的进路》，载《河北环境工程学院学报》2022 年第 1 期。

② 张岩松、孙少晶：《人－算法共生主体：计算新闻生产网络中的主体创新》，载《编辑之友》2022 年第 3 期。

③ 张岩松、孙少晶：《人－算法共生主体：计算新闻生产网络中的主体创新》，载《编辑之友》2022 年第 3 期。

技术的互动，"共生能动性"却在"代理能动性"的基础上更进一步打破将能动主体默认为人类的传统，并进一步揭示出"人－技术"互动中技术的能动性及人类和技术代理日益复杂的关系。① 具体到不同传媒组织在时间维度合并新兴技术的探索实践，相应传媒组织与新兴技术的互动受共生能动性的逻辑影响，可能形成更为紧密且深入的人机协同或人机互动的运转机制；而在代理能动性逻辑牵引下，相应传媒组织则可能在同新兴技术的互动中，形成更加强调人的主体能动性和技术的代理作用的运转机制。

在新京报体现出的总体偏向规范性而具体包含规范性偏向和中间选择两种取向的合并环节中，"人－技术"的代理能动性便体现在相应传媒组织以资深传媒从业者为具有能动性的主体、以技术和技术设计者为辅助力量，并根据业务创新需求来使用技术的规划和实践过程中。实地调研还发现，这种倾向以"使用"而非"共生"为中心的合并环节的形成，即在人和技术的代理能动性逻辑指引下，以线性协作为主导的合并机制的形成，既是对传媒组织内部较为成熟的线性协作机制的有效性的认同与延续，也是传媒组织自主创新相关技术产品的节奏、范围等影响下的结果。在访谈新京报从互联网企业引进的资深技术人才（技术方面的管理者）的过程中，对方的阐述就体现出两方面的观点：一是相应传媒组织积累技术资源的时间还不够长，积累的技术产品或技术功能还不够丰富；二是新京报原有业务团队（生产与运营、营销等）的能力优势和工作成效等均值得高度认同：

---

① 参见张岩松、孙少晶：《人－算法共生主体：计算新闻生产网络中的主体创新》，载《编辑之友》2022 年第 3 期。

我来报社之前一直在互联网公司工作。新京报的人、机制，尤其是负责内容生产的这批人，打下来的品牌优势还真的是很强势。它无论在什么样的环境下面，都能快速地生产出适合全网传播的内容。同时在营收这块，经营团队又能保障我们整个（的运转）。所以让我们的转型，至少是在平稳地往前走。

二、传统线性协作机制的延续性创新

在"人－技术"代理能动性逻辑指引下，以专业化的经验为先导而延续传媒组织内部既已成熟的线性协作机制，并根据业务创新的具体需求而融入新兴技术进而在相应线性协作机制延续性创新中满足业务需求，已经成为传媒组织总体上偏向规范性而推进合并的重要方向。在由线性机制主导的合并机制中，不同岗位、不同部门的分工非常明确，每位组织成员最重要的事情便是在自己的专业方向上提升专业水平、产品品质、品牌影响，尽管需要某种程度上了解其他岗位或部门情况以维持业务运转中的相互衔接，却不需要进行更为深入的交互学习和意见交换，也不需要在某些业务运转中扮演跨专业或跨工种的多重角色。

同总体偏向创造性的合并环节相比较，新京报探索建构的总体偏向规范性的合并机制，便是以线性协作为主导的链式，而非以交互协同为主导的网状式，是对传统线性协作常规的延续性创新。这种以线性协作逻辑为主导的合并机制，在很大程度上受到相应传媒组织内部原有的高效率且成效明显的运转常规、惯习等影响，在某种程度上弱化了技术的引领作用而强化了技术的支撑

作用，并且体现出以生产与运营的运转需求为重点来探索技术使用创新的特征。尽管在营销业务运转中，相关从业者也会采用相应新兴技术或向技术团队寻找支持，但营销业务运转与新兴技术的合并多处于相对明显的探索尝试阶段。

（一）以移动端为核心的生产与运营创新

作为总体偏向规范性而推进合并环节的媒体典型，新京报探索形成的对传统线性协作机制进行延续性创新的合并实践，同偏向总体创造性的合并实践一样，是以移动端为核心、以传媒组织整体性转向移动互联网阵地为前提而展开的。只是由于各家媒体整体转向互联网阵地的路径不同，相应传媒组织对技术的角色定位不同，具体的合并实践呈现不同的侧重点与操作方式。笔者进入新京报对应传媒组织内进行实地调研前，新京报内部便只剩下7个人专门做报纸，其余已全部转型做新媒体。[①] 田野调查期间，访谈新京报资深从业者（内容方面的管理者）时，对方的叙述也透露出新京报整体转型的决心：

> 过去还有一点点幻想，现在……真的把报纸当成一个渠道了，跟微信公众号、微博等各种号的矩阵和 App 一样，是渠道之一，只是它可能是比较传统的渠道……现在新京报的整体战略就是视频优先、移动优先……

伴随新京报整体转向移动互联网阵地的探索实践而来的，便

---

① 参见郭全中：《因时而谋"破圈"创新》，载《中国新闻出版广电报》2020年12月29日第005版。

是有关内容生产与运营等业务及传媒组织内部的考核体系、实践经验等方面的传承与创新。首先，在传媒业务的布局与创新方面，内容生产仍是不容置疑的重心，为更好地推广内容产品而展开的运营探索，也自然成为重要的业务体系的构成。有资深传媒从业者（内容方面的管理者）在讲述新京报发展历程时，以相关内容产品为线索提炼了报社转型前后的变化：

> 十年前纸媒的黄金时代，新京报的优质内容一说就能想到，比如社论、评论、深度报道、人物报道等。到了 2015 年、2016 年的时候，我们回头看……时政类的，做了"政事"；评论类的，做了"沸腾"，做快评；深度调查类的，做了"重案组"；人物类的，做了"剥洋葱"……

其次，传媒组织内部的考核体系也围绕客户端和其他新媒体平台矩阵的需求而调整，但仍然以保障原创内容生产品质为重点，并未在内容生产的数量上进行严格要求。

> 刚开始做 App 的时候，有数量要求，因为刚开始做，还是想把量推出去，不停地刷屏，给读者一定的信息和信心，（让人觉得）我们这儿有很多东西，琳琅满目的。但现在没有严格要求，起码对我们部门（没有）……因为如果条数要求多了，做的都是短稿子，就是数量很行，但质量一般。现在就按客观规律来……只要是热点类的，必须得做，得把住了。具体一个热点，若只能出 5 条的，你非得出 20 条，那只能尝试将内容给打散，所以目前的考核没有严格的数量要求，只是大层面、主方向的考核。

此外，月度"总编辑奖"、年度评优评奖（数据新闻报道奖、新媒体编辑奖等）等奖项设置，作为以"打稿分"为主的考核体系的补充性考核方式，同样体现出新京报对内容品质的重视。而为提升内容产品的品质和竞争力，对同题报道的比较分析及成体系的新闻生产经验传承等，也成为新京报以移动端为核心而推动生产与运营创新的重要手段。以同题报道的比较分析为例，新京报中负责研究分析与报告写作的一线从业者在受访时表示：

> 我们每周都要做一些同题类的比较分析，写一些热点事件的报告，一般会跟澎湃新闻等做得比较好的媒体对比。在每周的例会上，大家就会比较分析差距，或者看对方有些什么优势可供一线的编辑记者和主编参考的。会有一些数据上的比较，比如发稿量、时效性等，还有报道角度的分析，等等。

可见，受互联网技术冲击及传媒生态变化影响，新京报以移动端为核心、整体转向移动互联网阵地的实践探索，仍然是以打造原创内容优势及强大的新闻产能为重心，相应考核体系创新和生产经验传承，更是延续了其在传统媒体时代对内容品质的重视。这一过程中，新兴技术融入传媒组织时间维度的实践，自然也就主要发生于生产与运营的业务运转中，并主要通过生产团队与运营团队在使用技术及创新技术使用场景等方面的探索来实现。

（二）新闻生产中的线性协作机制创新

在新闻生产方面，新京报对应的传媒组织与新兴技术在时间维度的合并，主要表现在三方面：一是伴随互联网技术对原有时间秩序的打破而进行的生产流程改革，二是在原有线性协作常规中嵌入视频内容生产人员与生产机制，三是在新闻生产中纳入数据反馈的参考价值。

首先，在生产流程方面，新京报在严格执行把关机制的同时，为适应互联网时代的传播规律和用户需求等，强化了线性协作机制的效率提升。这在新京报多位体验过媒体融合转型前后组织变化的资深从业者那里均得到了印证，此处以内容方面的管理者的阐述为例：

> 　　新京报完成了从过去以报纸为中心向以移动端为中心的转变。采编流程以过去报纸的生产周期为中心，向以移动端传播为中心进行了转变。过去报纸的生产，我们知道新闻是24小时后见，以移动端为中心的生产，可能就是新闻刚刚发生或者说有新闻或有热点以后，看谁能更快抵达现场、更快提供信息、更快接近真相。

其次，为适应网络用户对视频的偏爱及跨媒介竞争的新局势，新京报以补充的方式将视频内容生产机制嵌入原有的线性协作常规。经访谈得知，新京报在原有各采编部门嵌入视频内容生产人员与生产机制的方式，既没有打破原有的部门结构布局，也没有搅乱既有的线性协作机制。而这种操作方式，正是偏向规范性而融入技术的典型表现。正如新京报运营方面的管理者所述：

> 　　现在我们已经不存在文字部门或者视频部门的区分，除了有一个很大的专门做视频内容的团队——"我们视

频"……其他每个采编部门都是既有文字记者也有视频记者，是全部都有配套的。只是在做视频内容的时候，各部门会依据自身的特长尽量做出差异化的产品。

最后，伴随互联网技术与传媒生态的发展变化，包含流量在内的用户反馈情况也影响着内容生产。只是在规范优先型驯化中，以新京报为代表的媒体，在偏向规范性而推进合并环节时，往往不会过多地受到流量的影响，而可能将与流量相关的数据反馈视作可在新闻生产中参考的一个维度。甚至可以说相应偏向规范性的合并实践，正是在将流量视作一个参考维度的基础上形成的。正如新京报内容生产方面的部门管理者所言：

> 我们需要更多地去关注一些正在发生的、可能对未来的社会运转有较大影响的选题。纯平面媒体时代有个大的问题，就是没有反馈，我们不知道自己做的报道发出去后，读者怎么看。如果长时间缺乏反馈，做报道的人就会陷入自己的小圈子里……流量时代最厉害的就是，把这个东西量化了。原来报纸的量化就是发行量，现在报道发出去，当场上网，一个小时后反馈就很明确，对于我们去关注哪些选题、哪些真的值得关注，有比较好的参考价值……所以我们做判断的时候会参考流量，但不会由流量来决定选择。判断一个选题要不要做的时候，我们根据以往各平台的阅读量，大概能估计到这个选题的流量情况，但流量只是一个参考标准，如果该选题有价值，即便我们估计到阅读量不会很高，还是会做。流量是一个参考，不是我们决定选择的标尺。

（三）多重运营中的线性协作机制创新

在运营方面，新京报的传媒组织与新兴技术在时间维度的合并，主要体现在有关内容、平台、用户等维度的运营创新中。内容、平台、用户等维度的运营创新作为新媒体时代兴起的重要传媒业务，既同生产相衔接，也同市场相连接，往往形成于传统线性协作机制与市场竞争需求间的碰撞与融合中。在增强市场竞争力与坚持强化内容品质的需求下，新京报多重运营中的线性协作机制创新体现出明显的精细化、精品化特征。正如新京报运营方面的部门管理者所言：

> 我们有个大屏，有个数据后台，稿子发出去后实时变动的情况、当天哪个稿子数据排第一或第二、过了会儿数据又变了等，我们都能看到。大家会分析，这个稿子（数据）为什么上去了，是不是正好契合了当时的一些热点话题，而有的稿子发了一天了数据都上不去，那可能是这个选题不好或是怎么的，我们做运营时就要注意不要在这儿浪费时间了……如果有的稿子数据有异动，肯定要重点运营。

经深度访谈还得知，对于以内容生产为核心优势的新京报而言，相应精细化、精品化的运营是偏向规范性而以打造优质内容的生产平台为重要标准的。相应运营实践及新兴技术在其中的作用，同今日头条等互联网平台的运营情况有显著差异。被问及何为精细化运营时，新京报运营方面的部门管理者回答道：

> 我们理解的精细化运营，就是把最好的东西给到用户，

而不是像很多平台那样海量地传播信息，甚至其中还有些粗制滥造的内容。我们这种给用户的感受就会不太一样，是把最精品的东西给用户，所以不需要走那么多的内容数量，更加强调优质原创。从某种程度上讲，精细化就是为了跟其他资讯平台走出差异化路线，就是要把内容做好……我们当时也想过要不要做平台，要不要接一些自媒体进来等。报社也在重新考虑这个问题，但觉得新京报就是新京报，要做我们新京报的东西，不需要像有的平台一样全部弄进来。

此外，用户运营作为新京报推进传媒组织与新兴技术合并的重要维度，也是在线性协作机制的延续性创新中展开的，揭示出媒体推进用户运营的困境及可考虑的选择。一方面，相应用户运营作为仍处于探索阶段的重要业务，在很多时候仍依赖微信群等社交工具展开，而暂未形成系统化的可深度凝聚和吸引用户群体的创新型业务。例如根据新京报从业者的叙述，新京报"书评周刊"的读者群运营取得了较好的效果，通过线上和线下相结合的方式聚集了一批黏性较强的用户，但用户运营对新京报乃至诸多融合转型中的媒体而言，总体上都处于探索阶段。另一方面，新京报"书评周刊"读者群的运营成效及更多用户运营工作面临的提升用户黏性的困难，同前述探索偏向创造性的用户运营的封面新闻实践一样，都证明了在用户规模和用户数据清晰度有限的情况下，分类型、小规模、深层次的社群运营，是相应传媒组织可考虑的选择。同时，用户运营作为同内容与平台运营等紧密相连的运营工作，往往也同内容运营、平台运营、活动运营等创新探索一样，需要不同工种甚至不同部间更为紧密的协作，以更加系统化的配合机制来解决业务运转中的难题，并推动相应业务体系创新发展。

三、跨介质竞争中线性协作的例行化

由于互联网技术冲击已经导致传媒生态发生天翻地覆的变化，融合转型中的传统媒体不得不突破介质的壁垒，而进入由报纸媒体、广播电视媒体、互联网新媒体等相互竞争的新格局。在这种竞争格局中，即便是总体偏向规范性而实践合并环节的传媒组织，也需要在部分业务甚至优势业务的运转中，融入更多具有创造性特征的考虑，并至少呈现属于中间选择的状态，以提高自身的竞争力。新京报在偏向规范性并对传统线性协作机制进行延续性创新的同时，便为选择规范优先型驯化的传媒组织提供了另一种可能的合并方式，即在原有组织架构和运转机制基础上，开辟相应"特区"并新建线性协作机制，以在特定阶段或特定情境下加强自身与外部的连接与协同，并基于此围绕"视频化转向"[①] 建构跨媒介竞争优势。

相应"特区"即新京报为增强跨媒介竞争优势而打造的时间维度的子系统，其中较为典型的是"我们视频"和"动新闻"的运转系统。尽管在以该类子系统推进视频化转向的探索中，相应视频生产团队是在新京报原有采编部门之外新建的，相关从业者群体与移动直播、动画制作等技术间的合并机制也是从零开始建构的，却也在经历一段时间的摸索后，进入以高效、有序的线性协作机制为主导的运转体系，实现了以视频为核心产品的线性协

---

① 汪振泽：《融媒体背景下传统纸媒视频化转向——以〈新京报〉为例》，载《传媒》2021 年第 15 期。

作的例行化。同时，尽管有移动直播、动画制作等新兴技术深度
介入，也有关于协同的理念及逻辑介入，相应"特区"和新型线
性协作主导的实践逻辑例行化，却均是在原有运转体系的基础上
发挥作用，因在很大程度上受到传媒组织内部根深蒂固的线性协
作逻辑影响，既未导致传媒组织的运转机制重构，也不致力打造
内容生产与传播以外的强大优势，可被视为中间选择的典型策略。

（一）跨媒介竞争中的视频化转向

媒体融合进程中探索视频内容生产的纸媒并不少，但如新京
报一样，在视频内容生产方面形成强大优势和品牌影响的都市类
媒体却并不多。深入分析新京报在视频化转向中强化跨媒介竞争
优势的探索性实践，不难发现其从多方面围绕"我们视频"和
"动新闻"的运行与发展而建构了相对完善的体系，并在技术使
用中体现出属于中间选择的合并特征。

首先，以"我们视频"为例，相应的人才和技术的准备，是
新京报以开辟"特区"方式推进视频化转向的首要任务。在王爱
军和林斐然的《新京报的融媒体探索之道》一文中有这样一段描
述："在'我们视频'副总经理彭远文看来，'我们视频'之所以
与其他竞品拉开差距，就在于成员除少部分由文字记者转型外，
更多的成员则依靠外部招聘。在招聘时，既要考查对方的新闻功
底，也要考查视频功底。同样，管理岗也需要有相关的新闻视频
经验，'让专业的人来做专业的事情'。"[①] 经进一步的深度访谈
发现，在人才准备方面，"我们视频"还建设了拍客队伍，而在

---

① 王爱军、林斐然：《新京报的融媒体探索之道》，载《南方传媒研究》2019
年第 2 期。

技术的准备方面，"我们视频"则倾向选择较为成熟的技术，包括已经能够为传媒领域提供有力支持的移动视频直播技术等。而有关人和技术的准备，在"动新闻"的运作中亦是必不可少的，甚至"动新闻"的产品制作，需要更多视觉创意设计方面的人才与新兴技术。

其次，日常性、大规模的关于新闻生产与视频内容生产的培训，也是"我们视频"面对传统报纸较为陌生的视频内容业务时，建构强势的生产团队和优质产品矩阵的重要手段。具体包括以"策划类长片的编导思维与剪辑技巧""直播视频的技术分享""直播出镜和现场报道"等为主题的培训，既涉及新闻生产的思维理念，也涉及视频内容制作的细节和技巧等。[①] 在对"我们视频"的管理者进行访谈时，对方也讲述了关于培训的计划：

> 我们培训非常多，今年的目标是要在部门内做 100 场培训……各式各样的，比如标题制作、采访核实等。我给你分享的（主题），都是我们内部的记者编辑等做的，他们在做这些分享时就是在创新，把他们的创新拿出来分享。所以这种学习气氛，就是创新的气氛。

最后，为视频内容生产而建构相对完善的运作和管理体系，如明确视频新闻的定位、视频团队的具体布局及围绕视频内容生产与运营而建构的审核、发布机制等，既是有效延续新京报既有的"内容为王"理念的必经过程，也是围绕视频而建构内容生产

---

① 此信息来源于笔者对"我们视频"的管理者进行深度访谈时，对方提供的资料。

与推广机制的关键。正如"我们视频"的管理者所述：

> 在团队布局上，我们这个划分跟传统报社有不同，也有一些具体的栏目的工作室，比如视觉的工作室，"出圈"的工作室，等等，还有短视频组。这个分类跟报社按条线分类的方式不太一样，有的是按形式，有的是按内容。比如国内国际可能是按内容，短视频和直播是按不同的样态来分的。

相较于在新闻视频化道路上日渐发展成熟的"我们视频"，"动新闻"更加明显地倾向在解释性短视频的生产上发力，不仅生产出一系列短视频精品，而且以其发展历程说明视频内容定位和目标方向的变化，会直接推动相应运转和管理体系的革新及具体的视频化转向策略的调整。正如在田野调查期间，"动新闻"团队的管理者和一线从业者共同表示：

> 我们的定位、方向调整了之后，我们的生产量也会有调整。以前我们是这种深度的和快讯的都会有，一天产量能到十几条。但现在我们更讲求深度化、精品化，可能一天我们会有三条左右。

（二）组织内的新型线性协作生产机制

在跨媒介竞争中的视频化转向思路指引下，就新京报中具有典型性的"我们视频"和"动新闻"而言，相关从业者群体与新兴技术在时间维度的合并，也是伴随着相应线性协作机制的建构而展开，却因技术驱动作用及协同逻辑的介入，而在以新型的线性协作为主导的运转机制中，呈现出属于中间选择的合并取向。跟存在于传媒组织内部多年的传统线性协作机制相比，以视频内容生产与传播为核心的线性协作机制，表现出更加重视技术的驱动价值和深层逻辑的特征，并且蕴含着跨工种的协同逻辑特征。在以新型线性协作机制为主导的运转体系中，相关从业者不仅会在相关技术的引入和使用上加大投入，也可能依据具体技术的功能价值和深层逻辑来规划相应视频产品序列和跨工种的互动机制，匹配相应的叙述策略和叙事逻辑，等等。

而之所以将传媒组织内合并相关技术的机制看作以新型线性协作为主导的中间选择，是因为相关视频内容生产与传播的实践探索，尽管蕴含了多工种协同的理念或逻辑，却在经历过相对混乱或茫然的过渡期后，形成了分工明确、不同工种间紧密衔接的实践机制。以"我们视频"为典型：田野调查发现，在理念上，"我们视频"的管理者和一线从业者均明显坚持明确分工界限的观念，对已在新京报内部占据主导地位的"含有秩序的体系"持认同态度，并主张循着线性协作的逻辑而展开实践。有一线从业者认为，这种以视频内容生产与传播的需求为导向的新型线性协作机制的建构，有助于保障前方记者、后方编辑等从业者的专注度，有利于在提升生产效率的同时保障报道内容的品质。"我们视频"的管理者还明确地否定了全媒体记者对优质内容生产而言的合理性：

> 全媒体记者，你觉得可能吗？一个记者又能写，又能拍，又能剪，结果就是他一个都弄不好。为啥很多地方的媒体会有这种全能型的记者？因为它本身对任何一个产品的要求都不是特别高，它的记者能写能拍没问题，写得也就文从

字顺而已，拍也就是拍出来能看而已，剪就是用个剪映几秒钟剪完。新京报的作品，都有品质的要求，要求文字记者把这个文字做到极致。

而且在实际采访当中，文字和视频是冲突的。同一个事情我们经常就是文字一个人、视频一个人，这两个（做法）有时候是互相冲突的，底层逻辑不同。比如视频，视频要的是当事人，我采访你，我希望是我尽可能少说话，我尽量去引导你让你多说，跟文字是不一样的。（文字报道的采访是）有时候对方点个头，我可能还要问一句是不是这样的，然后对方说是。

在实践中，该线性协作机制作为围绕视频内容的生产与传播而合并技术的运转机制，在一定程度上发挥了移动视频直播等技术的创新动能，并促进区别于传统的新闻生产机制的生产理念、产品思维、叙事逻辑等形成。在探索性建构适应视频内容生产与传播需求的线性协作机制过程中，"我们视频"也曾经历波折，但到笔者进入新京报进行实地调研时，较为高效、有序且有利于生产优质视频内容的协作机制已经形成。根据"我们视频"的团队管理者和团队内部的一线从业者所述，高效、有序的生产机制的形成，离不开记者深挖事实信息的突破能力、不同岗位的生产者之间的高效衔接、成体系的新闻采编经验的传承及团队领导和成员对内容品质的追求等。同时也正是在既重视质量，又追求效率的线性协作型生产机制作用下，相关从业者在新闻生产中的专注度也在很大程度上得到保护，利用技术而建构的跨媒介竞争优势日渐成熟。正如"我们视频"的管理者关于生产机制的讲述，体现出其对新闻生产过程严谨性的坚持，及其对互联网技术介入下生产机制的创新性考虑：

> 内容生产这块，一部分素材是自己去拍的，一部分素材可能是拍客给我们的，我们通过拍客来获取，有一部分素材可能是网上的，还有一部分素材可能是一些单位给我们的，比如公安、武警、消防等给我们的……目前来讲，大部分还是来自这种，一个是网络素材，一个是拍客，一个是合作单位给的素材。自己拍的占比越来越大，但成本毕竟很高，一个记者出去拍一天可能也就出一条片子，所以每天的总产量，相对而言是不可能占非常大的比例的。但这些其实都是原创，因为我们拿到素材之后，都要采访、核实、求证，都要剪辑加工，所以都不是转载，说起来都是原创，因为所有的东西不是说你在网上拿到一条素材，马上就可以发了，并不是。拿到一条素材后，还要采访、核实、纠正，还要剪辑加工。

（三）"组织内生产"与"跨组织运营"间的线性协作

由于"我们视频"是新京报和腾讯联合成立的，相关从业者在时间维度合并技术的理念与实践，不仅揭示出在传媒组织内新建线性协作机制的策略及意义，而且反映出在组织内生产与跨组织运营间，搭建以线性协作为主导的机制的策略及路径。在组织内生产与跨组织运营间的以线性协作为主导的机制中，相应的新闻生产是由传媒组织自身完成的，而相应的内容运营却是由传媒组织与其他机构（主要是互联网平台）协作完成的，旨在借助互联网企业深入连接市场的能力和优势，通过自有平台和合作方的新媒体平台的多渠道发布，打造出既具备新闻价值又能产生市场影响的内容品牌。田野调查期间，问及"我们视频"如何同腾讯产生连接或互动时，相关管理者曾表示：

> 我们有十多个人的运营团队……他们主要负责的工作，有一个是跟腾讯对接，我们跟腾讯的各个端都在对接，腾讯其实有非常多的渠道。不是跟腾讯一两个人对接就可以了，比如腾讯新闻，腾讯新闻下面还有很多推荐位，都是有很多具体的人。比如说插件、QQ 浏览器、微信等，有很多需要对接的地方，所以运营这块的工作其实很重要。比如它的完播率是多少。比如说这条片子是一分钟的片子，它实际的平均播放时长可能大概是 25 秒，那就会知道 25 秒的时候，可能很多人在这个地方跳出来，你就可以去看 25 秒的地方是不是有问题。他们会给我们提供很多数据，有助于我们生产。

在跨组织协作运营的过程中，新京报"我们视频"也以其多年的实践证明，跨组织的以线性协作为主导的互动机制需以强大的新闻生产优势以及自主即不受互联网平台裹挟的新闻生产机制为前提。田野调查过程中，"我们视频"的管理者曾说：

> 我们按照我们的新闻生产的逻辑来进行生产，按照我们的三审三校的流程来进行生产，生产出内容后，腾讯平台再根据我们的内容运营，当然他们也可能会给我们一些建议，比如今天有什么热点新闻，看要不要做一下之类的，相当于给我们提供一些选题线索……他们给予我们的，主要是让我

们更加贴近用户，而不是埋头生产。这样我们就有随时随地关注着、重视着用户的反馈。比如现在时效性要求是很高的，很多媒体也都在自有平台和第三方平台上发内容，如果我们比别人慢了，腾讯可能就不推荐我们的内容了，所以我们一定会追求时效性及独家的信息。

第四节　深入"新闻－社会"互动场景的转换

从理论逻辑上讲，转换作为将传媒组织驯化互联网技术形成的"新的意义"扩散至社会领域的环节，在很大程度上为引入、合并和客观化环节指引了方向，并在很大程度上决定驯化的类型；规范优先型驯化中的转换环节偏向，由此自然会在总体上偏向规范性。从新京报的现实情况来看，相应传媒组织实践探索中体现出的合并环节，作为规范优先型驯化的核心环节，不仅会影响引入和客观化环节的实践选择，而且在很大程度上决定了转换环节可扩散的新的意义指向，以至于相应转换的偏向也同合并的偏向高度一致，呈现出总体偏向规范性而具体包含规范性偏向和中间选择两种取向的新的意义扩散特征。新京报在融合转型进程中探索驯化互联网技术的理念与实践，证明选择规范优先型驯化的传媒组织，往往会以原创新闻为核心纽带而拓展自身与社会系统中其他节点或子系统的连接关系，并在"新闻－社会"互动场景中拓展传媒组织的核心价值体系及影响。

进一步分析新京报的转换环节偏向形成的原因及相应传媒组织的行动方向可知，该类传媒组织在由引入、客观化、合并和转换环节构成的驯化体系的实践探索，是围绕新闻生产这一传媒组织既有的核心优势而展开的。相应传媒组织以技术赋能下的新闻生产优势来拓展自身与其他组织或个人间关系网络的过程，既是不断增强新闻报道影响力的过程，也是在竞争与协同交互构成的生态中反过来强化其他组织或个人对自身新闻生产优势认同与支持的过程，有助于传媒组织在规范优先型驯化中建构起良性的利于组织进化的循环体系。可以说在规范优先型驯化中，传媒组织将驯化互联网技术所得的新的意义扩散至更广范围或更多领域的过程，是围绕新闻或"新闻＋"的社会意义或公共价值而展开的，既符合传媒组织坚守的"内容为王"理念，又可能在某种程度上形成超越传统的新闻生产的价值或意义，还可能促进超出新闻生产范畴的内容产业发展。

一、以原创新闻为纽带的技术价值转换

新京报体现出的总体偏向规范性而同时包含规范性偏向和中间选择两种取向的转换环节，同总体偏向创造性的转换环节一样，所转换的是传媒组织中引入、客观化和合并互联网技术而形成的价值，是技术自带的"含有秩序的体系"被传媒组织驯化形成契合传媒组织需求的意义。只是总体偏向创造性的转换是以关系技术为纽带而进行的，而总体偏向规范性的转换是以原创新闻为纽带而进行的。进一步结合理论线索和新京报的实践探索分析可知，在规范优先型驯化中，以原创新闻为核心的创新价值生成及以原创新闻为纽带的技术价值转换主要体现在两方面：一方面，原创新闻成为技术创新价值的核心载体，即通过驯化互联网技术而形成的新的意义主要体现在原创新闻的价值创新或优化升

级中；另一方面，技术创新价值不仅附载或渗透到原创新闻的价值中，而且会伴随原创新闻的传播和影响力扩散得到更进一步的提升。

（一）作为技术价值载体的原创新闻

根据新京报的现实情况，相应传媒组织通过驯化互联网技术而形成的承载技术价值的原创产物中，既有依托新兴技术而打造的优质产品或品牌，也有并未使用到许多新兴技术却受到互联网传播生态和互联网思维影响而形成的优质产品或品牌。前者为属于中间选择的合并实践形成的结果，以新京报利用视频内容生产与传播方面的新兴技术打造的"我们视频""动新闻"等为代表，后者则是偏向规范性的合并实践形成的结果，以新京报推出的微信公众号"剥洋葱 people"等为典型。

具体而言，在偏向规范性的合并实践形成的结果中，微信公众号"剥洋葱 people"是极具典型性的产品。一方面，作为微信公众号，"剥洋葱 people"本就是依托微信平台打造的，自然是既离不开互联网技术的支撑，也需要融入互联网思维，才可能在互联网传播生态中得到发展。另一方面，"剥洋葱 people"通过有温度、有深度的报道，传承并强化着新京报追求内容品质的组织文化。甚至有人将"剥洋葱 people"视作《新京报》成功转型的典型代表[①]；也有人认为"'剥洋葱 people'承继了非虚构写作的底层视角与人文关怀传统，在对弱势群体和民众的报道中注入脉脉温情，介入普通人生活，探讨小人物的命运机遇与人生百

[①]　参见曾媛：《从人文关怀视角看微信公众号的报道策略——以〈新京报〉"剥洋葱 people"为例》，载《新闻前哨》2018 年第 9 期。

态，凸显强烈的启蒙意味"①。

在属于中间选择的合并实践形成的结果中，作为转型中新生的内容品牌的"我们视频"和"动新闻"，及由这两大团队推出的直播、短视频、动画产品等，均是依托传统纸媒中不常使用甚至不会使用的技术（如移动视频直播、动画制作等）而生产或建构的。在传媒从业者的专业能力和新兴技术的创新力量等支撑下，"我们视频"和"动新闻"日渐显示出较强的竞争力。时任新京报副总编辑、"我们视频"总经理的王爱军在其 2018 年发表的《新京报视频转型的历程、理念与困惑》一文中，曾阐述了"我们视频"的人员规模和产量、流量等方面的发展变化："'我们视频'初创时只有 10 个员工，2017 年底时有 40 人，现在超过 100 人，大约占到新京报采编团队的 1/3……刚创办的第一个月产量是 100 条，一周年的时候每月产量 1000 条，两周年突破了 2500 条。刚创办的第一个月流量是 5000 万，一周年的时候是 18 亿，两周年时是 45 亿。"② "动新闻"也利用新兴技术打造出包括《破晓——回到一百年前的北大红楼》《重建贝鲁特 8 点位全景还原》等在内的一系列具有影响力的短视频，在利用新兴技术还原事件发生的过程或历史的同时，深入阐述相关事件发生的原委或深层原因、重大意义等，为被海量信息包裹的用户提供权威而有深度的阐释。

此外，根据"2021 新京报媒体深度融合战略发布会"发布的内容，新京报在 2021 年策划推出了"3·15 新京报特别发

---

① 牛卫红：《非虚构新闻写作的价值引领研究——以〈新京报〉"剥洋葱 people"为例》，载《当代传播》2020 年第 6 期。

② 王爱军：《新京报视频转型的历程、理念与困惑》，载《中国记者》2018 年第 12 期。

布"，首次尝试暗访调查新闻视频直播发布，成就了具有现象级影响的传播案例——"6 小时直播传播量 1.4 亿＋"。[①] 可见除"我们视频""动新闻""剥洋葱 people"等具有品牌效应的产品外，新京报还在新闻生产与传播的过程中深度挖掘同直播、短视频、动画等相关的传媒技术赋能空间，并通过传统的新闻生产常规、惯习等同互联网时代新兴技术的碰撞与融合，形成了一系列承载技术价值的优质的原创新闻产品。而着眼新京报的产品矩阵，相应承载技术价值的原创产品，不仅包括常规的新闻报道、移动直播、数据新闻、可视化报道等，还包括解释性短视频、暗访视频等。甚至前述暗访调查新闻视频直播发布的尝试，及国内其他媒体或自媒体也在探索的解释性短视频（包含但不限于新闻视频）的生产与传播等，都是可拓展新闻生产或内容生产类别及相关理论体系的具有突破性意义的实践。

（二）以原创新闻为纽带的关系网络拓展

以前述具有代表性且承载技术价值的原创新闻为纽带，新京报在融合转型探索中，拓展了自身与网络社会中其他节点或子系统间的关系网络。这种同其他组织或个人间连接和互动形成的网络，既符合网络社会的网络化、移动化等特征，也在很大程度上影响到传媒组织的生存与发展。[②] 根据传媒领域既有的研究，

---

① 参见新京报：《新生态 正青春——2021 新京报媒体深度融合战略发布会》，2021 年 11 月 11 日，https://m.bjnews.com.cn/detail/163659796614940.html，2022 年 7 月 13 日。

② 参见 ［英］ 约翰·厄里：《全球复杂性》，李冠福译，北京：北京师范大学出版社，2009 年，第 12 页。

"有效关系网络的建构能够促进新竞争生态下的行业发展"①，而新京报以承载技术价值的原创新闻产品为纽带建构的有效关系网络，则体现在其平台矩阵、用户规模、经济效益等扩张中。

结合田野调查与"2021 新京报媒体深度融合战略发布会"内容，一系列有关粉丝数、账号矩阵的数据充分展示了新京报在融合转型探索中利用新兴技术而取得的发展成效，具体包括："我们视频全网粉丝 4000 万，日均播放量超 1 亿"；"动新闻全网粉丝超过 2000 万，年度播放量 50 亿＋"；"贝壳财经全网覆盖1.8 亿人次"；"新媒体平台现在已经拥有 460 多个账号，其中 32个微信账号矩阵、37 个微博账号矩阵、超 20 个视频账号矩阵、25 档音频播客矩阵、头条号和百家号等平台 300 多个媒体账号……目前，全网覆盖人群 2.8 亿，日均传播流量近 5 亿，其中视频播放量 3.5 亿＋"；等等。② 同时有数据表明，截至 2021 年10 月，"新京报社实现合并经营收入同比去年增长 30％，其中新媒体端经营收入同比增长 32％，占收入比重已超过 60％，报纸、新媒体、活动、版权、政务等各条业务线实现全面增长，开创了新媒体时代的经营新思路、新格局"③。

如果说账号矩阵数量的增长、传播渠道的增多，均只能被看作传媒组织在融合转型中的努力实践及传媒组织利用互联网技术

① 赵忠仁、宋培义：《从连接到关系：社交网络时代电视剧制作公司竞合分析》，载《电视研究》2022 年第 3 期。

② 新京报：《新生态 正青春——2021 新京报媒体深度融合战略发布会》，2021年 11 月 11 日，https://m.bjnews.com.cn/detail/163659796614940.html，2022 年 7月 13 日。

③ 新京报：《新生态·正青春——2021 新京报媒体深度融合战略发布会》，新京报客户端直播视频，2021 年 11 月 11 日，https://m.bjnews.com.cn/detail/163637081314166.html，2022 年 7 月 13 日。

或互联网技术平台来寻求发展的外在表征，相应用户规模的扩大和营收的增加，则可有力证明相应传媒组织在融合转型探索中取得了不错的社会效益和经济效益。版权收入的增加，更是直接说明传媒组织在内容生产尤其是新闻生产方面，具有其他许多媒体难以与之竞争的实力与优势。由此，至少就田野调查所得材料及田野调查期间的现实情况而言，新京报在以原创新闻为核心优势而推动多方面业务运转与拓展的过程中，在拓展自身与社会系统中其他节点或子系统间的关系网络方面成效可观。而用户规模的增长，作为支撑传媒组织生存与发展的重要力量，还必然会反过来促进包括新闻生产在内的传媒业务体系的创新与发展。

二、以新闻价值为核心的泛媒体探索

进一步分析新京报体现出来的深入"新闻－社会"互动场景的转换，即以原创新闻承载技术价值并以原创新闻为纽带而拓展相应传媒组织在网络社会中关系网络的实践，不难发现相应的总体偏向规范性而具体包含规范性偏向和中间选择两种取向的转换环节，既坚守着新闻价值，又拓展了传统媒体的新闻价值体系，还推动了以"新闻＋"为核心的"泛媒体"发展探索。从新京报所处的网络社会情境看，网络社会体系中的竞争与协同关系，已经对新京报生产报道的新闻价值及其他业务提出了新要求和新挑战，而新京报以新闻价值为核心拓展相应价值体系的努力和成效，便是对相关要求及挑战的回应。正如有学者在分析新闻价值的变革与未来时提出的，新闻价值在数字新闻语境下仍然具有重要意义，但需要从技术、关系、平台、网络等视角切入展开讨论，并在评估数字技术影响的基础上，对该概念进行升级。① 新京报深度推进融合转型的进程中，相应传媒组织所能提供的新闻价值体系及其正在探索的"泛媒体"发展，也自然需要传媒组织通过驯化互联网技术，探索形成适应网络社会发展趋势的媒体实践策略并推动相关理论知识拓展。

（一）技术赋能新闻价值的传承与创新

关于新闻价值的变迁，涂凌波和虞鑫在《"新闻价值"学术对谈：数字新闻语境下的变革及其未来》一文中，就数字时代新闻业的社会价值进行了阐述："新闻业之于社会的传统价值，我想仍然是新闻体现的参与性、平等性、普及性、公共性等社会层面的价值……在中国人尤其是中国知识分子看来，新闻的社会性——而非商业性——似乎是新闻的天然属性和应然使命。"② 吴璟薇在《基础设施与数字时代的新闻价值变迁：对媒介技术、新闻时效性与相关性的考察》一文中，也从时效性和相关性角度讨论了数字技术对新闻价值的影响，并认为"基础设施连接着不同的地理空间并决定着新闻的传播速度，由此能够影响新闻的时效性，以及由于不同传播速度所导致的时间和空间关系的变迁……基础设施通过算法将不同的新闻内容与用户行为以数据的方式关联起来，影响着新闻价值中的相关性"③。

正如新闻价值的变迁中既有传承也有创新一样，规范优先型

---

① 参见涂凌波、虞鑫：《"新闻价值"学术对谈：数字新闻语境下的变革及其未来》，载《青年记者》2022 年第 9 期。

② 涂凌波、虞鑫：《"新闻价值"学术对谈：数字新闻语境下的变革及其未来》，载《青年记者》2022 年第 9 期。

③ 吴璟薇：《基础设施与数字时代的新闻价值变迁：对媒介技术、新闻时效性与相关性的考察》，载《西北师大学报》（社会科学版）2022 年第 4 期。

驯化取向上的新京报，也是在技术赋能下坚守与创新新闻价值，并在相应的传承与创新中实践着总体偏向规范性的转换环节。其中，技术赋能下的新闻价值坚守及传承，既蕴含着传媒从业者立足网络社会而努力发现、接近和挖掘真相的追求，也体现为传媒从业者突破困境以在求真、求实中进行的新闻生产实践，还体现在传媒组织内部的组织文化、新闻生产理念的传承中。在对新京报内容生产方面的多位管理者（也是资深传媒从业者）和一线从业者进行访谈的过程中，对方均就新京报所坚持的新闻价值理念和新闻生产标准、组织文化传承的影响等进行了重点阐述。以其中一位内容生产方面的管理者（也是资深传媒从业者）的阐述为例，不仅体现出新京报的新闻价值观念和新闻生产理念，还回应了网络社会的需求、当下用户的信息需求尤其是对真相的需求等：

> 对普通群众来讲，当下不是一个信息缺乏的时代，信息作为一种资源来讲，是泛滥或者说是爆炸式的一个年代了。普通的用户真有那么多的所谓的资讯的需求吗？我个人是怀疑的。可能他有一些软资讯、泛资讯或者是娱乐资讯的需求。但回到媒体定位里面，如果你只是提供一些供别人消遣或者别人可看可不看的内容，那么用户也好，社会也好，平台也好，对你的需求是不大的……我认为不管什么时代，大家对真相的需求，是刚需。所以我一直坚持这个观点，就是我们视频做的很多内容，实际上首先不是视频，其实就是信息或者说比较重要的或市场上比较缺的信息。我们在坚持或者我们在做的是什么呢？可能说得虚一点，我们就是在坚持离情绪和观点远一点，我们要离事实和真相近一点，我们在

尽可能地告诉大家这个社会发生了什么事情，到底是怎么回事。我们不是一味地迎合，是在尽可能逼近或者说抵达真相。我今天上午还刚跟记者讲过，没有大新闻和小新闻之分，没有大记者和小记者之分，最核心的问题就是你能不能用一个职业或者说专业的心态把每件事情做好……我觉得这可能就是新京报的一种传统，不是简单打一份工，更不是完成领导交办的东西，不是这样的。我以前作为一个新人的时候，主编派给我再难的题、再难啃的骨头，除了他会给我讲，会给我支持，或者给我一些经典案例外，他给我更多的就是说"想办法"。

而在新京报实践相应新闻价值观念、新闻生产理念及追求真相的过程中，既体现出重视且尊重专业性的氛围，也不断推进着利用新兴技术打开创新思路、拓展新闻生产体系的尝试。包括相关从业者在解释性短视频方面的投入与努力，及在暗访报道中使用视频直播方式的探索，均是以技术赋能新闻生产以努力推动新闻价值创新发展的选择。具体的新闻生产过程中对专业性的尊重，也在多位内容方面的管理者和一线从业者的论述中得到体现。以一位内容生产方面的部门管理者（也是新闻传播业内知名的资深传媒从业者）的阐述为例：

按我们的设想，是编辑主导制，但现在有时候编辑也是新招的，如果是强记者、弱编辑的话，我就遵从记者的意见。有时候记者写的稿子也会在编辑编完之后有不满意的。如果记者认可我的话，我再给他调一下；如果记者不认同我，我们再找单位业务水平最高的来调，但基本还是认可我的。

（二）适应网络社会趋势的"泛媒体"探索

总体偏向规范性的转换是以原创新闻为纽带拓展关系网络的过程，也是以新闻价值为核心拓展传媒价值体系的过程，而新京报在融合转型探索中呈现的现实特征还表明，顺应网络社会发展趋势、以新闻价值为核心而展开技术赋能下的"泛媒体"探索，也已成为规范优先型驯化取向的传媒组织的发展方向。"2021新京报媒体深度融合战略发布会"上，新京报社社长刘军胜便作了如下阐述："为适应融媒体新业态，我们重构了多元化跨界营销方略。根据当前的传播生态，新京报将多元化经营作为总方略，建立全方位营销体系，打造泛媒体产业圈……"① 伴随新京报拓展"泛媒体"业务体系的过程，新兴技术也必将更加多元而深入地被合并到相关业务运转中。

而新京报的相关实践探索，既契合了网络社会运行规律，也是在坚守新闻价值和新闻生产底线的基础上展开的。一方面，在以"运行逻辑"而非"命令逻辑"为核心逻辑的网络社会中，无论是为传媒组织争取其他节点或子系统的信任和支持，还是拓展传媒组织的业务体系和发展成效，都离不开传媒组织与其他组织或个人间的连接关系的拓展。② 以新闻价值和新闻生产为核心而拓展相关传媒业务，则既是相应连接关系拓展的结果，也是不断拓展相应连接关系的重要方式，以至于"泛媒体"发展趋势日渐

---

① 新京报：《新生态 正青春——2021新京报媒体深度融合战略发布会》，2021年11月11日，https://m.bjnews.com.cn/detail/163659796614940.html，2022年7月13日。

② 参见［英］约翰·厄里：《全球复杂性》，李冠福译，北京：北京师范大学出版社，2009年，第12页。

成为融合转型探索中的媒体可考虑甚至是必须的选择。另一方面，尽管为适应网络社会发展趋势而需要探索"泛媒体"发展路径，以新京报为代表的探索规范优先型驯化的媒体仍然是以新闻价值和新闻生产为核心而拓展着自身的竞争优势。从新京报具体驯化技术的实践来看，相应传媒组织一直坚持着规范优先的驯化取向，即便是新媒体时代才兴起的运营业务，都十分重视"内容为王"的理念及相关从业者在新闻生产方面的专业水平和专业素养。正如新京报运营方面的部门管理者所言：

> 新京报从创办到现在，是有新闻理想的支撑的，不管后来怎么样，这个都传承下来了……用现在比较流行的说法，就是没有忘记当初为什么出发，这个组织文化有传承下来……经过一段时间……我觉得（运营最需要的）还不是新媒体运营能力，而是需要最基本的做新闻的功底。我们现在发现不管做什么，有做过报纸的（不一样）……这个我跟其他人想法不一样，可能有人觉得做报纸的人思维比较僵化或者适应不了新媒体，其实不是的，做报纸的人真的是非常扎实的，现在反而非常需要做报纸的人来做新媒体。因为现在好多人，有些"90后""00后"，对基本的东西都不够了解，有些时政的常识都不知道，基本功是缺失的。

由此可见，尽管新京报目前以生产与运营为重点而展开技术创新与技术使用创新，未来还将继续围绕生产与运营而持续推进技术产品和技术功能的创新迭代，却可能在横向上拓展技术创新与技术使用的范围，包括进一步发挥新兴技术在营销中的作用等，也可能在纵向上深挖技术的价值，使其能够为生产、运营、营销等业务提供更多契合相应融合转型路径和驯化取向的功能。甚至在某种程度上，相应传媒组织还可能在"泛媒体"发展探索中，为适应网络社会的发展趋势和未来的某种具体情境，而利用新兴技术继续拓展自身的核心优势。随着具体情境的变迁与传媒组织转型发展探索，以新闻生产与新闻价值为核心的传媒优势拓展，也可能对相应的驯化取向及具体的驯化路径提出新要求，并促使传媒组织转变相应的驯化路径或驯化类型。

第四章　协调探索型：介于组织进化与系统再造中间的驯化

　　协调探索型驯化是以介于组织进化与系统再造中间的改革创新来发挥技术价值的驯化类型，既致力利用新兴技术探索创新，又在某种程度上保持着组织"含有秩序的体系"的相对稳定性，总体上既非明显的创造优先，也非明显的规范优先。相较于创造优先型驯化和规范优先型驯化而言，处于中间状态的协调探索型驯化，包含的实践过程往往更为多元化，也自然包含了多种不同的转型路径、驯化路径及典型案例。利用新兴技术探索智库化转型的南方都市报，及利用新兴技术探索平台化转型的澎湃新闻，便是所选融合转型发展路径及驯化路径均明显不同却同属于协调探索型驯化的典型代表。

　　本章以澎湃新闻和南方都市报为典型案例，对这一驯化类型进行深入分析，并探索性建构协调探索型驯化模式（如图4-1）。

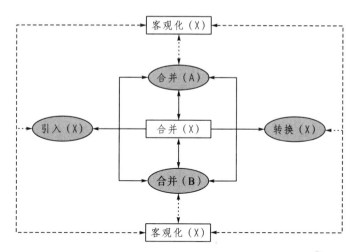

图 4—1　传媒组织驯化互联网技术的协调探索型模式①

在"结构－能动"逻辑牵引下分析发现，以澎湃新闻和南方都市报为典型案例的协调探索型驯化模式中，引入、客观化和转换环节均较为明显地呈现出中间选择状态，合并环节则包含了明显的规范性偏向与创造性偏向及在这两种明显偏向的实践交互中形成的中间选择取向。而在各环节交互形成的内在逻辑上，同规范优先型驯化相比较，协调探索型驯化同样是以合并环节的需求为重点而展开各环节实践，却呈现出不断增强引入环节的创新驱动作用并以此推动合并和转换创新的趋势；同创造优先型驯化相比

① 字母 A 代表该环节偏向规范性，字母 B 代表该环节偏向创造性，字母 X 代表该环节属于中间选择。实线代表两者间的相互影响是明显的，虚线代表两者间的相互影响是不明显的或辅助性的。以澎湃新闻和南方都市报为典型案例的协调探索型驯化模式，在引入、客观化和转换环节均表现出明显的中间选择（X）状态，在合并环节呈现出更为复杂的创造性偏向（B）、规范性偏向（A）和中间选择（X）并存且相互影响的状态。各环节间的相互影响，以"引入－合并－转换"为主线、以客观化环节为辅助而展开。这一模式的合并环节的具体需求，同样对其他三个环节的走向有关键的直接影响；引入环节的重要性呈日渐上升趋势，引入环节对创造性的追求带来的影响也日渐增强。

较，协调探索型驯化同样是由合并的需求、引入的结果、转换的目标等主导驯化过程的走向，客观化环节也同样在其中发挥着辅助性作用，却并不存在明显的转换与引入环节直接互动的通道或期待。协调探索型驯化的转换环节，没有像另外两种驯化类型的转换环节一样同合并的偏向保持高度一致的状态，而是在合并环节多重业务运转机制与多种实践的交叉互动及客观化环节影响下形成了属于中间选择的状态。这同传媒组织的实际境遇和发展目标息息相关，其一方面出于增强既有内容优势的需求而发挥技术价值，另一方面意识到内容优势包含却不限于新闻优势，并试图在内容产业体系范围内探索突破式创新。

第一节　不同技术想像交织推动的引入

同创造优先型驯化和规范优先型驯化中的引入环节相比较，协调探索型驯化中的引入环节，一方面保持着以合并环节需求为先导的明显特征，另一方面又呈现出在引入环节就试图以技术驱动后续诸环节创新的明显特征，处于支撑型与驱动型技术想像交互促成的中间状态。以澎湃新闻和南方都市报为代表，由于相应传媒组织引入技术的主要目标，既包含利用技术来强化自身原有核心优势，又包含利用技术在内容产业范围内拓展核心优势。属于中间选择的引入环节，自然也既在某种程度上保持着组织中原有的技术定位，又在某种程度上调整着组织中的技术定位，既把技术及技术设计者视为其他业务运转的重要支撑力量，又试图发挥技术及技术设计者的创新驱动作用，以建构新业务并推动传媒转型。

这种日渐从支撑向驱动转变技术想像的引入，正是形成于相应传媒组织逐渐意识到技术及技术设计者重要性的过程中，及其利用新兴技术而深度转化信息服务价值并建构新业务、新产品以增强竞争优势的需要。正如澎湃新闻和南方都市报的引入作为中间选择的实践，都表现出在利用新兴技术支撑既有内容生产与传播业务创新（尤其是新闻生产与传播业务创新）的同时发挥技术力量以驱动内容产业体系扩容的特征。为围绕内容产业的创新与发展而引入技术使用者实际需要或技术设计者认为技术使用者可能需要的技术，相应传媒组织对技术设计者及相关技术资源的布局，也就从将其视作"有益的边缘补充"① 而日渐将其转变为深度融合进程中传媒组织的重要构成。

一、从支撑转向驱动的技术想像

技术想像作为影响技术设计与技术使用的重要因素，往往在很大程度上决定了相关技术设计者与技术使用者引入技术及推进技术创新、技术使用创新的方向。② 如果说驱动型技术想像促成了偏向创造性的引入环节，支撑型技术想像促成了偏向规范性的引入环节，属于中间选择的引入环节，便可能形成于处于支撑型与驱动型中间状态的技术想像，及相应技术想像指引下的具体实践。相应传媒组织对技术和技术设计者的角色定位，便可能是将其视作非常重要的辅助力量，而在维持既有组织架构和产能结构

---

① 李艳红：《在开放与保守策略间游移："不确定性"逻辑下的新闻创新——对三家新闻组织采纳数据新闻的研究》，载《新闻与传播研究》2017年第9期。

② 参见［英］罗杰·西尔弗斯通：《电视与日常生活》，陶庆梅译，南京：江苏人民出版社，2004年，第186至188页。

相对稳定的状态下，运用技术及技术设计者渐进式地推动组织及其产能的重构。可以说正处于从支撑型向驱动型转变的过程中的技术想像，既在某种程度上具有驱动型技术想像的特征，也在某种程度上具有支撑型技术想像的特征，只是不具有同两者一样明晰的偏向，而是由两种不同的技术想像交织形成。

澎湃新闻和南方都市报以各自不同的实际情况，反映出相应的技术想像正处于从支撑型转向驱动型的过程中，并印证了属于中间选择的引入环节正是在支撑型与驱动型技术想像交互作用下形成的。时任南方都市报副总编辑的王海军和时任南方都市报编委的王卫国曾在论文《强化双轮驱动 构筑五大序列——南方都市报智媒转型的机制创新和考核管理》中，就技术驱动转型进行了论述，并认为"数据作为重要生产要素，已经具有重要资源属性，南都智媒的转型和发展正在依托大数据资源构建自身的核心竞争力"①。在对南方都市报和澎湃新闻内容方面的高层管理者进行深度访谈时，受访者均强调了对技术重要性的重点关注：

> 南方都市报的技术团队，能够在数据分析、数据建模、数据库运维及一些创意传播的技术开发上提供支撑……智库媒体离不开技术这个环节。

> 澎湃新闻在转型之初，有面临一些技术的挑战，但澎湃新闻上下也有共识，随着媒体融合的高速推进，技术也会成为各家媒体的基础设施，可能会成为标配。在这个基础上，

---

① 王海军、王卫国：《强化双轮驱动 构筑五大序列——南方都市报智媒转型的机制创新和考核管理》，载《中国记者》2020年第2期。

我们也经常说，技术肯定不是我们的长处，但我们可以做到紧紧跟随，就是市场上有新技术出来，我们也可以学习……澎湃首先是一个内容生产的团队，所有技术要围绕内容生产来，这是基本的。我觉得在现在这样一个内容生产的时代，技术可以为内容生产赋能，比如让后台的采编系统更加优化，让采编的发稿系统更加优化、更加便捷，可以节省我们在流程上的时间……我觉得技术可以赋能，但我们也需要去驾驭它。

可见，澎湃新闻和南方都市报对应的传媒组织的技术想像，形成于内容生产与传播业务的创新探索及传媒组织循序渐进地意识到自主掌握技术产品重要性的过程中，并表现出两方面的明显特征：一方面认为技术具有驱动传媒业务创新发展的作用，即认为技术在内容生产及其他业务创新中担任十分重要的角色，甚至认为某些业务脱离新兴技术便无法开展，而传媒组织优势的增强也依赖于技术的创新价值实现；另一方面认为技术是根据业务创新发展需求而被引入，即无论是支撑数据分析、数据建模、数据库运维的技术，还是提升内容生产效率和品质保障的技术，都是先有业务创新的需求，而后才有相应的引入实践。可以说澎湃新闻和南方都市报对技术的想像，既由内容生产与传播业务的需求牵引并限定，又伴随技术功能的变迁而不断变化与持续扩散。

二、从衔接转向融合的技术设计者

基于从支撑向驱动转变的技术想像，探索协调探索型驯化的传媒组织，同探索创造优先型和规范优先型驯化的传媒组织一样，通过自建的技术团队来精准及时地满足业务运转与发展需求。但由于相应传媒组织对技术的定位不同，协调探索型驯化中属于中间选择的引入环节，尽管同偏向规范性的引入环节一样将技术设计者定位为传媒组织原有团队基础上"有益的边缘补充"①，却呈现出明显的日渐提升技术设计者地位并使其深度融入传媒组织内互动机制的特征及趋势。在这一过程中，技术设计者从被中介化的状态②，逐步转变为技术创新及相关业务创新的重要主体。

如果说封面新闻偏向创造性的引入环节，特别重视技术设计者与技术使用者的深层融合互动，新京报偏向规范性的引入环节，特别重视技术设计者在传媒组织内部及外部的连接或衔接作用，那么澎湃新闻和南方都市报通过中间选择而引入技术的环节中，技术设计者的定位则处在衔接与融合的中间状态，相应技术设计者与技术使用者的互动关系也正从衔接向融合转变。这种从衔接向融合转变的状态或趋势，在澎湃新闻和南方都市报中有不同的表现形式，却都没有深入改变传媒组织架构的重心，又都发挥着推动传媒组织架构改革的作用。相应传媒组织对技术设计者的布局方式，是在以缓冲策略③引进技术设计者即基于原有组织架构而补充建构技术团队的基础上，循序渐进地将技术设计者的影响渗透至传媒组织运转及业务创新发展中。这种方式相对偏向

---

① 李艳红：《在开放与保守策略间游移："不确定性"逻辑下的新闻创新——对三家新闻组织采纳数据新闻的研究》，载《新闻与传播研究》2017年第9期。

② 参见李艳红、范英杰：《"远处苦难"的中介化——范雨素文本的跨阶层传播及其"承认政治"意涵》，载《新闻与传播研究》2019年第11期。

③ 参见李艳红：《在开放与保守策略间游移："不确定性"逻辑下的新闻创新——对三家新闻组织采纳数据新闻的研究》，载《新闻与传播研究》2017年第9期。

创造性的引入而言更容易获得传媒组织内外的认同，相对偏向规范性的引入而言更加深入地释放了技术设计者的创造力。

（一）技术设计者的布局与缓冲策略

比较发现，属于中间选择的引入实践同偏向规范性的引入实践一样，在布局技术设计者方面明显地采用了缓冲策略，即在传媒组织原有团队基础上建构技术团队并使其成为辅助性力量。只是中间选择的引入实践更加注重并不断强化着技术团队与其他业务团队的融合，以期更进一步地发挥技术团队的力量。田野调查发现，澎湃新闻和南方都市报在以缓冲策略布局技术设计者方面，有不同的考量和做法。澎湃新闻设立了技术中心，一方面在自建的技术团队基础上引进"外包人员"并使其常驻澎湃新闻，另一方面着力提升技术团队的学习意识和专业能力及技术团队在传媒组织中的价值。澎湃新闻技术方面的管理者的阐述便体现出其对优化技术团队能力和影响力的考虑：

> 目前技术方面有澎湃自己的员工，也有外包人员，但我们把外包人员也全部当成自己本身的员工来看待。这也是因为扩招人数的限制，我们只能通过外包方式增加一些人员，作为一种折中的办法……不管是部门本身还是员工，技术能力的提升都很必要，而这又是相对软性的，所以我还是希望能够把它放到一个硬性的指标里面去，才会更有实现的可能……第一个是你的东西是不是出来了，第二个是这个东西是不是真的有价值。

就南方都市报及南方报业传媒集团而言，从南方都市报在大数据研究院下面设立技术部门，到南方都市报面向全报社设立技术中心，及南方报业传媒集团设立科技公司以整合技术资源，呈现出逐步强化技术设计者的重要性并推进技术资源的整合和利用的趋势。尽管在笔者进入南方都市报及南方报业传媒集团进行调研期间，南方报业传媒集团下设的科技公司因刚成立不久而正在探索新的融合机制，该公司管理者的阐述也揭示出诸多媒体以缓冲策略设置技术团队，而不像封面新闻那样以技术驱动传媒组织重建或深度重构的原因——技术人员的付出及成效在技术团队成立的一段时间内是难以直接体现的。[①] 在许多传媒组织中，传统的采编人员和营销人员长期占据主导地位、技术团队不容易获得认同和成就感的局面便因此形成，以至于在某种程度上阻碍技术人员地位和价值的提升，以及不同团队间新的互动机制建立。

（二）从衔接到融合的动态转变

基于不同的技术设计者的布局与缓冲策略，澎湃新闻和南方都市报都在实践中深化了技术设计者与技术使用者的融合互动，即从衔接向融合转变，改变了技术设计者与传媒组织内诸多节点间的互动关系。以南方都市报为例，其内容方面的高层管理者在接受访谈时，便明确阐述了对既懂内容又懂技术的人才的期待，即认为既懂技术又懂内容的人才非常难得，把内容版块和技术版块高效地衔接起来也非常重要。南方都市报也已经在推进技术与采编的深度融合（让技术人员参与选题会、项目推进会等），着力让技术团队更加深入地参与内容生产并形成良性互动。

同理想的期待相比较，澎湃新闻和南方都市报均已处在探索

---

① 此为笔者根据深度访谈内容推理所得。

这种融合互动的进程中，而在相应传媒组织有效推进技术设计者从衔接者日渐转变为互动主体的过程中，最为显著且有效的实践方式便是以项目制推进技术设计者与技术使用者的深度融合，并在此基础上形成常态化且更能满足多元化技术需求的技术创新机制。其中项目制与偏向规范性和偏向创造性而引入技术的操作方式有相似之处，只是偏向规范性的引入中的项目制更加强调技术设计者的纽带和连接作用，而非技术设计者与技术使用者的深层融合；偏向创造性的引入中的项目制则更加强调技术设计者的传媒化转型及技术使用者对技术的理解，致力形成更加深入的融合互动状态。但不可否认也不可忽视的是，在探索技术设计者与组织内其他节点间融合互动的进程中，澎湃新闻和南方都市报建立的有技术设计者与技术使用者深度参与的技术创新机制，既有利于激发并维持技术使用者提出技术需求的积极性，也不至于使技术设计者在诸多需求中失去方向或忽略某些重要的技术需求。以澎湃新闻技术方面的管理者的阐述为例：

> 澎湃新闻技术团队的布局是一横一纵两种逻辑。纵向（划分）主要为业务产出负责，因为这样才会有一个统一的负责人。比如这摊业务，就由这个项目经理来负责，要牵头把这些人带起来。横向（划分）的主要是为了让大家有一些氛围感，学 iOS 的、做 iOS 的在一起，有一些技术氛围，可以分享一些技术。技术能力成长也是在这方面，包括有一些技术的困难，他可以找到他的技术组长去看一下，给他一些指导、帮助。这两个维度，相对来说是以两种方式解决更多问题。

三、承载内容产业创新期待的技术创新

在从衔接向融合转变，及改变技术设计者与传媒组织内其他节点间互动关系的过程中，属于中间选择的引入环节，一方面较为明显地受到来自技术使用者的具体技术需求的影响，另一方面较为明显地发挥着技术设计者在引入环节的主动性和创造力。具体的引入实践，也从以内容生产、运营、营销等业务运转的技术需求出发，逐渐转向在满足相应业务运转的技术需求的同时，更加有力地利用技术创新来探索业务发展的更多可能性。

在这一过程中，以澎湃新闻和南方都市报为代表的媒体实践还说明，相应的引入机制及引入技术产品的迭代机制，是围绕内容产业的创新期待而建构的，既在某种程度上突破了传媒组织既有的技术定位边界，又没有完全超脱传媒组织以内容为核心建构竞争优势的目标。相应内容产业，即依托互联网技术而兴起的数字内容产业，源于内容与技术的结合，又存在多个细分领域并与众多相关产业存在交叉，还既有产品又有服务。[1] 这种有突破而又没有颠覆既有边界的引入，也契合了相应传媒组织以内容产业体系的拓展为方向而强化自身特色与竞争优势的发展规划，以及建构新业务、新产品对发挥新兴技术的支撑价值和驱动价值的需要。

（一）以内容产业创新与拓展需求为先导

在承载内容产业创新期待的技术创新过程中，首要的便是将

---

① 参见张立、吴素平、周丹：《国内外数字内容产业概念追踪与辨析》，载《出版发行研究》2021 年第 4 期。

内容产业创新与拓展的需求置于先导地位，以为技术创新指引方向。相应需求既包括已经出现或正在浮现的业务运转与创新需求，也包括技术设计者意识到的业务运转与创新中可能产生的新需求。如果说偏向规范性而引入技术的新京报倾向以生产与运营的技术需求为重点，偏向创造性而引入技术的封面新闻意图将技术需求的来源范围扩展至整个传媒业务领域及更多领域，居于中间选择而引入技术的澎湃新闻和南方都市报，则是围绕内容产业的拓展与发展需要来明确并响应技术需求。在南方报业传媒集团调研时，集团内科技公司的高层管理者关于自主研发、购买引进等不同引入方式的阐述便充分揭示出根据内容产业体系的拓展需求而引入技术，对于坚持"内容为王"理念且在某种程度上按照传媒组织实际情况来拓展产业体系的必要性：

> 创新生产和运营等，都是在不断尝试中变化的，相应的技术也需要迭代，需要配合业务去探索，需要配合组织架构的转型而改变。技术公司（第三方）通常提供的是标准件，难以适合媒体转型中不断变化的现实，就会"水土不服"。如果是采购的技术服务，我们提出技术需求后，可能走流程的时间都比较长，需求的响应速度跟不上需求的变化。相较于过去，新媒体时代对技术要求更高，要覆盖采编、经营、运营等各环节，要形成能预测、有反馈的闭环。所以技术研发这种创造型工种，在媒体中非常重要。

换言之，相应传媒组织对业务体系创新突破的要求或期待越多，就越需要在引入环节追求更多创造性，以满足更多元、更具有突破性的技术需求。在澎湃新闻和南方都市报体现出来的中间

选择状态的引入环节中，相关实践便既追求新兴技术对传媒组织
而言的实用性而非引领性或前沿性，又追求新兴技术的市场影响
力和可能提供的创新方式和创新空间。澎湃新闻技术方面的管理
者在接受访谈时，便认为适用于传媒组织的引入技术的方式，是
融合研发，而非完全的自主创新，是将市场中的新兴技术转变为
传媒组织可用的技术，而非盲目追随互联网技术发展节奏：

> 各业务部门的技术需求，总结起来就是更多内容、更多
> 互动、更多用户，最终的目标其实就这几个。基于这些目
> 标，我们自己也会看一些，那个需求池里也有一些，就会取
> 舍，主要还是从要有效果这个点去看，而不是说让大家"自
> 嗨"……比如说更多内容，至少我们是会更方便他们发稿。
> 发的稿也从单一的图文形式变成了多图文、多视频的形式，
> 也更丰富一些……就是更多的内容形式和更多的内容产
> 出……对媒体来说，技术不一定是自己全会，完全可以取他
> 人的来用。因为我们媒体平台，重要的是融合。人家可能已
> 经成熟了，只是不是用在这个方面，我们要去消化吸收。不
> 是让你去开发人工智能，你只要把人工智能用到这个地方
> 来，比如把它的语义分析的功能用到这个地方。技术实际上
> 很重要，不是说（完全）自主创新，而应该是融合研发，然
> 后为我所用；也不是说要用最新的技术，最新的技术可能对
> 你没用啊。

（二）分类型、分周期与常态化的技术创新机制

在内容产业创新与拓展的需求引导下，澎湃新闻和南方都市

报都形成了分类型、分周期、常态化的技术创新机制。跟不同偏向的引入环节相比较，澎湃新闻和南方都市报建构的技术创新机制同样覆盖了从技术使用者或技术设计者提出需求到技术产品的形成与创新的全过程，并且由产品经理介入其中以实现不同思维与话语的碰撞或转化。正如澎湃新闻技术方面的管理者所言：

> 需求可能是模糊的，但需要相关业务的从业者明确目标是什么。这个需求为什么要做，要么是为了让他更便利，要么是能使用起来更高效或怎么样，高效的点要点到哪儿，比如这个功能是不是可以让原来每次用 10 秒钟的事情变成现在只要 5 秒钟，需要尽量以这种方式来说需求。现在很多不一定能达到这个标准，但至少可以让他相对说得清楚一点，比如能明确到具体是哪里可能拖延他时间了，或者原来可能这方面老是要改来改去的。他的目标比较清楚的话，产品经理可以帮他思考到底用什么功能去解决这些问题。

同时，澎湃新闻和南方都市报探索形成的技术创新机制中，有相对正式存在的"需求池"或类似设置。相应传媒组织以该设置为枢纽而建构的"需求提出－需求响应"机制，既在很大程度上解决了线上或线下口头交流技术需求可能导致的需求难被记忆或难被重视的问题，也有利于促进有关技术研发与技术使用的创意积累，还有利于提升需求提出与需求响应的秩序感和积极性。在对澎湃新闻技术方面的管理者进行访谈时，对方明确表达了设置需求池前后的不同：

> 有一个需求池，会让大家把一些需求先填到需求池里。

我们不可能把所有需求一下子全做完，大概每周会过一下需求池，会筛选一下哪些需求值得去做、真正有价值。产品经理就会跟那个需求方具体对接，看这个需求具体是为了实现什么目的、什么样的效果。逐步跟进之后，产品经理就会把它诉诸一个原型图，技术开发人员就可以进一步介入……有些需求受益的人特别少，比如就几个人在用的功能，可能会把它排到比较后面，暂时不更新或有空的时候才给他加。之前大家习惯有点想法直接丢到群里，这样做的结果就是很容易丢掉，没有人时刻盯着这个群来把它记录下来。很可能有时候就在群里用一句话说我要这个功能，那这句话啥意思呢，没有那么多人去维护这件事情。后面逐步做了需求池，东西能积累在里边……如果丢到群里，没人会认真去找，但需求池里的东西不会丢……这其实也是一个自我驱动，对提需求的人来说也相对有点保障，不会提了之后就消失不见了。我相信没有一样东西，一做好就是完美无缺的，这就是互联网的方式，是一个迭代的过程，不停把它做得更好用一点……到一定程度后大家可能都满意。

（三）在内容产业体系内突破边界的技术产品

基于前述技术创新机制，澎湃新闻、南方都市报和新京报、封面新闻等一样，在前端和后端均探索着具体的技术产品创新，包括数据库建设、机器写作、客户端建设及后台采编管理系统创新等，既着力支撑既有业务的运转与创新，又根据新业务、新产品的建构与发展需求而推动技术创新。其中，澎湃新闻在内容产业体系及其运转所需前端和后端的技术创新与发展中，不仅推进了其采编管理系统即"π系统"的建构与升级及以价值观深度引领的"澎湃算法"① 等探索，而且搭建起内容风控智能平台等利于拓展传媒组织与网络社会中其他节点连接的技术平台。

> 内容风控这块，我们把内容团队和技术团队做了打通处理。我们开发了一个智能风控的平台和系统，可以实施很多内容审核业务，包括人工智能的介入、机器怎么深度学习、怎么赋予审核一定的权重，然后再加上人工……我们组成了一个内容生态管理委员会，可以理解为内容风控业务的一个上层管理或上层建筑，一方面要对澎湃新闻的内容生态系统做一些规划，另一方面是怎么样把澎湃新闻的内容管理经验做更多的输出。把这两方面结合起来了，一方面是技术团队的优势，包括我们跟科大讯飞、上海人工智能研究院的合作等，能够把机器在内容风控方面的最前沿的东西引进，另一方面是用我们的管理经验来优化内容生态的整体战略。

南方都市报除重点打造"南方都市报"客户端、"N视频"客户端及采编指挥平台外，还以围绕数据搜集、数据分析、数据库建设等打造的技术平台或技术工具为重点，在相应传媒组织可承担范围内形成了契合智库化转型需要的技术产品和特色。南方都市报资深从业者王海军和王卫国于2018年发表的《南都转型探索：内容智库化 传播智能化》一文中，曾提到当时"技术团队已完成部分基础设施建设，包括建立用户数据库、内容标签智

---

① 参见左志新：《共建媒体融合新生态——访澎湃新闻总裁、总编辑刘永钢》，载《传媒》2019年第15期。

库图谱、微信用户关系数据库等，为很多课题开发、活动组织提供了支撑"①。随着技术团队的能力体系升级及其同其他团队的互动加深，同数据搜集与分析、数据库建设等有关的技术亦在不断创新迭代。正如南方都市报内容方面的高层管理者接受访谈时所言：

> 我们的全网大数据抓取和分析能力，包括一些基于机器学习的训练模型，在我们的智库媒体中一些以数据分析、数据驱动为特色的课题中，发挥了极其重要的作用。对数据的搜集、分析、表达和应用能力，是我们看重的。

第二节　在边缘与中心之间游移的客观化

在协调探索型驯化中，引入、合并和转换环节在很大程度上决定了传媒组织驯化互联网技术的实践类型。而相应传媒组织通常在引入环节就表现出中间选择的状态，促使一定程度上受到引入环节影响而同样对引入、转换和合并产生辅助性影响的客观化环节，也很可能呈现出中间选择的状态。就澎湃新闻和南方都市报而言，由于相应传媒组织引入技术的选择，明显侧重于在支撑既有业务运转与创新的同时开拓内容产业体系的创新边界及创新空间，同样属于中间选择的客观化环节，也会以推进既有业务创

---

① 王海军、王卫国：《南都转型探索：内容智库化 传播智能化》，载《南方传媒研究》2018 年第 6 期。

新及拓展业务体系为目标而展开。相应传媒组织驯化新兴技术的客观化实践，一方面是在具有明显区隔的空间环境中，开辟容纳技术创新产物或承载技术创新思维且兼具仪式价值和使用价值的"特区"；另一方面是以具有仪式价值和使用价值的"特区"为枢纽，促进互联思维和创新意识的流动，以进一步将互联网技术产物、互联网技术思维融入空间维度的运作，并推进传媒组织文化的创新与发展。

在建构开放式"特区"并以其为枢纽而推动互联网思维在空间环境流动的客观化中，传媒组织在其对应空间维度嵌入的新兴技术或技术思维，并非常态而稳定的存在于"中心位置"或"边缘位置"，而是在"中心"与"边缘"之间游移，且承载着为传媒从业者提供实用价值以及为组织文化发展提供沟通空间、有利氛围等多重期待。相比于偏向规范性且偏重实用性的客观化环节，及追求创造性且偏重仪式性的客观化环节，在同时承载多重期待的客观化实践中，澎湃新闻和南方都市报对相应技术元素及其布局的仪式性和实用性给予了近乎同等的关注，而且相应仪式性和实用性在其中相互交融。其中伴随技术的嵌入而对空间环境进行的局部但明显的改造，恰是在空间维度不同位置间游移的技术元素的创新价值与传媒组织办公空间原有结构和意义碰撞的结果。这一结果，既契合了传媒组织利用技术创新既有业务体系的需要，也支持了传媒组织拓展内容产业边界以探索差异化发展路径的需要。

一、在空间维度游移的技术元素

在传媒研究领域，游移往往被视为一种动态变化的方式，通常被用以指某事物或观念处于不同状态或不同方向之间，并且在不同状态或不同方向之间摇摆，如李艳红认为"'不确定性'逻辑下的新闻创新"是"在开放与保守策略间游移"的创新①，肖琪杰和王树生认为"大众文化绝非强加给受众狭隘唯一的感知，而是以暧昧的方式，诱导受众在形式与意义间游移，获得双重的意指感受"②，等等。

具体到传媒组织驯化互联网技术的过程中，技术元素在空间维度的游移主要表现为传媒组织将技术产物或技术思维嵌入对应空间环境即空间维度的运作体系中时，并非像偏向创造性或偏向规范性的客观化实践般明显地将技术产物或技术思维载体置于"中心位置"或"边缘位置"，而是以更为动态的方式对技术产物或技术思维载体进行布局。在相应布局中，很难说具体的技术元素是在"中心位置"还是在"边缘位置"，而始终在"中心"与"边缘"之间游移，同时通过游移的状态承载着传媒组织的期待。

同趋近"中心位置"和趋近"边缘位置"的客观化相比较，这种在游移状态下展开的客观化实践，作为一种中间选择，往往受到传媒组织对应的原有空间环境和功能布局的影响，并在很大程度上由处于游移状态的目标或期待所决定。正如在尽量维持组织稳定性与尽量突破内容产业既有边界的目标游移及与之对应的多重期待下，澎湃新闻和南方都市报对将技术嵌入所处办公空间即空间环境的期待，便是集技术产物或技术思维载体的仪式价值

---

① 参见李艳红：《在开放与保守策略间游移："不确定性"逻辑下的新闻创新——对三家新闻组织采纳数据新闻的研究》，载《新闻与传播研究》2017年第9期。

② 肖琪杰、王树生：《大众文化产品：形式与意义间的游移——对"伪娘"刘著选秀的音乐表征与性别颠覆的个案分析》，载《新闻界》2013年第11期。

和使用价值于一体，并且没有表现出明显的侧重与取向。对澎湃新闻和南方都市报来讲，尽管两者选择的转型路径和驯化互联网技术的具体路径有明显差异，但两者均既需要在对应空间环境中嵌入技术产物或技术思维载体，以保障技术使用者的便利并促进技术使用者提升工作效率和效益；又都需要在发挥技术产物或技术思维载体的使用价值之外，相对明显地发挥出技术的仪式价值，进而促进相应的互动氛围、互动机制及组织文化的创新与发展。也正因此，相应传媒组织对在空间维度嵌入技术元素的仪式价值期待和使用价值期待处于相对平衡的状态，而并不像偏向创造性或偏向规范性的客观化实践那样有明显的技术价值期待偏向。

二、兼具仪式价值与使用价值的"特区"

在对仪式价值和使用价值的期待下，澎湃新闻和南方都市报在空间维度嵌入技术的实践，主要围绕建构兼具仪式价值与使用价值的"特区"而展开。田野调查发现，澎湃新闻和南方都市报选择的属于中间选择的客观化实践，同偏向创造性和偏向规范性的客观化具有明显交叉：一方面，相应传媒组织在空间维度嵌入技术产物或技术思维的实践中，对仪式价值和使用价值的重视和期待，同追求创造性的客观化期待具有相似性，但并未像偏向创造性的客观化实践者那样对空间环境风格、空间架构和布局等进行全方位改造，而是以"特区"为重点来承载相关期待；另一方面，相应传媒在原有具有明显区隔的空间布局中，为将技术产物或技术思维嵌入空间环境而开辟"特区"的做法，同偏向规范性的客观化实践具有相似性，但又比偏向规范性的客观化实践更加注重仪式感及相应"特区"的开放性。

（一）在区隔中开放的"特区"

同传媒组织对应的既有空间环境相比较，在具有区隔的空间环境中建构兼具仪式价值与使用价值的开放的"特区"的举措，既在某种程度上维持了原有空间环境的主体架构和布局，又对原有空间环境的功能进行了局部显见的改造，还可能推动群体认知和组织文化等发生变化。结合澎湃新闻、南方都市报、封面新闻和新京报等媒体的空间环境架构和功能布局可知，空间维度的区隔在传媒组织尤其是传统媒体对应空间环境中是普遍存在的正常表现，在某种程度上比开放的空间更有利于营造严肃、严谨的氛围及有条有序的运转机制。既有现实与相关研究也表明，尽管空间区隔往往表现在物理空间的分隔上，伴随空间区隔而形成的影响却会渗透到群体认知、互动意识、资源条件等不同维度，并促使各维度形成不同状态。[①] 在具有区隔的空间环境中开辟"特区"，尤其是具有一定开放性且可供传媒从业者随时进入和使用的"特区"，便是在保持不可轻易改变的区隔状态下，为在某方面或某些方面改变空间环境的重要功能和氛围而做出的有效选择，相应传媒组织的群体认知、互动意识、资源布局乃至组织文化等也自然会因"特区"的建构而产生新的变化。

就澎湃新闻和南方都市报而言，相应传媒组织在区隔中建构"开放式特区"的成果，便重点体现在休闲区、讨论区上，以相对轻松、自在的格调同严肃、严谨的氛围形成了互补和互动。南

---

① 参见吴宗友、丁京：《从区隔到融合：空间视角下城市"混合社区"的多元治理》，载《云南社会科学》2021 年第 4 期。

方都市报的会议室旁边便设有休闲区（或称讨论区），营造出相对开放、舒适、自在的环境氛围。[①] 澎湃新闻的从业者同诸多媒体的组织成员一样分布在多个楼层，却在多年前就专门开辟一层楼的空间来精细打造"澎友圈"，并使其成为典型的受互联网技术思维和互联网化转型需求影响而打造的"开放式特区"。时任澎湃新闻编委的李云芳和时任澎湃新闻副总编辑的黄杨曾在2019年发表的论文中介绍了"澎友圈"："为便于不同类型部门的人员交流，在办公条件比较紧张的情况下，特别辟出12层一整层楼，打造'澎友圈'空间，设置各种开放空间和会议室，并提供咖啡、甜点等，以此鼓励员工跨越楼层和部门的壁垒，在一个自由而轻松的氛围里碰撞出融合创新的火花。'澎友圈'的各个房间，还分别以一些知名地方的名字命名，如'塞班''马尔代夫'……如今，内部开会或跨部门沟通时，相约12楼已成一种'时髦'方式。"[②] 而在实地调研过程中，笔者发现在"澎友圈"的房间里，还堆放有令人愉悦和放松的物品（如积木）。可见，尽管南方都市报和澎湃新闻没有像封面新闻那样，在空间环境中充分地展示传媒组织自主掌握新兴技术产物的成果及推动技术创新的标记物，相应开放性的"特区"的建构，却充分体现出传媒组织因技术创新及影响而出现的求新、求变姿态。

（二）"特区"的使用价值与仪式价值

澎湃新闻和南方都市报建构的"开放式特区"，在供从业者休闲放松、交流讨论等方面具有较为明显的使用价值，而相应使

---

① 此信息为笔者在南方都市报进行实地调研时观察所得。
② 李云芳、黄杨：《"四化"法宝：融合发展的"澎湃经验"》，载《新闻战线》2019年第13期。

用价值的实现亦离不开仪式价值的支撑或影响，以及使用价值与仪式价值的交互作用。

一方面，相对轻松、自在的空间氛围感，是促进传媒从业者间或传媒从业者与来访者沟通、交流和互动的关键，也是"开放式特区"集使用价值和仪式价值为一体的主要表现。在以"澎友圈"或其他休闲区、讨论区为典型的"特区"中，相关从业者无需保持安静、严肃的状态，而可以相对轻松、自在地进行交流与思维碰撞，活跃且有利于创新的思维及创新性想法自然相对更容易产生。南方都市报一线从业者在接受访谈时对报社内休闲区、讨论区的阐述，亦揭示出为嵌入技术产物或技术思维而开辟的"特区"的使用价值和仪式价值，并在某种程度上说明相应"特区"已成为传媒从业者日常的重要组成部分：

> 我们经常会就一个产品进行讨论，比如经常在外面的休闲区，进行一些碰撞（讨论）。

另一方面，澎湃新闻和南方都市报为嵌入技术产物或技术思维而开辟的"特区"，还包含具有明显仪式价值的元素，包括塑造令相关从业者放松并促进交流的氛围的小物件、小饰品及装修风格等。其中较为典型的，当属澎湃新闻"澎友圈"空间中的房间名称，不仅同传统的会议室名称风格区别甚大，而且体现出"海派文化"特性，也在某种程度上对组织文化的创新与发展产生影响。笔者2021年进入澎湃新闻进行实地调研时，观察发现"澎友圈"空间的展示墙上，还钉有一张特别的写有"心愿"的小便签，其内容为"2019 心愿——变美、变瘦、涨工资！"[①] 可以见得相应空间环境及传媒组织中开放、包容、活跃的氛围，以及鼓励创新且有利于创新的风格和调性。

三、以"特区"为枢纽的互联网思维流动

深入分析在原有空间架构和物质基础限定下形成的"特区"价值发现，同偏向规范性而在空间环境中开辟的"特区"相比较，前述澎湃新闻和南方都市报开辟的"特区"尽管也是对空间环境进行局部改造，却具有与之相区别的开放和休闲的特征。同追求创造性而在空间环境各处尽可能彰显技术优势和创新意识的方式相比较，前述澎湃新闻和南方都市报开辟的兼具仪式价值和使用价值的"特区"，是在区隔更加明显的空间环境中设置的，形成了有互联网思维介入的创新思维、互动观念与行动"集散地"的多重意涵。

在对空间环境进行局部改造而形成的"开放式特区"影响下，以"特区"为枢纽而汇聚并传导的互联网思维，便可能沿着"分散—汇聚—分散"的路径而在传媒组织中扩散开来，相应传媒组织的组织文化创新与发展，自然也可能基于互联网思维的流动而进行。结合澎湃新闻和南方都市报中的"特区"情况、相应传媒组织内部的互动关系与社会网络理论提供的理论线索可知，若将传媒组织及其对应的空间环境布局视作网络体系，相应"特区"所在位置便是多节点互动的枢纽区域，即类似于社会网络理

[①] 此信息为笔者在澎湃新闻进行实地调研时观察所得。

论中在传递信息、共享资源等方面具有重要作用的关键节点。[①]
在该枢纽区域，互联网思维不仅得到了汇聚和呈现，而且会得到
传递和扩散，以至于互联网思维以其在空间环境中的流动，而对
转型探索日常中的传媒组织创新意识、竞争意识和互联网化状态
产生强化作用。在这样的空间环境下，互联网思维的流动，以及
传媒组织从局部到整体的互联网化转型，便不仅是一种期待，更
是一种不断演化的现实。

第三节　线性协作与非线性协同"共生"的合并

在协调探索型驯化的具体过程中，处于核心地位的合并环
节，与引入和转换环节一样，是决定具体驯化路径及类型的重要
环节；合并环节既明显受到引入和转换的影响，又明显影响到引
入的选择及转换的方向。作为协调探索型驯化取向的典型代表，
澎湃新闻和南方都市报在技术使用实践中，呈现出比总体偏向创
造性或总体偏向规范性的合并更为复杂的合并特征。澎湃新闻在
线性协作与非线性协同的交互中形成明显包含规范性偏向与创造
性偏向的合并实践，南方都市报在多线并行、多轮驱动的业务运
转中追求从线性协作向非线性协同转变的深层改革。前者在不同
业务运转中体现出明显的偏向规范性与偏向创造性的逻辑，后者
形成了以非线性协同为主导的运转机制，却仍在多线并行的业务
发展中保留有线性协作逻辑。因而两者均体现出或偏向规范性或

---

① 参见谢丹、任金州：《基于社会网络理论的纪录片传播新模式——以〈失去
的山谷〉为例》，载《现代传播》2015 年第 7 期。

偏向创造性的特征，且都在多种偏向的逻辑交互中形成了深藏其中的中间选择逻辑。而基于侧重各个独立劳动间组合关系的线性协作与更加侧重各行动间相互作用关系及整体效应的非线性协同[①]，在多重逻辑或多重机制交互中推进的多元化、动态变化的合并实践也再度证明：越是突破既有边界的业务创新，越需要非线性协同机制，而已经较为成熟的业务创新，则更需要新的线性协作机制。

同时，也正是在坚守"内容为王"理念且在内容产业体系范围内建构组织优势的目标下，从业者们已明确意识到内容并非只有新闻的现实及趋势，促使澎湃新闻和南方都市报在对技术价值的多重期待下，选择基于线性协作与非线性协同共生的逻辑展开合并实践。相应传媒组织经过多年的实践探索，已形成包含多种逻辑及不同偏向的合并环节，既不同于新京报总体上明显偏向规范性的"分条线"和"分板块"的合并，也不同于封面新闻总体上明显偏向创造性的"一盘棋"或"生态体"式合并，而是呈现出更为复杂的交互状态。为进一步理清协调探索型驯化中复杂交错的合并逻辑，本节将在分析线性协作与非线性协同的共生逻辑后，分别对澎湃新闻体现出来的不同业务的机制创新与技术融入特征，和南方都市报所体现出来的不同层面的机制创新与技术融入特征，进行辨析。

一、线性协作与非线性协同的共生

相比较而言，澎湃新闻和南方都市报基于线性协作与非线性

---

① 参见韩康宁：《从"协作"到"协同"：黄河流域环境司法治理的进路》，载《河北环境工程学院学报》2022年第1期。

协同的交互共生，在不同业务或不同层面呈现不同偏向或不同运转逻辑的合并实践，是由介于"人－技术"代理能动性与"人－技术"共生能动性①间的互动关系来推动形成的。在具体运转中，对正努力建构协同运转体系并已形成由非线性协同主导的运转体系的南方都市报而言，线性协作与非线性协同就像两股拧在一起的麻绳，具有逻辑上的深层交互性。而澎湃新闻除以类似的方式探索非线性协同与线性协作机制创新外，还表现出在新闻生产中坚持以线性协作机制主导运作、在内容产业拓展中重点探索非线性协同机制的特征。两者均在专业化分工与跨专业互动的基础上，进行既有延续性创新又有颠覆性创新的实践，都在很大程度上打破了以线性协作为主导的机制，并明显走向以非线性协同为主导的发展路径，却又同追求"水一样的组织"②的做法有一定差异。

（一）专业化分工与跨专业互动

在偏向规范性与偏向创造性的两种不同逻辑影响下形成的包含多种取向或多重运转逻辑的合并环节中，传媒组织秉承"用专业的人干专业的事"③的原则，同总体偏向创造性的合并一样增设了诸多细分的专业化岗位，却更注重多重角色或不同专业领域间的界限感，同偏向规范性的合并一样注重专业化的分工界限，但更加强调跨专业、跨部门的深度融合互动。

---

① 参见张岩松、孙少晶：《人－算法共生主体：计算新闻生产网络中的主体创新》，载《编辑之友》2022年第3期。
② 此为封面新闻初创期负责人接受访谈时的说法。
③ 笔者实地调研时获知，封面新闻、新京报、澎湃新闻和南方都市报都非常明确"用专业的人干专业的事"这一理念。

就专业化分工而言，尽管南方都市报推行全员智库化转型，形成了"一套人马，两种职能"的组织结构①，却仍依据智库媒体的需要而建构了由采编序列、研究员序列、产品序列、技术序列、设计序列构成的组织体系②，鼓励从业者围绕自己的"能力点"推进能力创新并以其为基础来选择业务领域或推进业务创新。③ 南方都市报面对建构智库内容生产与运营体系的新挑战，对专业化分工的重视不仅表现在提升传媒从业者专业水平的努力上，而且表现在传媒组织建设新能力的努力上。澎湃新闻中多位管理者在接受访谈时，对专业化队伍的强调甚至超过了许多媒体重视的年轻化的队伍特征。在访谈澎湃新闻经营方面的高层管理者时，对方如是说道：

> 原来产品运营我们不会，就请来了外面的人。我们技术团队负责人也是从外面挖过来的。你不会，你就得请专业的人，不能说一个记者转型做技术，那也奇怪了。专业的事让专业的人去做，包括我们的广告产品设计，也是专业的人在做。我们始终觉得我们是一个专业化的团队，不能叫年轻化。胡舒立一直在提的，就是坚持专业性，说别的都没有太多价值，只有专业才能赢得尊敬。很多时候即便你做一个批评报道或监督报道，人家企业说你怎么能做到这种程度，你怎么会知道那么多呢，人家反而会尊重你。

---

① 参见任琦：《"我们放弃了大部分一般的资讯"——南方都市报智库化转型观察》，载《传媒评论》2020年第4期。

② 此信息为笔者在南方都市报进行实地调研时深度访谈获得。

③ 此信息为笔者在南方都市报进行实地调研时深度访谈所得。

就跨专业互动而言，澎湃新闻和南方都市报均在合并环节中推进了跨专业的协作或协同，并在跨专业互动中推动着有线性协作与非线性协同的机制或逻辑交互的实践探索。无论是线性协作还是非线性协同，均是在专业化分工与跨专业互动的基础上形成的运转机制，只是由于各家媒体的实际情况和发展需求不同，相应传媒组织在建构专业化分工基础上建构跨专业互动机制时有不同的选择。如果说总体偏向创造性的合并实践承载着培养复合型人才、建构非线性协同运转体系及塑造协同文化的期待，总体偏向规范性的合并实践承载着培养在某方面堪称"专精尖"的人才、创新线性协作运转体系及强化某方面专业实力和影响力的期待，总体处于中间选择或由多种偏向对应的逻辑交互形成的合并实践，则承载着在专业化分工与跨专业互动基础上创新并有机搭配线性协作与非线性协同机制，以形成既有条有序又具有灵活性的传媒组织运转体系的期待。

（二）线性协作与非线性协同的交互

从根本逻辑上讲，人与技术间的共生能动性与代理能动性本就存在交互或交叉，线性协作机制与非线性协同机制也本就存在交互或交叉。即便是以非线性协同为主导的偏向创造性的合并环节也含有线性协作的逻辑，而以线性协作为主导的偏向规范性的合并环节同样含有非线性协同的逻辑。具有不同的明显偏向的合并环节，往往形成于由不同逻辑主导的运转体系中。具体的线性协作与非线性协同，在总体偏向创造性或总体偏向规范性的合并环节中，均存在非常明显的"主与次"的关系。

在理论层面或较为极端的现实情况下，如果说以线性协作为主导的合并在很大程度上延续了原有的运转机制，是以技术为辅助甚至支撑而进行的，那么以非线性协同为主导的合并则在很大程度上深度改革了原有的运转机制，是在某种程度上依托技术的辅助甚至驱动而进行的。传媒组织实际运转情况往往更为复杂：在新兴技术的介入下，以线性协作主导的合并可能受技术创新动能的影响而探索形成属于中间选择的实践方式，例如新京报"我们视频"和"动新闻"运转中技术在时间维度的融入；在传统的新闻生产原则或组织原则介入下，以非线性协同主导的合并也可能受相关原则或准则的影响而探索形成属于中间选择的实践方式，例如封面新闻在新闻生产中的坚守与技术在该业务运转的时间维度的融入。据此，无论是在以线性协作为主导还是以非线性协同为主导的合并机制中，技术创新都可能改变具体实践的取向，而当具体实践的取向或重要性达到一定程度，便也可能引起合并环节总体取向的改变。

澎湃新闻和南方都市报对应传媒组织驯化互联网技术的合并环节，与总体偏向创造性和总体偏向规范性的合并环节不同，尽管也发生于线性协作与非线性协同的交互中，却是在线性协作与非线性协同的交互共生中促成了相应合并机制。就澎湃新闻而言，相应传媒组织在新闻生产中是以线性协作机制为主导，在内容产业拓展过程中则是以跨部门甚至跨中心的非线性协同机制为主导；同时还在非线性协同探索中尝试重建线性协作秩序，例如形成跨部门合作流程等。南方都市报则在多线业务并驾齐驱的总体布局下，大力探索着推进智库媒体建设的非线性协同机制，尽管已在很大程度上形成以非线性协同机制为主导的运转体系，却仍在部分业务或部分团队间的互动中保留有线性协作的逻辑及影响。比如南方都市报的采访中心内部，已经推进了跨部门、跨工种的深度协同，而从某种角度看，跨中心的协同则不如中心内部的协同那么高频且深入。可以说澎湃新闻和南方都市报在两种机制交互共生中形成的合并机制，已明显超出线性协作机制及相应逻辑体系范畴，也不同于以建设像水一样非线性流动的组织为方向的业务运转机制。

二、不同业务的运转机制创新与技术融入

澎湃新闻作为建设客户端并以其为重要载体而推进内容产业体系发展的重要探路者，在不同业务运转中推进着不同偏向的合并实践。在狭义的新闻生产创新中偏向规范性，将技术视作重要的辅助工具，坚守新闻报道品质与新闻生产原则，并且以线性协作机制为主导而将技术融入其中。而在内容产业拓展中偏向创造性，更加重视技术带来的更多可能性，探索着以非线性协同机制为主导而发挥技术价值的实践创新。不同偏向的实践不仅均发生在内容产业体系内，而且相互依托、相互促进，形成了总体上接近中间选择的运行状态。

值得注意的是，澎湃新闻不仅在不同业务中推进不同偏向的合并，而且在探索建构非线性协同机制的过程中，开展着建立新的线性协作秩序的实践。这离不开两大方面因素的影响：一是在社会发展与全国性竞争格局中建构新业务、新优势的需求，要求传媒组织打破既有的线性协作运转机制，建构非线性协同机制以生产新产品，以满足社会发展和市场竞争对新产品不断变化的需求；二是对相关新业务、新优势的建构，均在内容产业体系的边界内进行，相应传媒组织在以非线性协同机制为主导回应了新需求后，便可阶段性地梳理相关流程、规范、制度等，并阶段性地、针对性地进入建立新的线性协作机制的状态。正如澎湃新闻

中对内侧重整合资源与跨团队协调、对外负责品牌与经验推广的
团队管理者所言：

> 我们认为除了狭义的新闻报道领域，在更多内容业务层
> 面，我们是鼓励合作的。一个内容团队有一个好的创意，可
> 能自己做不了，因为团队规模有限，要做的事情很多，（他
> 们）肯定会主动提议，找到分管另外一个部门的编委，或者
> 再去沟通看可不可以一起做什么事情。这在澎湃早就是常态
> 化的。超脱狭义的新闻领域，我们应该尝试更广泛的连接。
> 因为内容不只是新闻，现在的内容生态已经发生根本性变
> 化。除了大众理解的那种狭义的新闻……我们现在做的很多
> 内容，已经超越了新闻的概念和范畴。对这些内容，要让自
> 己的人足够专业，可能要花很多时间和精力去打磨，要让他
> 自己从头学起。这样的内容可能时效性要求并不高，但对受
> 众来讲是需要的，我们尽可能去打通处理，结合优势资源去
> 做……特别是一些新兴的内容行业、内容产业，应该更多考
> 量把每个人不同的优势怎样组合起来，才能得到一些新的
> 做法。

（一）新闻生产中的技术使用与线性协作

澎湃新闻的新闻生产创新中，相关从业者在使用新兴技术
时，一方面明确地坚守着同新闻生产、新闻报道相关的原则（如
选题、把关原则等），另一方面在传统线性协作逻辑基础上，建
立了便于集体作战的新的线性协作运转体系，表现出明显的偏向
规范性的特征。首先，为适应互联网时代传媒生态和转型发展需

要，澎湃新闻在经历过"小组制"① 的运作阶段后，为整合优势
资源而重新建立起类似于"部门制"及"中心制"的运作机制。
正如在澎湃新闻中负责品牌和经验推广的团队管理者所言：

> 前期在澎湃新闻打品牌的一两年内，专业化分组、小组
> 式的运作方式，很大程度上解决了过去作为一个地方性媒体
> 的影响力很难有那么大规模"出圈"的可能性的问题……但
> 这又要分阶段，小组制运作了三五年，后来我了解的是，我
> 们又重新规划了部门的建制，又变成部门制的设置。环境已
> 经发生巨大变化……如果再按以前那种设置来运作，可能也
> 会导致很多专业记者想做的事情做不出来，不想做的事情做
> 起来也很无味，就会造成大量的人力浪费。这时候专业上我
> 们已经有了积累了……如果能够让各方面的记者有互相的协
> 作，可能比较利于在重大新闻事件发生时做优势资源的
> 配置。

同时，在新闻生产与传播方面，澎湃新闻面对互联网技术冲
击引入了新兴技术力量，却也明确地坚守着新闻生产与新闻报道
的原则。其中较为典型的表现有其对要闻中心这一团队及职能设
置的坚持、对资深传媒从业经验的尊重及对算法推荐等技术的谨
慎使用等。澎湃新闻内容方面的高层管理者就要闻中心展开的阐
述，便充分体现出澎湃新闻的新闻生产理念及技术使用观念：

> 有的单位已经很新潮了，不叫"要闻中心"了，改成

---

① 黄芳：《澎湃新闻的深度报道探索》，载《青年记者》2017 年第 22 期。

"生态运营中心"等更加互联网化的名称。但我们一直沿用了"要闻中心"，传统媒体时代，它承担的是编辑部的任务，到现在，它大多是承担运营的任务。首先得负责运营澎湃新闻的首页和首屏……澎湃新闻在算法方面，一直是谨慎和温和地使用，首屏的运营都是要闻部的从业 15 年左右的资深媒体人在做。还有一些首页的精选，大部分也是他们在运营。第二个重点运营的弹窗……特别是重大新闻的推送，是不是又快又好，弹窗推送是直接能够体现出来的……早晚报也是各家媒体早上和晚上争抢的阅读时段……还有一个是对重大时政类稿件的运营……还有一个也是我们的日常工作，就是对全网快讯的抓取。有别于我们的原创的发稿，要闻中心会根据主要的日常工作，对全网快讯进行关注和抓取……主要是人工，我们没有用机器，我们关键在乎它的新闻价值。

其次，澎湃新闻中依托内容科技展开的视频内容生产，曾经历过跨部门的协作或协同阶段，却也已随着视频中心的建立而形成更为有序的协作或协同状态，并借助新兴技术提升了生产效率。正如澎湃新闻视频内容生产方面资深的一线从业者所言：

转型的时候没有独立的视频中心，做视频的人是分散在几个部门的，往往会出现重复的问题。比方说有一个体育的赛事或者文化展，文体部门可以做，本地新闻也可以做，就会出现新闻内容的重复，也是一种人力资源的浪费。毕竟为了抢新闻，各部门间不可能沟通得那么及时和细致……那段过渡的时间里，各部门如果有剪辑要求，就会由一个相对独立的剪辑小组来对接，由他们帮忙完成。如果记者不太会拍，对画面要求比较高，也会邀请他们一起去拍摄，拍完再回来剪。另外还有一个专门做新闻聚合的小组，就是把当下的热点新闻做一个内容的聚合，呈现完整的多角度的新闻，素材一般都是网络搜集。但随着对流量的要求越来越高，这些的出稿率太低了。慢慢地，随着短视频阅读量的需求的提升，成立了独立的视频中心，再根据不通的内容划分了不同的部门。视频中心各部门都有自己相对固定的栏包……出于审美需求或内容更迭，我们也会定期更换栏包。这样可以提升效率，包括直接用 logo、字幕条、人名条、录音的底纹、片头、片尾这些。

澎湃新闻在新闻生产中形成的以线性协作机制为主导的合并实践之所以属于规范性偏向，还因为同偏向创造性的合并实践相比较，相关技术在新闻生产中的融入对新闻生产而言的价值，主要体现在效率提升、内容呈现方式等层面。在访谈澎湃新闻一线记者（兼有编辑工作）的过程中，当问对方曾提出或者会提出何种关于"π系统"（采编管理系统）的技术需求时，对方表示最主要的需求是提升操作的便捷性和稿件的录入效率，而当问对方在日常工作中会同哪些部门互动时，对方所提及的部门亦多为同新闻生产直接相关的部门。在问及同技术中心互动较多的新闻生产部门有哪些时，澎湃新闻技术方面的管理者表示有要闻中心、时事新闻中心等，同时相关部门的技术需求主要集中在内容的呈现方式上：

　　有几个部门（同我们）互动比较多一些。比如要闻部门，他们的需求还是比较多的。理论上放到一般的互联网公司，他们应该叫运营部。他们负责比如核心的位置应该放什么新闻，其实是运营位的配置，还有一些评论的管理、一些排行榜、热搜，这些东西的摆放位置之类的。还有一些是时事那边，因为时事新闻在我们的新闻里是占比较多的，他们有时候会提一些建议。比如事件时间线，我们最近就上了这个功能。因为很多长期事件，比如之前有个关于大象的新闻报道，是一个连续性的事件，大象几天走到哪儿有一篇报道，几天有一篇报道，那怎么能更有效地展现到我们的新闻里，让前后文更清楚，或者上下都能看到。后来就开发了事件时间线的功能，可以把所有新闻给串起来，形成一个大的时间线的稿子，然后可以用生成海报一样的方式，把整个时间线分享出去。这样其实能更有效地做传播。

（二）内容产业拓展中的技术使用与交互协同

跟狭义的新闻生产领域的技术使用和技术创新不同，在内容产业的拓展中，澎湃新闻从业者尽管同样坚守着"内容为王"的理念，却更加深入地强调并发挥了技术的创新驱动作用，形成了以非线性协同机制为主导的偏向创造性的合并实践。有强大的新闻生产实力和新闻方面的品牌影响做支撑，澎湃新闻在更多业务运转中深度融入新兴技术以拓展内容产业体系的实践，也有了更有力的合理性保障及获取更多用户认同的基础。澎湃新闻经营方面的高层管理者曾说：

原来的"媒体"是一个狭义的概念，做好采编就行了。

但现在我们有那么多运营部门，第三方平台的运营部门，平台号的运营部门……第三方创作者可以是个人，可以是政府，也可以是媒体……还比如知识付费，就是一个新的领域，大家可以做尝试。因为在我们这个体系内，鼓励内部这种孵化、创业、创新。当有了一定的流量，是不是能尝试这么多的事情。但肯定不能跳脱内容。我们现在更多还想做一些投资，也是相对于内容领域的，内容产业链路，不可能偏离主业去走，不然就完全没有优势。假设哪天搞个技术公司，也很正常，因为是基于内容技术、媒体技术，或者成立一个内容风控公司或广告公司，都没有跳脱整个核心主业，在内容链条上。

深度融入技术而推动的内容产业拓展及以非线性协同为主导的机制创新，在澎湃新闻日常的运转中往往围绕运营、技术、营销等展开，同时也会涉及新闻生产的跨工种、跨部门、跨中心的互动。尤其是相应传媒组织内互动新闻中心同其他部门间的互动，已经形成高频、广泛且常规化的状态：

基本上所有大的策划都会叫上互动部门，因为任何大的稿子势必要分发。尤其是策划类的，可能会在立项时就把互动部门放进去，我们也要提出我们的方案。怎么在微博上做话题运营，哪个话题更合适，我们会提供建议，是不是要做投票，哪篇作为重点运营，是不是要配视频，是不是要配抖音，抖音需要什么样的素材……因为拍短视频和拍抖音视频的思维不一样，抖音上可能只需要抓细节，尽量拍一些竖屏的，这个一定要提前沟通好。他们那么费心做的东西，肯定希望有更大的传播力和影响。所以我们这个团队跟几乎所有这些部门都要有很紧密的沟通，各个中心我们都有对接群，他们有觉得特别好的报道、好的策划，都会第一时间推荐给我们。

澎湃新闻技术方面的管理者谈及同技术中心互动较多的部门时还说明，除前述以新闻生产、发布为主的"时事新闻中心""要闻中心"等，"澎湃号""问吧"等产品或平台运营及新业务的开拓都需要技术的深度融入；同时针对或依赖技术获取的数据反馈，也对运营创新、营销创新甚至新闻生产创新等有参考价值，并可能促进相应的技术创新、技术使用与交互协同。正如其所言：

> 我们有个"澎湃号"，分为"湃客""政务"和"媒体"，这一块有很多运营人员来做……刚给你看的那个（技术）需求列表里有一栏都是政务号和媒体号的。还有"问吧"……最近刚好更新了一版，使叠楼叠得更方便一些，能够让更多人看到，以这种方式增加一些互动的功能。后续可能还会增加一些点赞的新功能，大家都习惯点个大拇指之类的，怎么让点赞点出花呢？……我们在讨论，怎么让这些功能跟具体场景更加契合，达到更好的互动效果。还有一些应该算我们的新业务开拓。知识付费是一块，我们最近是迭代在做小游戏……这种有一部分由我们产品（经理）直接提出，因为他们会有一些方向说想做更多互动或做什么促使用户更活跃，我们的产品经理就会去构思，而且会去看一些竞品，主要看的是互联网公司的，也会看人民日报等媒体的，看看他们有

什么新的功能点⋯⋯这样也能大概了解行业内有没有新的东西出来，看我们有没有必要也做一个或者怎么样。

具体每个产品功能上线后，包括上线前都会规划埋点，看要通过什么样的埋点，才能取到相应数据来看这个功能做得好不好。比如我们有早晚报，我们前段时间给它加了一个语音功能，得看到底有多少用户从早晚报的页面点击到它的语音，看有多少用户用了这个功能，会有一个比例。这个比例的数据其实是一个衡量标准，我们可以判断这个功能到底做得成不成功。所以我们产品经理会比较关注这个点⋯⋯还有其他类似的各个功能，每个功能都需要有对应的数据，我们才能认真评估这个功能到底做得好不好。

（三）在协同中重建"秩序"的管理机制创新

在以新闻生产为核心而拓展内容产业体系的进程中，澎湃新闻不仅通过相应管理机制创新推动线性协作机制与非线性协同机制创新，而且在以非线性协同为主导的实践中探索重建线性协作秩序，并在推动从业者积极创新的同时保障业务运转秩序和效率。田野调查发现，澎湃新闻有关新闻生产与运营的互动及其他部门或其他业务运转中的互动，均呈现出越发有序的状态。通过访谈澎湃新闻内容生产方面的一线从业者（记者）笔者获知，很多跨部门的互动已成习惯，在管理体系中也已形成一些关于跨部门合作的流程要求、报备程序等。

而对于考评机制的创新，澎湃新闻尽管同其他诸多媒体一样围绕项目奖励、总编辑奖和常态的考评机制展开，却充分体现了综合考虑质量和流量、以"考核权下放"促进创新等理念。一方面，澎湃新闻既设置有总编辑奖，给予高质量报道相应奖励，也会根据流量排名而给予高流量报道相应奖励。另一方面，在日常性考核方面，澎湃新闻深入贯彻"考核权下放"的理念，由具体的部门负责人主导考核标准的制定并由其对团队成员进行考核，而更高级别的管理者及顶层设计层面的管理逻辑，仅对相应考核体系的制定和考核行动起调节作用而非主导作用，即主张通过契合实际细分的、动态的标准，来对传媒从业者的工作进行考核并促进其追求创新。这在澎湃新闻不同部门（不同团队）的管理者阐述中均有明显体现：

> 澎湃新闻一以贯之的考核逻辑，在某种程度上体现了优势，就是考核权下放。一级对一级负责，上面也有统筹，但不会管那么细。比如根据这个部门的特质，这段时间要冲影响力，部门领导就说新闻只要保证是真实的且没有其他大问题，就要出影响力，必须把数量和流量做起来，这段时间可能重点考核这个。过了一段时间，影响力建立了，增长空间也有限，还可以强调专业化，又会调整指挥棒……每个中心的各部门，可能每个阶段都有侧重点。

> 一个部门的每个岗位都不一样。做社群运营的和做视频、微博、微信的，怎么能用同一个标准来考评？微博肯定看日常工作量、发稿量、质量，做话题的能力和流量也是一部分。微信也是做了几波，数量是一部分，质量是一部分，有多少是花了心思的、原创的。曾经一条十几分钟的视频稿，做成微信那篇稿件花了一个多小时，这个我就觉得值得鼓励。复制粘贴做一个视频也是做，他认认真真看了视频内

容，然后做了一篇文章，关键帧全部截出来做了一个很好的梨花体编排，效果特别好。这一个多小时也是做，就不可能打一样的分数……就要综合考虑量和质。我们特别好的一点是有很多可以自己主动去做的事……只要有人力，只要我们有空隙和精力，就会鼓励大家尝试新的东西。他们只要有这个，都是额外给加钱的，去做了，当然要有回报。

也正是在契合实际且动态变化的考核体系及多种奖励机制的配合作用下，澎湃新闻在面对互联网技术冲击及应对动态变化的建构新业务、新产品的需求的过程中，形成了创新意识、学习意识、竞争意识等均较强的学习型团队。相应学习型团队的特征，在澎湃新闻内容方面（数据新闻）的部门管理者就部门内成员成长历程进行的阐述中充分体现出来：

> 我们部门几乎都是偏一专多能。即使数据编辑他们是新闻背景出身，也慢慢转型，有的人会往偏技术的方向发展，有的人会往偏内容条线的方向发展。整个部门的氛围我觉得很好，还是一个偏学习型的团队，比如这两天是节后刚回来，编辑们可能都在想选题，还没有选题成形，可能有两三天设计师们就比较闲，每个人都在学习。而且很多是在学习中、在项目中成长。我们部门做的选题，大多数能有相对来讲合理一点的时间，在这个合理的时间里，是可以去学习的，可以攻克一些技术难题……比如有两个做 3D 的，本科就是学 3D 动画的，其中有一个已经慢慢转型到基本什么都做了，从采到写到拍摄、制作一条龙，他也全都搞定了……所以，除了数据编辑那一块有些新闻专业毕业的，其他都是

融合型发展的。

三、不同层面的运转机制创新与技术融入

相较于澎湃新闻在不同业务运转中选择不同偏向的合并环节，南方都市报是在不同层面的布局或运转中体现出不同偏向的合并特征。作为智库化转型的重要探路者，南方都市报"放弃了大部分的一般资讯"[①]，致力深度挖掘和转化信息的公共服务价值，形成了智库媒体建设、视频内容与平台建设等不同业务并行的总体布局，并在新闻生产与智库服务等方面形成了以非线性协同为主导的技术使用与机制创新特色。南方都市报在具体业务运转与技术使用中，表现出明显的偏向创造性的以非线性协同为主导的合并特征，只是由于相关业务布局中的多线并行逻辑的存在，以及进一步打破原有壁垒和预防新壁垒产生的努力仍在进行中，很难让人忽视线性协作逻辑在其中的重要影响。

南方都市报在新闻生产与智库服务的发展过程中，已基于全员智库化转型[②]形成深度的交互协同机制；而除智库类的内容生产、产品建设与运营体系建设外，客户端平台建设、视频产品生产等也是南方都市报的重要业务，不同业务多线并行的相互配合的特征，跟总体上明显偏向创造性的多方面业务交互构成的生态

[①]　任琦：《"我们放弃了大部分一般的资讯"——南方都市报智库化转型观察》，载《传媒评论》2020年第4期。

[②]　参见任琦：《从办中国最好报纸到全员智库化转型，南方都市报这两年在干什么？》，载微信公众号"全媒派"，2020年6月6日，https://mp.weixin.qq.com/s/DwFJkIqXDx2Zh1uGLWjweQ，2020年8月26日。

体特征间存在较明显的差异。相对于主张从业者建构复合型能力体系的传媒组织而言，南方都市报尽管也要求从业者打开视野并多关注其他领域的情况，却也更加鼓励从业者结合自身兴趣与业务发展需求而建构专长，自然更容易形成"积木"① 般紧密嵌接而非像"水"② 一样流动的运转体系。

（一）多线并行的核心业务布局

就核心业务布局而言，一般化新闻资讯的大幅度减少，智库服务体系的持续建设，以"南方都市报"与"N 视频"客户端为重点的平台建设，及扩大视频内容生产等，均是南方都市报在融合转型进程中利用技术而探索创新的重要方向。其中诸多具体业务实践尤其是智库类内容生产与产品运营，尽管属于内容产业体系范围，却也对传媒组织的能力结构及其在网络社会的认同度提出新挑战。为此，高度契合政策要求而建设新能力和新业务，成为南方都市报在追求创造性的同时保障合理性，并尽可能获取传媒组织内外对其创新理念与创新实践的认同的重要路径。南方都市报内容方面的高层管理者在接受访谈时的阐述，也体现出对新能力建设及契合政策要求而推进融合转型，对南方都市报面对互联网技术冲击和传媒生态变革时的选择的影响：

> 按照南方报业传媒集团的整体部署，我们积极践行"三个优先"战略（移动优先、数据优先、用户优先），构建起媒体智库的研究力、服务力和连接力，形成了"新闻＋政务

---

① 此为南方都市报内容方面的高层管理者接受访谈时的说法。
② 此为封面新闻初创期负责人接受访谈时的说法。

服务商务"新能力。

根据 2020 年中央出台的《关于加快推进媒体深度融合发展的意见》，主流媒体要探索建立"新闻＋政务服务商务"的运营模式。南方都市报走的恰是一条高度契合中央政策要求同时又具备南方都市报特色的智媒转型道路，逐步建构起"新闻＋政务服务商务"的能力体系。

我们进行内容供给侧改革，就是大幅压减碎片化、浅表化的新闻生产，把宝贵的记者资源、精力、时间投入独家的、深度的、有影响力的、有特色的新闻内容和智库产品生产上。在当前这个信息过剩的时代，能不能提供让人眼前一亮、与众不同的内容，特别重要。智媒产品是建立在新闻内容生产基础上的拓展和延伸，不仅仅是资讯类内容，也包括民生服务类内容、行业调查类内容、分析报告类内容，是从多元角度观察问题、分析问题，融入基层和行业治理，共同推动问题的解决。

基于这样的考虑和总体性布局，南方都市报在多轮改革创新中实现了从传统报纸向智库媒体的突破式发展，并在组织架构的动态变化中形成了明确而且有序的业务布局。王志中曾提道："为了弥补媒体做智库专业性的不足，南都创新人力机制，重构团队资源……南都每年至少调整一次组织架构。"① 可见南方都市报在这一问题上的关注与努力。结合田野调查与文献分析发现，南方都市报在推进智库化转型的同时，重点打造了"南方都

---

① 王志中：《智慧分发 智库赋能 智能生产——从几个典型案例看智媒体建设》，载《新闻战线》2021 年第 16 期。

市报"客户端和"N视频"客户端等，并以采访中心、融媒体中心等团队布局支撑多方面业务运转。

无论是南方都市报展现的业务运转现实，还是学者对南方都市报转型经验的分析，都说明其在多轮驱动的过程中，深化了新闻生产中的交互协同及新闻生产与智库服务间的交互协同，但同时从新能力的建设到新产品的建设，从智库服务到客户端平台建设与运营（包括视频平台建设与运营）等，都表现出较明显的多线并行的特征。南方都市报内容方面的管理者曾表示采访中心、融媒体中心等不同中心需保持整体的协同状态。田野调查还发现，在整体协同状态或期待下，差异明显的业务创新方向在很大程度上决定了有些业务仍需多线并行地展开，深度的常态化的交互协同是传媒组织需持续探索的方向。

（二）新闻生产与服务创新的非线性协同

基于前述多线并行的核心业务布局，南方都市报在新闻生产与服务创新的互动中，通过资源共享与转化、产能重构、人才转型、机制建设等，推进了以非线性协同为主导的深度改革。这种非线性协同，同新京报业务运转中的高效衔接、封面新闻业务运转中的协同机制均有一定差异。而相应非线性协同及新业务的建构与发展，同样离不开技术驱动，甚至是技术深度融入传媒组织的时间维度并不断搅动的结果。智库内容生产与产品运营体系的建设，便是极为典型的数据驱动与传媒经验深度结合的结果。正如南方都市报内容方面的一位高层管理者所言：

大数据研究院是南都智媒转型的重要驱动平台，我们以数据为抓手，通过建立大数据研究院，逐步构建起智库媒体在城市治理、社会治理、行业治理中的研究能力、连接能力和服务能力。广州城市治理榜、互联网合规治理、南都鉴定等课题，就是契合当前国家治理体系和治理能力现代化发展要求，发挥智库媒体深入调研、敏锐研判、广泛连接、数据测评等优势和特色，通过课题研究和智媒服务推进城市治理、社会治理、行业治理现代化。

表现在传媒领域常规性的新闻生产中，以非线性协同为主导的技术使用与机制创新，不仅促成了集体作战式新闻生产机制的例行化，而且在一定程度上推动新闻生产者参与更多业务创新。在访谈南方都市报内容方面的高层管理者时，对方就采访中心的结构性改革、运转机制创新及其同其他中心的互动进行阐述，认为进一步融通相关部门、团队并深耕用户需求非常重要。

> 通过智媒能力建设，我们在原有内容传播力基础上，不断拓展智库媒体的新能力和新价值，和用户的联系更加紧密，对用户的信息服务也更加多元和丰富。比如我们在教育和健康领域垂直深耕，通过线上直播、线下论坛、群圈活动等延伸智库媒体的服务能力。南都教育联盟、南都健康联盟就充分发挥了智库媒体的连接能力，聚合资源，服务用户，充分契合并精准响应用户需求。同时，创意部门、运营部门会为智媒服务提供各种支撑，让智媒服务的线上创意传播、线下活动组织变得更加顺畅和高效。

而在跨工种、跨部门、跨中心的交互协同中，项目制已成为南方都市报推进技术创新及技术使用、智库建设及诸多业务创新的核心。尤其是技术融入下的新闻生产与智库服务的深度交互，不仅常围绕项目制展开，而且发挥了技术的支撑作用和驱动价值。首先，对于新闻与智库的关系，南方都市报将其视作"鸟之两翼、车之两轮"①。南方都市报内容方面的高层管理者曾如是阐释新闻与智库的关系，以及技术在新闻生产、智库建设及协同或协作中的作用：

> 有人问我们转型做智库报告了，还做不做新闻，其实智库报告、榜单测评等内容应该说是新闻报道的深化和转化，与新闻生产是相互驱动的……总体来讲，是以新闻作为事实基础和研究领域，通过智库研究促进新闻内容的深化，通过新闻报道推动研究成果的传播。媒体在传播方面的优势可以为研究赋能，创意和技术对于智库研究成果的传播都很重要。
>
> 虽然我们做智库媒体，但绝不是不做新闻，新闻的影响力、传播力非常重要。从转型一开始，从大数据研究院成立的那天起，我们就提出新闻内容生产和智库内容生产是互为促进、互为补充的，是"鸟之两翼、车之两轮"，不可偏废。前几年很多人问：你们都去做课题了，谁来做新闻呢？或者说会不会存在两者间难以兼顾的问题？我们实践中也的确遇到了一些问题，但我们给不同的人才设计发展路径，目前形成了五大人才发展序列，在原有的采编序列基础上，拓展出研究序列、技术序列、设计序列、运营序列。比如采编人才

---

① 此为笔者进入南方都市报进行实地调研时通过深度访谈获知的信息。这一观点，也在南方都市报从业者发表的多篇论文中得到印证。

有擅长做新闻、做调查、跑突发的，仍然需要这样的记者。同时在垂直领域，在行业中扎得比较深、有丰富积累的记者，可以进一步向研究型采编人才转型，不断提升自己的能力，我们鼓励这批人形成研究序列。有很多原来的资深记者、编辑，现在是作为研究员在开展工作。

对于新闻生产与智库内容生产在具体实践中的交互协同，南方都市报的高层管理者、一线从业者等更是从人员配置、互动机制等方面进行了阐述，充分说明新闻生产与智库内容生产相互促进的必要性、可行性和有效性。南方都市报内容方面的高层管理者表示：

> 我们很多课题研究，不是某一个新闻部门就能完成的，需要把这些资源融合打通……我们媒体智库有一个特点，就是"专职＋兼职"，不是另外组建一个专门的团队做智库，而是充分发挥采编部门对相关领域的积累优势，对新闻内容进行深加工和长周期观察。大数据研究院课题中心和采访中心是紧密联动、互为驱动的关系。很多垂直领域的课题研究，是落在采访中心的新闻部门推进执行，很多研究员本身就是资深的记者和编辑。所以大数据研究院有很多课题组，就在采访中心的采访部门。我们没有另起炉灶，没有专门成立研究部门，没有专门招一批研究员来做研究，如果那样做很容易和原来的采编业务脱节，也很难互相赋能。基本上每个新闻部门有一到两个核心课题在推进，既做新闻也做课题研究。
>
> 在新闻和研究互为促进的实践方面，个人隐私保护课题

非常典型。这个课题的成功之处，就在于精准地抓住了它的新闻属性和社会议题的公共价值。2016 年底，个人信息保护话题还不是那么受关注的时候，南都先通过一组调查，通过议程设置引发了大众对这个话题的关注……2017 年第一时间成立了个人信息保护课题小组，专门研究各类互联网应用的个人信息保护政策和漏洞，并进行测评。课题组测了 1200 多个 App，看它哪里得分了，哪里失分了。课题组连续多年发布个人信息保护的年度研究报告，对这些测评进行整体展现，用课题研究推动行业治理的规范发展。

同时，新闻生产与课题研究的相互赋能，较为突出地体现在新闻生产者在课题研究中的优势上。无论是新闻生产与课题研究的相互赋能，还是传统的传媒从业者转型形成的能力体系优势发挥，都离不开技术创新的支持。正如南方都市报课题研究方面的一线从业者所言：

> 采编团队在课题调研中有一个优势，就是他们突破能力非常强，跟其他一些咨询机构的研究员还不一样，是调研的时候非常需要的。我们要做大量的深度调研……记者出身的调研团队更能挖掘出深层次的一些信息。
>
> 在我们部门，用技术来实现表达手段的创新是一个方向，技术辅助课题研究是另外一个方向。辅助课题研究，比如企业声誉的实时监测的一个系统，我们叫企业声誉数据库，这个数据库确实能够很快地反哺课题研究，比如某个大企业出了什么舆情事件，我们可以迅速地根据数据库里面的信息，分析成一个稿件……技术在反哺课题研究方面是可以

做出很大贡献的。

可见，在相关能力体系建设的基础上，南方都市报以新闻生产与智库内容生产为重点，形成了既具有创造性又有利于增强服务性的新业务体系与新产品矩阵。而在围绕新闻生产与智库内容生产展开的机制创新与技术融入的过程中，相应传媒组织主张并大力推行着以非线性协同为主导的运转机制，并且有力推进了信息价值的深度挖掘和有效转化。

（三）从协作转向协同的管理体系创新

伴随新闻生产与智库内容生产及其他业务创新的展开，及更多创新需求的产生，南方都市报的管理体系也为推动业务运转机制从协作转向协同而不断创新。其中的重点便是促进新业务、新产品需要的新能力建设，尤其是深入某具体领域的新能力建设。包括鼓励从业者探索个人能力的创新，号召从业者将个人能力创新与组织创新结合，进而基于能力创新搭建实践舞台、拓展业务创新，并为其设置上升通道等。南方都市报针对实习生的定向培养计划，也是强化团队能力建设、提升管理效能的重要举措。

在促进能力建设的同时，相应管理体系通过"高位协调"、考核驱动及奖励激励、组织文化传承与创新等，促进从业者在观念层面与实践过程中逐渐破除传统的线性协作机制的壁垒，通过同其他中心、部门或团队成员的互动而形成例行化的非线性协同机制。较为典型的是，南方都市报在很大程度上打破传统的以"稿分制"为核心的考核方式及逻辑，根据新的业务运转和创新需求建构的考核体系，在坚守新闻生产原则和媒体职责等底线基础上，将课题研究和内容产品的传播力、影响力设定为重要考核维度，并将创新意识和创新能力、协同意识和协同能力等纳入考虑。除管理机制创新外，既有传承也有创新的组织文化及组织文化中的自我驱动，也在南方都市报探索以非线性协同为主导的业务运转机制及将技术融入时间维度的合并机制中，发挥了重要作用。

在转型过程中，顶层设计、机制保障、技术支撑、数据驱动等，这些都可以说是转型的硬件支撑。我们感觉到南方都市报很多事情要做成、能做好，还跟南方都市报整个团队的文化和精神气质紧密相关。很多时候，正是一种不断超越自我的创新精神，在智媒转型中发挥着重要作用。

第四节　深入"内容产业－社会" 互动场景的转换

从理论逻辑上讲，转换作为传媒组织以驯化互联网技术所得的新的意义为纽带而拓展自身同网络社会中其他节点间连接关系的过程，既在很大程度上决定了驯化的类型，又为引入、合并和客观化环节指引了方向，还在很大程度上受到合并环节的直接影响。以此为线索，分析澎湃新闻和南方都市报转换环节的实践发现，尽管相应传媒组织在合并环节以不同偏向或者多种偏向展开了实践，对应的转换环节却均呈现属于中间选择的状态。澎湃新闻和南方都市报探索驯化的理念与实践，还都证明协调探索型驯化取向上的传媒组织，往往会以内容产业为核心纽带而拓展自身与社会系统中其他节点间的连接关系，并在"内容产业－社会"互动场景中拓展传媒组织的核心价值体系及影响。只是相应内容产业体系是在传媒组织坚守新闻报道这一核心职能的基础上建构的，包含诸多依托新兴技术赋能而形成的产品和产业，还可能包含内容科技即为内容生产与运营提供直接支持的传媒技术，同在创造优先型驯化和规范优先型驯化中承载技术价值并拓展传媒组织与其他节点间连接关系的核心纽带，均存在一定程度的交叉。

进一步分析澎湃新闻和南方都市报在合并和转换环节的表现不难发现：一方面，由于经过引入、客观化和合并环节，相应传媒组织同互联网技术互动形成的新的意义，既是决定转换环节偏向的核心因素，也是传媒组织通过驯化技术所得新优势的重要表现，还暗含着传媒组织与互联网技术互动的总体性取向，转换环节的偏向自然会同相应类型的总体性驯化取向相一致；另一方面，在合并环节具有多种偏向的情况下，同一家传媒组织在转换环节的实践也可能呈现一种明显的取向，相应转换的偏向不一定会同合并的偏向一一对应，但也基本不会超出合并环节呈现的多种偏向的范畴。而之所以会有合并和转换的偏向不一一对应的情况，是因为转换环节除受到合并实践的交互影响外，还受到客观化环节及具体情境中多重因素的影响。

一、作为内容产业体系重要构成的技术输出

在"内容产业－社会"互动场景中最为直接的技术价值转换，无疑是以技术输出为纽带而拓展传媒组织与网络社会其他节点间连接关系的实践。只是由于相应技术输出围绕内容产业运转与发展而展开，是内容产业体系的重要组成部分，以技术输出为

核心纽带的转换实践自然属于中间选择而非创造性偏向。笔者于
2021年进行实地调研时，澎湃新闻已在技术输出方面展开尝试，
南方都市报所在集团（南方报业传媒集团）的科技公司也已在打
造"智媒云"，并且有了将"智媒云"服务延伸至集团内其他媒
体甚至集团外的设想。其中，澎湃新闻在技术输出方面，同偏向
创造性而拓展技术输出业务的封面新闻有相似之处，但澎湃新闻
侧重于聚焦支持内容产业发展的领域进行深耕，并且形成了契合
自身转型经验的技术输出特色。一方面，澎湃新闻针对互联网时
代内容生产与传播需求而打造的内容风控智能平台等，可为更多
从业者提供支持，本就具有连接传媒组织外其他节点的作用。另
一方面，澎湃新闻的技术输出，很多时候都是媒体融合转型方案
输出中的一个组成部分，是同媒体融合转型经验"打包"输出的，
甚至在某种程度上是从属于澎湃转型经验而存在的。这在澎湃新
闻不同业务、不同层面的多位管理者的阐述中都得到了体现：

> 我们在做技术输出……输出的是全套的我们本来就用得
> 很好的系统。为什么他们不找大的技术公司而找我们做，是
> 因为我们做的是最适合他们用的。比如某个省某个市要做媒
> 体转型，需要开发一套技术系统，我们都是采编领域的，我
> 们的需求绝大多数是相似的，我们就直接给他做一套技术输
> 出，这也是我们收入来源的转型。

> 正常情况下我们愿意提供的肯定是全案，最好是我们合
> 作在地方再造一个新闻品牌，有地方特色的。会签一个合作
> 协议，对方来选择澎湃新闻可以提供的服务，从采编的架构
> 设置到一线采编人员的管理、制度设计等经验，也包括我们

的技术运作方式以及一些管理上的知识……新的产品要建立起来，团队应该怎么规划、管理，包括薪酬、考核机制等，是一体化的。把我们的运作方式（分享给对方），比如我们有自己的技术团队，但技术团队负责核心的产品开发，更多的一些技术服务可能也要外包等。给客户展现我们整个的模式……甚至跟客户讲，有些是澎湃运行下来发现的问题，但澎湃不好改了，行之有年之后，从头改起的工作量和复杂程度高很多，但刚起步的就可以用最新的方式来操作，可以避免很多麻烦。

二、以内容产业体系为纽带的技术价值转换

尽管技术输出是以关系技术为纽带而进行的，却也可能是属于中间选择的转换实践；包含技术输出业务在内的内容产业体系，更是采取中间选择的转换方式的传媒组织连接网络社会中其他节点的重要纽带。相应内容产业发展不仅承载着传媒组织驯化互联网技术的期待及互联网技术的价值，而且会推动蕴含在内容产业中的技术价值扩散。而在以内容产业体系为纽带的技术价值转换中，澎湃新闻和南方都市报呈现出不同的路径：前者以平台为载体，不断拓展内容产业体系并推动技术价值扩散，即将客户端平台建设成汇聚多重业务并推动内容产业发展的枢纽，进而向网络社会中其他相关节点传递技术赋能的力量；后者以智库为核心，建构内容产业并推动技术价值扩散，即将智库化转型视作拓展业务体系的主要方向，并在智库服务体系的运转与拓展中释放技术价值。澎湃新闻和南方都市报在同一种取向上选择不同转换

路径的做法，既是为契合相应传媒组织的融合转型路径以回应融合转型进程中的诸多需求，也是相应传媒组织对自身优势的认知和期待、相关部门的需求与期待、政策指引及成效反馈等多重因素共同促成的。

（一）智库化内容产业发展中的技术价值转换

以南方都市报为典型的智库化内容产业发展中，承载技术价值的不仅有以新闻生产为基础而打造的内容产品，而且有智库类的内容产品及其他服务性产品。这些依托新兴技术而建构或创新的产品，在进入用户视野及其工作或生活时，传媒组织便建立起了自身与网络社会中更多节点间的连接，技术价值及传媒组织驯化互联网技术的意义也得到了凸显。包括获得中国新闻奖一等奖的"最美逆行者"系列融媒报道①、"南都优选"小程序②及诸多服务性较强的依托技术生成的产品等，均体现出此方面的意义。

同时，南方都市报利用新兴技术而推进的智库化转型，还取得了可观的经济效益，并形成了投入与产出相互促进的良性循环体系。包括智库类产品在内的新媒体产品带来的经济收益占据越来越重要的地位。以社群产品"湾姐朋友圈"为例，其始建于2019年9月，经过一年多的运营，拥有付费会员数千人。③南方都市报内容方面的高层管理者还曾明确表示：

---

① 参见王海军、李阳、裴萍：《南方都市报"最美逆行者"系列报道的融合创新启示》，载《南方传媒研究》2021年第6期。

② 参见王志中：《智能分发 智库赋能 智能生产——从几个典型案例看智媒体建设》，载《新闻战线》2021年第16期。

③ 参见王海军、李阳、裴萍：《南方都市报：做好圈层互动 提高传播效能》，载《中国记者》2021年第2期。

衡量转型成败，有一个重要因素就是可持续发展能力怎么样，能不能通过转型来实现整个利润结构的转化，不再简单地依赖于传统的报纸广告、传统的版面广告。我们要把它放在大量的新媒体、创意传播、短视频、智库报告、线下活动上，包括一些品牌传播，都可能成为新的利润增长点。

（二）平台化内容产业拓展中的技术价值转换

以澎湃新闻为典型的平台化内容产业发展，同样以新闻生产与新闻报道为核心而展开，其中承载技术创新价值的，既有作为枢纽的客户端平台，也有以客户端平台为载体而创新传播的新闻报道及多元化创新拓展的产品和产业，还有基于平台化思维而建构的其他资源网络、连接及互动关系等。相应产品创新、产业发展及互动关系的拓展等，均是传媒组织驯化互联网技术并将驯化所得新的意义扩散至更多领域、连接更多节点的过程。该过程取得的显著成效，也已在澎湃新闻的用户规模拓展中得到充分体现。正如时任澎湃新闻时事新闻中心副总监兼政治新闻主编的陈良飞于 2019 年发表的《澎湃的下一个 5 年——从内容运营视角看中国媒体融合之路》一文中提道，"5 年来，澎湃新闻一手生产优质原创内容，一手转载其他媒体或政务新媒体的优质内容，终于打造出了一个拥有 1.5 亿优质用户的时政类新媒体"[1]。具体到以基于平台而建构的产品为纽带的连接中，除常规的新闻报道创新与传播外，"问吧""澎湃号"等新型产品的建构、运作与

---

① 陈良飞：《澎湃的下一个 5 年——从内容运营视角看中国媒体融合之路》，载《中国报业》2019 年第 15 期。

推广，均具有较强的典型性。

此外，在互联网思维影响下，澎湃新闻在很多媒体都有尝试的操作方式上拓展着传媒组织与网络社会其他节点的连接关系，即基于转型经验、成效及自有平台、产品等展开各式各样的合作，并且展现出非常明显的多元化特征。包括以培训的方式建立更多连接和互动，以内容为基础而展开更多创新尝试和合作探索等。澎湃新闻当时负责品牌与经验推广的团队管理者对此进行了阐述：

> 我们是各种各样的合作方式都在探索，目的是让大家知道新闻是澎湃新闻的内核，但这个一直要做的事情是基础业务，澎湃新闻绝不只有新闻这么一个基础性业务。我们能够尝试和拓展的，都尽可能在尝试……我们还有澎湃研究所，跟研究院名字有点像，但研究所其实更多是提供城市治理的各个面向的，我们开一个玩笑，就是要把地球管起来，偏向于承担智库性的角色……有些方面我们做起来还有专业性的门槛，需要从头开始做起，那不如跟外界建立更多结合，以澎湃新闻的品牌影响力去加持他们，然后也有一些可能是以我们为主导的让其他的一些专业人士进来操作的项目。
>
> 对澎湃互联网传播研究院所有的培训业务进行分类，一类是针对我们同行的，关于媒体转型改革及新闻业务层面的具体的课程培训。另一大类是关于政务传播的，就是各个地方政府、各个政务机关，包括一些国企，可能有针对性的一些媒体合作的需求。还有商业性的，就是一些企业找过来说怎样建立自己的品牌传播思维，如何规避卷入互联网是非。我们现在也强调媒介素养教育，这是另外一个门类……澎湃

新闻做这些事儿，实际上不是完全从商业角度出发的……我们实际上是觉得传播的思维、方法和路径等，让各行各业的更多人了解后，有利于澎湃这个品牌的深入人心。

三、以技术赋能信息服务与网络社会发展

进一步分析澎湃新闻和南方都市报体现出来的深入"内容产业－社会"互动场景的"转换"，即以内容产业承载技术价值并以包含技术输出的内容产业体系为纽带，拓展传媒组织在网络社会中关系网络的实践，不难发现相应属于中间选择的转换实践仍是以新闻生产为基础的，并且推动了以"内容产业＋"为核心的超越媒体①的发展探索。从根本上讲，这种以"内容产业＋"为核心的发展探索分为两大层面：一是以技术赋能信息服务价值的深度挖掘与拓展；二是在信息服务价值转换中推动社会治理创新与网络社会有序发展。以"内容产业＋"为核心的"超越媒体"发展探索，则主要是围绕"内容产业＋"展开的突破既有传媒业务边界及传媒价值边界的探索。正如澎湃新闻提出"超越媒体"的概念，旨在强调媒体未来需"在做好传统新闻报道和媒体业务的基础上，努力思考内容行业新的趋势和方向，思考如何立足媒体的职责和使命来拓展新业务，介入和赋能内容产业链上更多的

---

① 2020 年 7 月澎湃新闻提出要"超越媒体"，此处借用"超越媒体"的概念，强调澎湃新闻和南方都市报在不断创新内容产业、不断拓展内容产业体系的过程中，表现出较为明显的突破传统媒体既有业务边界和价值边界的发展特征。

行业和领域"①。

(一) 技术赋能信息服务价值的挖掘与拓展

郭全中和王宇恒在其《中国媒体转型的分类、评价与实践研究》一文中曾提出，媒体需要考虑自身实际情况并重新锚定主营产品和服务，相应产品和服务应具备三大特点——"一是基于市场和用户痛点的产品和服务；二是具有一定的规模和发展潜力；三是充分利用了互联网等新技术来提升服务能力"。② 澎湃新闻和南方都市报在以新闻报道为核心职能与核心价值的基础上，以新产品和新服务为纽带而推进的转换实践及成效，恰体现出了相应传媒组织在技术赋能下挖掘与拓展信息服务价值的努力。其中，曾在南方都市报担任高层管理者且曾负责南方都市报转型方案设计的资深从业者，就互联网技术冲击下的媒体产品和服务进行了阐述，并认为连接能力和服务能力的建设与优化，是媒体发展的两种可能性：

> 除传播能力外，需要建立新的服务能力和连接能力。找到新的连接能力就会找到资源，找到新的服务能力就会找到新的市场和价值……缺技术就补技术，缺数据就补数据，缺人就补人。

---

① 孔繁丽：《对话澎湃新闻：已经 7 岁的澎湃，未来将如何"超越媒体"？》，新京报传媒研究官方网易号，2021 年 8 月 7 日，https://www.163.com/dy/article/GGPNAOB20514D0JD.html，2022 年 7 月 10 日。

② 郭全中：《中国媒体转型的分类、评价与实践研究》，载《新闻与写作》2021年第 3 期。

可以说南方都市报的融合转型探索，正是在"做新闻"基础上，以建构新的服务能力和连接能力为方向，依托新兴技术而深度挖掘和转化信息的服务价值，进而形成相应的新产品和新服务。南方都市报内部的管理者与一线从业者，均在其表述中诠释了深度挖掘信息服务价值的实践逻辑及意义。以其内容方面的管理者的阐述为例：

> 在推动课题研究应用化、产品化方面，化妆品行业治理领域的课题比较典型。只就化妆品有哪几家不合格进行通报、曝光，是传统新闻生产的操作。如果停留在这个层面，我们就只是对市场监管部门、药监部门发布的信息，做一个"二传手"。智媒就是要延伸它的价值链条，拓展它的服务场景。我们把全国的化妆品、药品的监管数据采集起来建立数据库，进行分析和再加工。有些分析得出的结论对行业发展和行业监管具有很好的参考借鉴意义，如果我们不进行大数据分析，就不知道这个。这些都是和传统的信息传播的区别，有增量，能洞察市场，能够给决策者、治理者提供依据。

澎湃新闻则在坚持做好原创新闻生产的同时，基于相应传媒组织积累的信息资源和平台资源等，利用技术赋能而开拓媒体发展思维，并朝着将技术力量与内容产业拓展深度结合而为更多行业赋能的方向前行。正如澎湃新闻中负责品牌与经验推广的团队管理者在阐释"超越媒体"意涵时的阐述：

> 不管是提超越媒体的概念，还是全链条内容生态服务商

的概念，都能看到以传统的媒体思维去定义一个媒体的时代已经过去了。平台的未来在于，不要把媒体这个行业窄化，整个互联网内容行业有那么多业态和形态，这些形态最基本的东西都是从内容出发的。澎湃新闻这么多年的新闻思维当中，最核心的、最好的财富在于积累的内容创意，怎么样把品牌和内容创意应用到整个大的内容市场行业当中，去实现更多可能性，很重要。整个内容行业那些成功的案例、经验当中，只要是澎湃新闻的品牌和影响力可以去探索和实现的，我们都应该去探索。所以除了我们自己孵化一些我们认为靠自己的力量能够达到的，我们还广泛地跟外界联动和合作。

（二）以信息服务推动社会治理与社会发展

协调探索型驯化中，在"中间选择"取向上以"内容产业＋"为核心而探索突破既有传媒业务边界的新业务、新产品或新服务，已成为诸多媒体探索的重要方向，以及相应传媒组织驯化互联网技术的目标期待。以南方都市报和澎湃新闻为代表的媒体，也在智库建设、平台建设、服务性产品开发等方面做出努力，并取得明显成效。而将澎湃新闻和南方都市报及其他选择类似路径的媒体转型实践及成效、驯化技术的实践及成效等置于网络社会系统，不难发现传媒组织深度挖掘与拓展信息服务价值的目标或影响不仅在于推进自身融合转型，而且在于以信息服务为核心而推动社会治理现代化发展及网络社会有序发展。

　　一方面，面对网络社会①给社会治理和媒体发展等带来的新挑战，以"内容产业＋"为核心的信息服务价值挖掘与拓展，既是传媒组织使自身成为网络社会中重要节点的可行选择，也是传媒组织发挥自身区别于其他节点优势的有效路径。当互联网技术对社会治理体系和治理能力现代化提出新要求②，传媒组织驯化互联网技术的过程必然会在某种程度上为社会治理现代化发展和网络社会有序发展提供力量。在协调探索型驯化中，依托技术赋能而深挖和拓展信息服务价值的传媒组织，更是以多元化的实践利用媒体的传播能力、连接能力、服务能力，在不断强化以信息服务为核心的内容产业优势过程中提升自身在网络社会的重要性——各节点与传媒组织互动并给予其认同与支持的必要性，以及传媒组织在推动社会治理现代化发展与网络社会有序发展中的积极影响。

　　另一方面，伴随互联网技术发展而兴盛的网络社会，必然会因互联网技术变迁而发展变化，并继续对社会治理提出新要求和新挑战。相应传媒组织驯化互联网技术的理念与实践，以及相应传媒组织拓展以信息服务为核心价值的内容产业体系的理念与实践，也必将需要随着技术变迁与网络社会发展而改革创新。当技术与网络社会发展到某种状态或新阶段时，以澎湃新闻和南方都市报为代表的选择协调探索型驯化的媒体，都需要改变相应的驯化路径甚至驯化类型或形成新的驯化类型，而其中的关键便是在新的情境中寻找新的优势。曾担任南方都市报高层管理者并负责

---

　　①　参见［美］曼纽尔·卡斯特：《网络社会：跨文化的视角》，周凯译，北京：社会科学文献出版社，2009年，第3页。
　　②　参见刘艳红：《网络时代社会治理的消极刑法观之提倡》，载《清华法学》2022年第2期。

南方都市报转型方案设计的资深从业者说过：

> 有时候大家自以为的优势不一定是优势，也可能没有意识到的或没有注意到的优势又显现出来，找到契合时代发展的优势很重要。

第五章　类型比较探因：影响不同驯化模式形成的情境分析

　　前述既有共性也有差异性的驯化模式，均形成于网络社会运行及我国媒体融合语境下，必然受到组织与技术发展、多重情境因素的交互影响并呈现动态变化的状态。在结构与能动性交互的逻辑基础上，比较分析创造优先型、规范优先型、协调探索型驯化的模式构成，并深入具体情境探究影响三种驯化模式形成的关键性因素，以深挖孵化不同驯化模式的情境因素组合及多重因素交互触发驯化动态变化的规律，有利于进一步深化研究发现并提升不同驯化模式对媒体与技术互动研究、媒体融合转型发展的意义。

　　相较于电视"家居化"过程，我国传媒组织驯化互联网技术的过程发生于生产端而非受众端，为拓展媒体与技术互动研究及有关驯化的讨论提供了重要依据。首先，比较分析发现，不同驯化模式在要素表征与内在逻辑上均具有共性和差异性，既验证了国内外既有的关于驯化理论的研究成果，也更为具体地揭示出我国媒体融合语境下不同驯化模式中各环节相互影响的主体性逻辑，及各环节对应要素表征及相关要素间的组合互动关系。其次，基于不同驯化模式的共性与差异性而深入分析相关情境因素发现，不同驯化模式均形成于网络社会运行的新要求、同传媒组织相关的结构性关系①变化、组织与技术互动实践中的不确定性等因素的交互影响中。相应传媒组织追求差异化竞争优势的过程中，具体促成创造优先型、规范优先型、协调探索型驯化模式的多重情境因素组合状态却不同。最后，由于不同驯化模式间具有交叉性，不同驯化模式间很可能存在相互转换与拆解并重组的可能性，及在不同情境因素交互影响下动态变化的一般规律。无论相关情境因素如何变化，"驯化"都作为过程而非结果而持续存在，既需要在政策赋能的基础上展开，又需要根据组织内外的结构性关系选择建构差异化优势的具体方向，并循着驯化过程中可能出现且可能对该过程产生影响的"不确定性"而优化实践策略及驯化探索中的风险管理和动态成效，进而在循环往复的"投入－产出"中前行（如图 5-1）。

---

① "结构性关系"一词在近年的社会网络、网络社会及传媒研究中均有使用。本研究一方面借鉴学者李艳红在《在开放与保守策略间游移："不确定性"逻辑下的新闻创新——对三家新闻组织采纳数据新闻的研究》一文中关于结构性关系的阐述及观点，另一方面根据网络社会的结构特征和运行规律而对结构性关系的内涵进行延展，用该词指代媒体与网络社会中其他节点的关系，以及传媒组织内部各成员之间的关系。

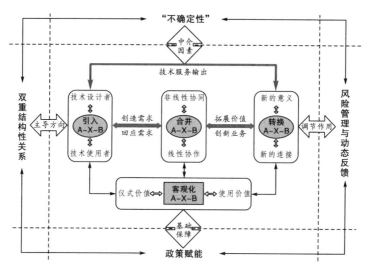

图 5—1　传媒组织驯化互联网技术的一般模式[①]

---

① 字母 A 代表该环节偏向规范性，字母 B 代表该环节偏向创造性，字母 X 代表该环节属于中间选择。综合创造优先型、规范优先型、协调探索型驯化模式的共性与差异性可知，传媒组织驯化互联网技术的一般模式，就各环节要素表征而言，不同驯化过程必然包含引入、合并、转换和客观化环节，各环节也均可能呈现创造性偏向（B）、规范性偏向（A）和中间选择（X）状态中的一种取向，或是不同取向并存及相互影响的状态；就各环节内在逻辑而言，不同传媒组织驯化互联网技术的过程，均可能以"引入－合并－转换"为主线、以客观化环节为辅助而展开，部分传媒组织还可能展开由引入和转换环节直接互动的实践探索。不同环节对应的要素表征与不同环节间互动的内在逻辑，既均是以政策赋能为基础而在双重结构性关系、不确定性、风险管理与动态反馈等因素交互作用下形成，也会根据不同因素的组合变化而形成不同状态。

第一节　影响创造优先型驯化模式形成的
情境因素

创造优先型驯化模式同规范优先型、协调探索型驯化模式一样，以双向循环的"引入－合并－转换"为主线、以客观化为辅助而展开实践，却在以合并的需求为先导而推进驯化探索的同时，发挥着引入环节的创新驱动作用，并形成了由引入与转换环节直接互动的实践逻辑。相应内在逻辑既印证了罗杰·西尔弗斯通及国内外研究中强调的各环节不一定会均衡发生[①]、"不同阶段在事实中是相互渗透、互相交叉的"[②] 等观点，也进一步契合着互联网技术的数字化、网络环境的虚拟化等特征，而明确了传媒组织与互联网技术互动中可能形成的各环节的重要性及各环节间相互作用的多种主线。同时，尽管创造优先型驯化模式中各环节的要素同规范优先型和协调探索型驯化模式中的要素基本一致，包括引入环节的技术设计者与技术使用者、客观化环节的仪式价值与使用价值、合并环节的线性协作与非线性协同、转换环节的新的意义与新的连接等，各要素的表征及不同要素间的组合方式或组合逻辑却不同。创造优先型驯化模式中既包含创造性偏向又包含中间选择且同另外两种模式对应环节既有共性又有差异性的实践取向，也正是在一系列要素的深度融合和有机交互中形

[①]　参见［英］罗杰·西尔弗斯通：《电视与日常生活》，陶庆梅译，南京：江苏人民出版社，2004年，第184页。

[②]　王炎龙、王石磊：《"驯化"微信群：年长世代构建线上家庭社区的在地实践》，载《新闻与传播研究》2021年第5期。

成的。

在结构与能动性互动逻辑指引下，深入分析创造优先型驯化模式的要素表征与内在逻辑，可知其形成于多重情境因素的交互中；多重情境因素的交互不仅塑造了相应的结构，而且会通过促进或抑制等方式塑造相应的能动性。具体触发或孵化创造优先型驯化模式的情境因素，不仅涉及多个层面，而且是在相互作用中释放影响：一是社会系统层面，网络社会运行中被放大的传媒技术痛点及为解决技术痛点而出台的政策，是促进创造优先型驯化被选择与实施的基础性动能；二是同传媒组织相关的结构性关系层面，组织间协同与竞争关系变化及其牵引产生的组织内基础条件变化，是促成创造优先型驯化的关键性因素；三是传媒组织与技术互动的具体实践层面，较高的不确定性，既是前述两个层面因素影响的结果，也是选择该类型驯化的传媒组织必须面临的问题。而较高的不确定性接受度，既伴随风险感知、成效预估等产生影响，也为创造优先型驯化的开展预留了时间与空间。就创造优先型驯化模式而言，影响相应要素表征与内在逻辑形成的多重情境因素，在相互影响中推动着传媒组织追求创造性并遵守规范性底线，而多重情境因素及其在相互影响中的变化，构成了该类型驯化得以产生或被唤醒的重要条件组合。

一、网络社会运行中传媒技术痛点的放大

从社会系统变化及其影响传媒体系的因素来看，最为突出的莫过于网络社会运行中传统媒体技术短板及传媒行业技术痛点被进一步放大。由于"网络社会的社会结构由基于微电子的信息和

通信技术推动的网络组成"①，传媒体系与具体的传媒组织作为网络社会中的网络（子系统或节点），必然需要适应技术变迁及网络社会变化而调整生存与发展策略。细化网络社会的变化，不难发现政策规制、经济条件、消费文化、市场竞争等，既是网络社会发展变化的表现，也是会伴随互联网技术变迁而变化的重要维度。对于我国传媒体系及其中某一传媒组织而言，政策规制、经济条件、消费文化、市场竞争等均是构成其生态的重要因素，均是影响其在媒体融合转型方向上选择具体发展路径的重要力量。在这一过程中，传统媒体的技术短板进一步凸显，相应传媒组织对互联网技术的认知、理解和把控能力及对新兴技术的接受、使用和创新能力，同许多互联网企业具有一定距离。

在我国传媒体系探索发展的进程中，网络社会运行中传媒行业的技术痛点，还通过相关政策对技术及传媒技术的重视体现出来。面对网络社会一系列变化及未来趋势，有关媒体融合的政策规制陆续出台，有力推进媒体融合发展。其中对技术的重视及对技术与传媒领域其他业务间关系的强调，更是推动传统媒体解决技术难题的直接力量。尤其是 2014 年习近平总书记在中央全面深化改革领导小组第四次会议上强调，"坚持先进技术为支撑、内容建设为根本，推动传统媒体和新兴媒体在内容、渠道、平台、经营、管理等方面的深度融合"②。2019 年习近平总书记主持中共中央政治局第十二次集体学习时又强调："要坚持一体化

---

① ［美］曼纽尔·卡斯特：《网络社会：跨文化的视角》，周凯译，北京：社会科学文献出版社，2009 年，第 3 页。

② 中国政府网：《习近平主持召开中央全面深化改革领导小组第四次会议》，2014 年 8 月 18 日，http://www.gov.cn/xinwen/2014－08/18/content＿2736451.htm，2023 年 8 月 25 日。

发展方向，加快从相加阶段迈向相融阶段，通过流程优化、平台再造，实现各种媒介资源、生产要素有效整合，实现信息内容、技术应用、平台终端、管理手段共融互通，催化融合质变，放大一体效能，打造一批具有强大影响力、竞争力的新型主流媒体。"[1]

作为直接推动传统媒体解决技术痛点的重要力量的政策规制，既强调了技术的重要性也强调了信息内容、平台等多方面的重要性，为融合转型探索中的媒体指出了需坚守与创新的方向。在政策赋能下积极应对技术痛点及其带来的影响，成为传媒组织顺应网络社会运行规律、发展趋势而需要且可以做的事情。而根据罗杰·西尔弗斯通强调的占有需与转换环节相称的观点[2]及封面新闻的发展历程和现实情况，自引入环节便为建构传媒技术优势而努力，及不断强化基于驱动型技术想象而展开的引入环节的创新驱动作用，并在引入、合并、客观化和转换环节均尽最大努力追求创造性，以强化自有技术优势的有效性和影响力，也就成为相应传媒组织可行的选择。

二、组织间协同与竞争牵引的结构性关系变化

在网络社会中，结构性关系不仅存在于传媒组织与其他组织或个人之间，而且存在于传媒组织（社会群体）内诸多团队或个人之间。相比较而言，在同传媒组织相关的结构性关系变化层

---

① 习近平：《论党的宣传思想工作》，北京：中央文献出版社，2020年，第355页。

② 参见［英］罗杰·西尔弗斯通：《电视与日常生活》，陶庆梅译，南京：江苏人民出版社，2004年，第193页。

面，影响创造优先型驯化模式形成的关键性因素，是由组织间协同与竞争为主要牵引的结构性关系变化，表现为在政策、经济、文化、技术等因素影响下，传媒组织与网络社会中其他节点（以组织为主）的协同与竞争关系变化，与随之进行的组织内基础条件（以架构布局与运转逻辑为核心）改革，及进一步发生的双重结构性关系交互变化等。可以说在网络社会运行与媒体融合转型中，结构性关系变化必然会发生，组织间协同与竞争关系与组织内基础条件之间，也必然存在交互影响的关系；而触动创造优先型驯化发生与发展的结构性关系变化，是倾向以组织间协同与竞争为牵引、由外而内展开的多重结构性关系的交互式变化，表现出以建构期待的组织间协同与竞争关系为目标，深度改革组织内架构与逻辑的特征。

（一）作为主要牵引力的组织间协同与竞争关系

在结构性关系变化过程中，发挥主要牵引作用的组织间协同与竞争关系，及相应协同关系与竞争关系的交互，既是推动组织内架构与逻辑变化的重要因素，也是推动传媒组织探索创造优先型驯化的重要因素。相互传媒组织对组织间协同与竞争关系的重视，及依据组织间协同与竞争而再造组织内架构与逻辑的选择，集中体现在建构"影响力节点"[①] 的探索中。"影响力节点"即在网络中发挥关键作用的节点[②]，其重要性不仅表现在同其他节点产生更多连接的能力上，而且表现在对其他节点产生更大影响

---

① 张冰清、芮必峰：《旧理论遭遇新传播：网络科学视角下"意见领袖"研究的困境及出路》，载《新闻大学》2019 年第 6 期。

② 参见张冰清、芮必峰：《旧理论遭遇新传播：网络科学视角下"意见领袖"研究的困境及出路》，载《新闻大学》2019 年第 6 期。

的能力上。由此，"影响力节点"的打造必然离不开对传媒组织与其他节点间协同关系与竞争关系的考虑，甚至需要在协同关系与竞争关系的交互中，找到拓展可协同的资源及增强竞争力的出路。正如被问及为何如此重视技术并以技术驱动创新发展时，封面新闻初创期负责人就都市类报纸发展历程及全国的媒体发展格局进行了回忆：

　　在2014年底及2015年的时候，市面上已经有了一些客户端，包括今日头条，以及一些报业、广电媒体的客户端，当时基本上大家都认为这个是"红海"。第一是必须要做，第二是要想办法把它做好。要做好，就要找准时代的特点、行业的痛点。在2014年、2015年，传统媒体衰落得已经很明显，我们报纸大概在2011年达到一个最高点，2012年有小幅衰落，2013年、2014年也有下滑。从PC到移动互联网，特别是智能手机的普及，对我们来讲是致命的冲击。智能化的这种传播，移动智能手机这样一个物理介质，成为人们身体的一部分、人体的一种延伸。在这个过程中，对传统媒体最致命的挑战，实际上是技术的挑战，我们没有技术，我们只生产内容。所以做封面的时候，一定要有自己的技术团队，要有自主研发的核心技术……那时候大多数新闻客户端都采取购买技术的方式，市面上也有一些技术公司……但我们没采取这样的路子，还是立足于自建技术团队，自主打造核心产品。

　　就封面新闻而言，影响创造优先型驯化模式形成的情境因素中，组织间协同与竞争关系的影响，明显强于组织内基础条件的影响。站在建设封面新闻的时间点，看国内其他同类媒体发展情况，澎湃新闻更早建设客户端并推进以客户端平台为载体的融合转型；在延续性创新而非颠覆式创新①中强化内容生产实力与优势，更是传统媒体的普遍选择。封面新闻决策者也正是因此认为，若要在全国的传媒领域乃至文化领域突围，便需要打破路径依赖②，循着契合行业痛点的路径，基于内容生产优势而打造传媒技术优势。在这一过程中，与封面新闻具有协同关系的，既有给予其支持或认同的宣传管理部门，也有需要其提供技术支持或技术服务的媒体、企业及相关部门等。随着网络社会诸多节点（组织或个人）对线上服务的需求增加，传媒技术的价值也越发凸显，传媒组织强化传媒技术优势的动能也随之增强。

为在满足既有传媒业务技术需求的基础上拓展技术需求以探索更多可能性，将关系技术视作转换环节须有的要素（新的意义），以引入和合并为核心、以客观化为辅助，并在对引入的强化中形成各环节交互影响的内在逻辑主线及各环节均追求创造性的要素表征，自然是可能实现且需要做出的选择。以合并为核心而引入技术并展开驯化实践，可通过技术设计与技术使用的深度交互来诸多问题，以引入为核心而推进合并、转换等实践创新，亦是传媒组织在驯化过程各环节追求创造性，以最大化建构传媒技术优势的重要路径。同时在此过程中，包括政策赋能在内的合法性保障与认同、支持等以及传媒组织必须坚守的规范性（标准或原则），都被证明为必不可少的因素或条件。正如封面新闻不仅契合政策对技术的要求和期待而建构传媒技术优势，而且获得

---

① 参见王辰瑶、范英杰：《打破新闻：从颠覆式创新理论看 BuzzFeed 的颠覆性》，载《现代传播》2016 年第 12 期。

② 参见李鹏：《迈向智媒体》，北京：东方出版社，2018 年，第 43 至 44 页。

了国家一类新闻信息服务资质①，为在坚守新闻生产与传播职责的同时开拓技术创新与服务空间提供了坚实有力的基础。

（二）在协同与竞争牵引下改变的组织内基础条件

基于适应或按期待建构组织间协同与竞争关系的需求，重构或再造的传媒组织内架构布局与运转逻辑，是结构性关系层面又一影响创造优先型驯化实践的关键性因素。由于相应传媒组织内架构布局与运转逻辑改革，是在于组织间协同与竞争中建构差异化优势的需求下展开的，尽管相应改革结果会进一步对组织间协同与竞争关系产生影响，却表现出明显的受到组织间结构性关系变化牵引而变化的特征。正如封面新闻为驯化互联网技术而选择路径时，在《华西都市报》之外再造了一个组织，并以新的组织为主导而对旧的组织进行整合，《华西都市报》基础条件的影响自然就明显小于组织间协同与竞争关系的影响。正如封面新闻初创期负责人所言：

> 2015 年成立封面的时候，招募的第一批成建制的团队，就是技术团队。我们当时提出要做一个引领人工智能时代的泛内容生态平台，要把人工智能这个新技术……或者说这样一个时代的显著特征……是基于这样的考虑在建技术团队，在掌握一些核心技术的一些产品。

---

① 封面新闻：《封面新闻获批国家一类新闻信息服务资质》，2016 年 7 月 4 日，https://m. thecover. cn/news _ details. html?from＝androidapp&id＝39700&channelId＝0&userId＝OTQ3NTg4T，2022 年 5 月 27 日。

可见以封面新闻为主导而整合《华西都市报》的资源、以技术团队和采编团队等为重点而搭建组织架构等举措，自顶层设计出发颠覆了传统媒体的运行逻辑，以深度融入技术思维的运行方式，推动了创造优先型驯化的内在逻辑及总体上追求创造性的要素表征等形成。在为适应新的协同与竞争关系并建构影响力节点而再造的组织系统内，技术设计者与技术使用者间互相学习与日常互动的机制搭建，几乎是创造优先型驯化实践开展的必备条件。相应学习与沟通机制的建构，不仅强化了既有的新闻生产思维、广告营销思维与技术思维的深度碰撞与融合，形成且提升了偏向创造性的引入在驱动业务创新与技术优势建构等方面的影响，而且带动了传媒组织内跨工种与跨部门的交互协同与日常沟通，促进合并环节以非线性协同逻辑为主导而展开实践，进而促进转换环节在技术价值的持续挖掘与扩散方向上不断前行。技术嵌入空间维度而形成的仪式价值与使用价值（以仪式价值为主），自然既是组织内结构性关系变化的结果，也是组织内结构性关系变化的"催化剂"。

三、较高的不确定性与不确定性接受度

"不确定性"既影响传媒组织采纳创新的重要因素[①]，也是影响传媒组织驯化互联网技术时的选择和实践的重要因素。结合研究与传媒现实不难发现，无论是传媒组织采纳创新的过程中，还是传媒组织驯化互联网技术的过程中，不确定性都伴随风险感

---

① 参见李艳红：《在开放与保守策略间游移："不确定性"逻辑下的新闻创新——对三家新闻组织采纳数据新闻的研究》，载《新闻与传播研究》2017 年第 9 期。

知与成效预估等产生，且具有促进或抑制相关实践的双重可能性。对创造优先型驯化产生影响的是较高的不确定性，与较高的不确定性接受度。其中，较高的不确定性在某种程度上，形成于网络社会运行中传媒技术痛点和组织间协同与竞争牵引下的结构性关系变化等因素的交互影响。传媒组织为解决技术痛点，依据对组织间协同与竞争关系的判断或期待来再造组织内结构性关系时，自然会产生较高不确定性。而再造的组织内结构性关系，往往会因同时在某种程度上坚守核心的组织文化、努力摆脱对原有经验的路径依赖，而给予不确定性较高的接受度，并为传媒从业者预留探索驯化的时间与空间。给技术设计者与技术使用者一定的磨合期、鼓励开拓式创新并允许试错等，均是封面新闻对不确定性的较高接受度的表现。

（一）较高程度的不确定性

在创造优先型驯化中，较高程度的不确定性既伴随创造性追求而必然长期存在，也是可能激发或阻碍创造性思维和实践的重要因素。在传媒组织顺应组织间协同与竞争关系变化及重建自身与网络社会其他节点间连接的需要，再造组织并建构较为科学、合理的布局及较为有序的运转机制的过程中，传媒从业者拥有较大探索创新的空间，却也面临较大的挑战，也必然需要应对更大、更多不确定性。具体到技术创新和技术使用创新过程中，技术本身的创新可能满足更多的技术使用需求并驱动技术使用创新，但跟做一个新闻报道或营销项目相比较，技术研发和技术创新成效需要较长时间才能显示出来，从互联网企业或其他机构进入传媒组织的技术设计者（技术团队）也需要较长时间来理解媒体，由此导致的不确定性亦长期存在于建构传媒技术优势的过程中。

创造优先型驯化的形成过程与封面新闻发展历程还证明，即便是较高不确定性可能抑制传媒组织追求创造性，也不可否认较高不确定性的存在既是创造优先型驯化的典型特征，也是创造优先型驯化模式得以形成的关键。正如封面新闻体现出的，在不同层面的情境因素交互作用中，创造优先型驯化取向上的传媒组织，既可能利用技术创新驱动的能量而开拓出更大发展空间和更多可能性，并超越传媒既有业务和价值边界而打造新优势，也可能遇到各种阻碍或出现新的问题，包括技术思维与内容生产思维、广告营销思维等碰撞初期的矛盾或壁垒，及非线性协同运转逻辑在过渡期可能导致的无序等。由此，面对较高程度的不确定性及其影响，能持续应对并管理好不确定性的传媒组织，就可能探索出契合自身实际与发展需求的创造优先型驯化路径；而无法应对并管理好不确定性的传媒组织，便可能降低对创造性实践及成效的期待，或转变策略及路径以降低不确定性、保持稳定性和秩序。

（二）较高的不确定性接受度

由于较高程度不确定性既可给予传媒从业者较大的创新空间，也可能抑制传媒组织对创造性的追求，较高的不确定性接受度就成为同不确定性一起促进创造优先型驯化探索的重要因素。传媒组织驯化互联网技术的过程中，传媒组织原有含有秩序的体系必然会影响驯化实践，使其朝着偏向规范性的方向努力；传媒组织追求创造性的驯化过程中，持续存在的不确定性，亦可能阻碍相应驯化实践展开，进而阻碍创造优先型驯化模式的形成。而以建构传媒技术优势为重要目标，基于对组织间协同与竞争关系的判断与期待而再造的组织系统内，却存在较高的不确定性接受度及相应资源准备、心理准备等。正如在封面新闻的发展历程中，相应资源布局、传媒从业者不断探索创新的心态等，都为应对较高程度不确定性奠定了基础。由《华西都市报》传承而来的组织文化与"铁军精神"①，也对封面新闻团队产生了重要影响，推动传媒从业者面对不确定性时的信念、探索精神、学习心态等形成。

结合既有理论线索和封面新闻发展历程可知，传媒组织为技术创新、技术驱动创新的不确定性预留的时间与空间，是形成创造优先型驯化模式的必备条件，表现为颠覆传统媒体原有架构与逻辑或再造组织系统，以给予技术设计者与技术使用者一定的磨合期，同时植入技术逻辑以重建新的运转逻辑，并给予技术及技术团队成长探索期、耐心和空间等。而在给予传媒从业者应对不确定性的时间与空间基础上，传媒组织也可能通过风险管理及技术创新、技术使用创新等成效，加强传媒从业者应对不确定性的信心，并逐渐形成适应不确定性而不断追求创造性的习惯。例如，封面新闻的重量级技术系统"封巢"得到采编人员认可后，各类型业务的从业者均获得了信心，而技术输出的探索和成效也有力降低了从业者的风险感知。从技术创新到技术使用创新，再到以技术驱动开拓新业务、取得新成效，传媒组织围绕不确定性与创造性实践运转的良性循环，也就自然而然地形成了。

同时，由于驯化过程中各环节不仅需要考虑传媒从业者对技术驱动的期待，也需要考虑媒体职责与社会效益等，即便是探索

---

① 参见冉梅：《主力人才融合是媒体融合的关键——以华西都市报与封面新闻的融合为例》，载《中国报业》2019 年第 5 期。

创造优先型驯化的传媒组织，也须坚守有关新闻生产与传播的原则与底线，并延续包括审校制度在内的一系列规则或秩序，以降低部分业务运转中的不确定性。同新闻生产与传播直接相关的合并环节，及为引入、客观化、合并环节指引方向并直接受到合并结果影响的转换环节，也因此需要采取创造性偏向和中间选择两种取向的实践方式。在典型的追求创造性的驯化探索中坚守规范性底线，也是我国媒体融合语境中创造优先型驯化模式的典型特征。

第二节　影响规范优先型驯化模式形成的情境因素

跟创造优先型和协调探索型驯化模式不同，规范优先型驯化模式对应的实践始终以双向循环的"引入－合并－转换"为主线、以客观化为辅助而展开，合并环节明显处于核心地位并限定或指引着引入、转换及客观化环节的行为表现与行动逻辑。如果说创造优先型驯化模式中各环节内部不同要素间的关系，有较明显的深度融合和交叉特征，相应要素表征也在多要素深度融合和交叉中发生着较大变化，规范优先型驯化模式中各环节内部不同要素的关系，则有较明显的有机衔接和搭配特征，相应要素表征也在多要素的有机衔接和搭配中，表现出相对稳定的延续性创新或突破式创新状态。规范优先型驯化中既包含规范性偏向又包含中间选择且同另外两种模式对应环节既有共性又有差异性的实践取向，便形成于一系列要素的有机衔接和搭配中。

以结构与能动性的互动逻辑为指引，结合既有理论线索与新京报实践现实，深入分析规范优先型驯化模式中的要素表征与内在逻辑发现，相关多重情境因素既塑造了结构，也通过促进或抑制等方式塑造着能动性。这些情境因素跟影响创造优先型驯化的情境因素一致，均是网络社会系统运行的要求、结构性关系变化、不确定性的影响等。多重因素的具体表现及其相互影响的情况却不同：一是社会系统层面，促使传媒组织探索规范优先型驯化的基础性动能，突出表现为新闻价值在网络社会运行中的变迁趋势，及相关政策规制对优化新闻生产与传播以适应网络社会运行需求的期待；二是同传媒组织相关的结构性关系层面，影响规范优先型驯化模式形成的关键性因素，是以组织内基础条件为牵引的结构性关系变化；三是传媒组织与技术互动的具体实践层面，较低的不确定性既是前述两大层面因素影响的结果，也是规范优先型驯化取向上传媒组织的现实境遇。较低的不确定性接受度，也伴随风险感知、成效预估等产生影响，并推动传媒组织以较为保险的方式管理或应对不确定性。可见多重因素的具体指向、影响程度及交互情况等不同，相应条件组合触发或孵化的驯化模式也自然不同。

一、网络社会运行中新闻价值的变迁

网络社会发展给传媒领域带来的冲击是多方面的，相关的政策规制也从多方面为我国媒体融合发展与传媒组织驯化技术的实践探索指引了方向、提供了动能。在既有方向和空间中，对于具体的媒体而言，看似较多的可选项及需应对的挑战，却有先后、主次及适用性的差异。在社会系统层面，促进新京报探索规范优先型驯化的主要因素，是网络社会运行中新闻生产与传播面临的新挑战及新闻价值变迁趋势，而非传统媒体技术短板或传媒技术痛点。可以说传统媒体技术短板或痛点的凸显，和新闻生产与传播遭遇的新挑战及新闻价值变迁，对融合转型探索中的媒体而言都是真实存在且有重要影响的因素。封面新闻在社会系统层面因素与其他层面因素的交互影响下，选择以补齐技术短板、建构技术优势的方式，应对网络社会给新闻生产等带来的挑战，新京报则在社会系统层面因素与其他层面因素的交互影响下，选择利用技术来强化新闻生产与传播优势，以聚焦新闻生产，增强自身在网络社会的重要性和竞争力。

新闻生产与传播在网络社会面临的新挑战，及伴随性产生的新闻价值的变迁及讨论[1]，往往集中表现在信息与真相、流量与质量、全球化与在地化等多组交互却难以平衡的选择上。首先，在承载新闻价值的信息或真相层面，网络社会中漂流着海量信息，却让真相成为稀缺资源。彭剑用"丰富性的神话"比喻这种现实特征，并认为社交媒体带来了丰富的信息，却没有带来更多有价值的新闻、更多有效的交流和沟通，也可能不会提升信息接收者对世界的认知，却可能将有价值的新闻淹没。[2] 二是在新闻生产与传播实践层面，网络社会对时效性的要求升级，对新闻生产提出需平衡流量与质量的新难题。如何拓展优质原创新闻在互联网传播生态中的价值及影响，以及如何拓展专业性较强的新闻生产与传播对网络社会发展的意义等，成为融合转型探索中的媒体普遍面临的问题。三是在新闻价值的社会影响层面，在网络社

---

① 参见涂凌波、虞鑫：《"新闻价值"学术对谈：数字新闻语境下的变革及其未来》，载《青年记者》2022 年第 9 期。

② 参见彭剑：《后媒介时代：新闻研究的新领域、新方向、新突破》，载《新闻与传播研究》2018 年第 S1 期。

会的全球化①特征影响下，媒体面临着眼全国而建构竞争优势还是建构在地化优势的选择题。尽管建构在地化优势与打造在全国具有标志性的竞争优势，从根本上讲都是强化媒体竞争力及品牌影响的问题，甚至两者在某种程度上可达成相互促进的效果，对不同优势的期待却要求传媒组织循着不同方向探索实践。

尽管对不同媒体而言，解决相应问题的方式不同，推进媒体深度融合以增强主流媒体"传播力、引导力、影响力、公信力"②，却是相关政策规制为媒体应对网络社会运行中新闻价值变迁趋势而指引的明确方向。在着力提升媒体"传播力、引导力、影响力、公信力"③的过程中，为顺应网络社会运行规律而应对相关新挑战及新趋势，深入聚焦合并环节以挖掘新闻生产与运营等对技术创新的需求，是不可回避的重要选择。将新闻价值视作转换的核心要素，以合并环节中由线性协作主导的业务运转需求为先导，来推动引入和客观化实践，以总体偏向规范性的状态探索延续性创新，自然成为传媒组织为适应网络社会对新闻价值的新要求而需做出的重要选择。

二、组织内基础条件牵引的结构性关系变化

在同传媒组织相关的结构性关系变化层面，相较于影响创造优先型驯化模式形成的关键性因素，影响规范优先型驯化模式形

---

① 参见［美］曼纽尔·卡斯特：《网络社会：跨文化的视角》，周凯译，北京：社会科学文献出版社，2009年，第24至26页。

② 唐绪军：《明确角色定位 努力增强"四力"》，载《当代传播》2021年第1期。

③ 唐绪军：《明确角色定位 努力增强"四力"》，载《当代传播》2021年第1期。

成的关键性因素，是由组织内基础条件为主要牵引的结构性关系变化。具体表现为在政策、经济、文化、技术等因素影响下，传媒组织对既有基础条件的坚守与改变，与随之产生的组织间协同与竞争关系变化，及在协同与竞争关系变化中进一步调整的组织内结构性关系等。在影响规范优先型驯化模式形成的结构性关系变化中，组织间协同与竞争关系与组织内基础条件间，同样存在交互影响的关系；而触动规范优先型驯化发生与发展的结构性关系变化，是倾向由组织内组织条件为牵引、由内而外展开的双重结构性关系的交互式变化，表现出在坚守并延续性创新传媒组织既有架构与逻辑的基础上，调节组织间协同与竞争关系的特征。

（一）作为主要牵引力的组织内基础条件

与影响创造优先型驯化模式形成的结构性关系变化情况不同，影响规范优先型驯化模式形成的结构性关系，是以传媒组织内基础条件及其变化为主要牵引而变化的。深入分析新京报发展历程可知，尽管组织间协同与竞争关系的影响会渗透到组织内并促进组织内架构布局与运转逻辑的坚守或改变，相应传媒组织同样需要在组织间协同关系与竞争关系交互中，打造既区别于相关节点又能连接更多节点的差异化竞争优势。主导或牵引多重结构性关系在交互中变化的，则是组织内以架构布局与运转逻辑为核心的基础条件。在规范优先型驯化模式中，传媒组织同样为将自身打造成影响力节点[1]而持续努力，但不会因为组织间协同与竞争关系变化而对组织架构与运转逻辑进行颠覆式改革。正如新京

---

[1] 参见张冰清、芮必峰：《旧理论遭遇新传播：网络科学视角下"意见领袖"研究的困境及出路》，载《新闻大学》2019年第6期。

报转型前后，组织架构与运转逻辑没有发生系统的深刻变化，而是呈现较明显的传承与延续性创新特征；相应传媒组织过往多年积累的成果，为适应或调整组织间协同与竞争关系而选择驯化方向，提供了重要的基础资源和经验参考。

同时，尽管影响规范优先型驯化模式的结构性关系变化，主要是在传媒组织内基础条件牵引下发生，即组织内架构布局与运转逻辑在双重结构性关系变化中占据主导地位，受组织间协同与竞争关系变化影响而进行的组织内架构与逻辑改革，却也可能同时明显地发生于组织中；只是相应架构与逻辑改革仍可能是既有架构与逻辑的延续或补充，而不至于对既有架构与逻辑造成颠覆性影响。正如新京报面对跨介质竞争的趋势及难题，同腾讯等互联网企业合作打造了视频品牌与视频内容生产优势，同视频内容生产与运营相关的架构布局与运转逻辑，却是在延续既有新闻生产团队布局方式、新闻生产与传播逻辑等基础上建构的，并非颠覆既有架构布局与运转逻辑的尝试，也并未反过来驱动传媒组织内结构性关系的颠覆式创新。

比较影响规范优先型和创造优先型驯化模式形成的结构性关系变化可知，对于规范优先型驯化中的传媒组织，即便在受到组织间协同与竞争关系影响而建构跨介质竞争优势的过程中，组织内基础条件影响都是非常明显的。也正是在由组织内基础条件牵引的多重结构性关系变化中，围绕新闻价值而预设转换的方向，并以合并环节的需求为先导而推进驯化的内在逻辑，及总体上偏向规范性而包含规范性偏向和中间选择两种取向的实践才得以形成。

（二）在基础条件牵引下改变的协同与竞争关系

在同媒体融合相关的政策赋能下，面对网络社会运行中关于新闻生产与传播的新挑战及新闻价值变迁趋势，传统媒体可选择的应对方式和转型路径及探索驯化互联网技术的路径有多种。规范优先型驯化模式的形成，意味着相应传媒组织依靠强有力的新闻生产成为影响力节点，是可行且非常重要的。只是相应传媒组织想要聚焦新闻生产优势来打造影响力节点，就得适应传媒生态与竞争环境的变化，打造出难以被替代的、可持续发展的新闻生产方面的产能优势、效率优势、品质优势等。传媒组织依靠新闻生产优势而非其他方面新优势，维持或发展其作为影响力节点的特征与影响的可能性，既是依托组织内基础条件而产生的，也同样来源于组织间协同关系与竞争关系的交互影响。

从新京报的发展历程来看，影响传媒组织选择驯化路径的协同关系与竞争关系，主要存在于新京报同其他传统媒体和新媒体之间。同新京报产生竞争关系的节点或子系统，主要为融合转型探索中的传统媒体及其转型产物、互联网企业等。较早建设新闻客户端且已打造出全国性影响力的澎湃新闻，便是新京报的关注对象之一。新京报传媒研究院的从业者在进行同题报道分析时，就经常将澎湃新闻的报道作为比较分析对象。[①] 而腾讯新闻、今日头条等新媒体平台的影响与竞争，也是新京报在持续打造视频内容生产优势以强化竞争力的同时，侧重于建构优质的内容生产平台（不同于容纳海量信息的内容分发平台）的重要因素。同新京报产生协同关系的节点或子系统，则同样有宣传管理部门、企

---

① 此为笔者在新京报进行实地调研时通过深度访谈获知的信息。

业、个人用户等。值得注意的是，新京报在适应网络社会运行规律而强化新闻生产与传播优势、拓展新闻价值的过程中，建立了自身与一些重要竞争者间的协同，且这种协同关系是传媒组织与其他节点间的深度合作关系，而非媒体利用第三方平台发布信息的简单互动关系，最为典型的便是其与腾讯围绕"我们视频"互动形成的深度协同关系。

在这样的竞争与协同关系中，为强化与拓展新闻价值、建构适应网络社会发展的新闻生产与传播优势，并依靠新闻生产成为影响力节点，以合并环节的需求为先导而推进引入、客观化和转换实践，也就成了可行且有针对性的驯化实践的内在逻辑。只是由于相应传媒组织不仅需要面对跨介质竞争，而且需要借助新兴技术拓展新闻报道创新的可能性，合并与转换环节必然需要在偏向规范性的同时，探索属于中间选择的实践。可以说在由组织内基础条件牵引的结构性关系变化中，组织内基础条件与组织间协同与竞争产生了较激烈的碰撞与融合，以至于即便是传媒组织选择探索规范优先型驯化，也需要在部分环节深度挖掘和利用技术价值并追求一定的创造性。

三、较低的不确定性与不确定性接受度

较低的不确定性意味着传媒组织运转的稳定性和有序性等较高，较低的不确定性接受度则意味着传媒组织做决策时倾向选择可控性较高的路径。当传媒组织基于较低的不确定性接受度而探索驯化时，很可能进入规范优先型驯化路径。其中，较低程度的不确定性在某种程度上，受网络社会对新闻价值拓展与变迁的新要求、组织内基础条件牵引的结构性关系变化等因素影响。当传

媒组织基于相对平稳的进化逻辑革新组织内架构布局与运转逻辑、强化并拓展新闻价值时，自然会形成较低程度的不确定性。而较低的不确定性接受度，则很可能是促使传媒组织就组织内既有结构性关系进行延续性创新，并以此调整组织间结构性关系的重要因素。在较低的不确定性接受度影响下，传媒组织减少了自身与技术互动中的不确定性，却可能面临平台依赖①、盈利模式改革等方面的不确定性，要求其利用足够强的既有优势及拓展既有优势的有效策略，来解决或弱化此类问题和困境。

（一）较低程度的不确定性

同较高程度不确定性一样，较低程度不确定性亦伴随风险感知与成效预估等产生，而同前者不同的是，较低程度不确定性往往意味着传媒组织在风险管理与驯化结果等方面，有着更加明确且更大的把握，并且可在相对短的时间内获得风险管理与驯化的成效。正如新京报面临的不确定性，比封面新闻面临的不确定性低很多，既不需要经历重新搭建组织架构与运转逻辑的"震荡期"，也不需要经历因不断探索技术创新、深挖技术价值却暂时没能获得显著成效而被质疑的过渡期。新京报面临的较低的不确定性，既同相应传媒组织在平稳的进化中适应或调整组织间协同与竞争关系的谨慎选择密切相关，也成为促使相应传媒组织探索规范优先型驯化的重要力量。

深入分析新京报的融合转型发展历程可知，影响规范优先型驯化的较低程度不确定性，还源自传媒组织既有的新闻生产优势

---

① 参见张志安、冉桢：《国家介入、平台依赖与新闻业可持续发展——欧盟与澳大利亚平台监管政策的比较及其启示》，载《新闻与写作》2021年第12期。

的支撑。新京报的新闻生产优势，不仅是促使相应传媒组织探索规范优先型驯化的基础条件，而且是在驯化过程中得到强化并反过来持续推动相应驯化实践前行的重要因素。在传媒组织既有的新闻生产优势被不断强化的过程中，传媒组织面对的不确定性也会进一步降低，促进规范优先型驯化模式形成，并让规范优先型驯化路径的有效性得到验证与凸显。只是对于普遍以新闻生产优势为核心优势甚至唯一优势的传统媒体及其转型产物而言，真正强大到足以支撑传媒组织通过不确定性较低的规范优先型驯化实践来驾驭互联网技术的新闻生产优势，还必须拥有相对其他节点而言的特色。换言之，支撑这种选择及获得成效的前提，是传媒组织必须拥有两种竞争优势：其一为新闻生产范围内的比较优势，其二为强大到不会或难以被相关节点替代的比较优势。这两点优势对相应传媒组织而言，既需构成其现实比较优势，也需构成其可持续的未来发展优势。

（二）较低的不确定性接受度

较低的不确定性接受度，是从精神层面或组织文化层面出发维持较低不确定性的重要力量，亦是在传媒组织既有的新闻生产实力、专业性经验等多方面因素影响下形成的。

尽管不确定性是传媒发展探索中长期存在的因素，新京报从业者也并没有直接体现出对不确定性的接受度较低的态度，同互联网技术相关的一系列实践，却展示出相关从业者对降低不确定性以增强秩序、提升效率与效益、强化专业性与专业分工的期待。相应期待也就意味着，传媒组织欲通过较为迅速的、有针对性的举措，减少不确定性或收缩不确定性存在的时间和空间。一方面，成体系的组织文化、产能与新闻生产经验的传承，给予传媒组织以较低的不确定性接受度应对变化的底气，即在新京报融合转型探索中，伴随整体性转型而形成的适应新媒体发展的组织架构、运转逻辑、组织文化创新等，均在很大程度上延续了原有的专业性和经验，是传媒组织利用新兴技术强化新闻生产优势的重要基础。尽管相应传媒组织为自主掌握核心技术而打造了技术团队，其建设技术团队的原则却是在原有业务部门设置的基础上补充建设包含技术开发人员、产品经理等在内的技术中心。相应技术团队的作用是辅助性而非主导性的，技术团队需满足的技术需求也是以新闻生产与运营为重点来形成的。由此形成的组织运转逻辑中，以合并环节的需求为先导的驯化实践逻辑随之形成，并成为驯化实践的主体性逻辑。另一方面，有限的技术资源与较大的技术投入需求，也是促成传媒组织内较低的不确定性接受度的重要因素。对于包括新京报在内的融合转型探索中的诸多媒体而言，技术资源是较为有限的资源，打造技术优势却需要较大的投入。根据内容生产、运营或营销等实际情况，以合并环节的需求为先导来推进驯化实践，即在强化既有新闻生产优势的方向上采取总体偏向规范性的实践方式来驯化技术，往往是有针对性地利用有限的技术资源满足重要技术需求的可行选择。

同时，尽管选择由组织内基础条件牵引结构性关系变化且致力利用新兴技术强化新闻生产优势的媒体，在很大程度上通过维持组织进化节奏和局面稳定性而降低了不确定性，由组织间协同与竞争关系变化甚至是传媒组织与个人用户间的互动关系变化、技术创新与技术使用创新的投入产出比等带来的不确定性依然可能持续存在。在平衡风险与成效的基础上，采取总体上偏向规范性而具体包含规范性偏向和中间选择两种取向的驯化实践，成为相应传媒组织的可行选择。可以说，选择规范优先型驯化的传媒组织，往往对不确定性的接受度较低，也往往不会面临较高的不确定性。当具体探索过程中产生较高的不确定性时，相应传媒组织或是需要提升自身对不确定性的接受度以开拓突破式发展路径，或是需要及时进行风险管理以降低不确定性。新京报也正是在不确定性变化的过程中探索规范优先型驯化，而相应不确定性及其变化的持续存在，也使得相应传媒组织在坚守传统的同时持开放的态度，并以相对稳妥的方式推进具有突破性的创新探索。

第三节　影响协调探索型驯化模式形成的情境因素

协调探索型驯化模式尽管也以双向循环的"引入－合并－转换"为主线、以客观化为辅助而展开实践，却比规范优先型驯化模式更明显地强化了引入的创新驱动作用，并在某种程度上提升由引入环节激发创新思维并指引创新实践的重要性；但该类型驯化模式的引入环节，不如创造优先型驯化模式的引入环节重要，并未形成明显由引入与转换直接互动的实践逻辑。同时在同创造优先型和规范优先型驯化模式基本要素一致的情况下，协调探索型驯化模式中不同要素间的互动关系日渐从衔接转向融合，相应要素表征也表现出越发明显的在创新中变化的状态。协调探索型驯化模式中，包含多种取向（创造性偏向、规范性偏向、中间选择）并在多种取向交互影响中展开的实践，正是形成于一系列要素从衔接转向融合的过程。

进一步以结构与能动性的互动逻辑为指引，深入分析协调探索型驯化模式中的要素表征与内在逻辑发现，在网络社会运行要求、结构性关系变化、不确定性影响等交互作用下，传媒组织尽管可能选择不同的实践方式或实践路径，却可能形成同一种类型的驯化模式。正如澎湃新闻和南方都市报的具体情境、发展目标等均有差异，塑造相应结构并以促进或抑制等方式塑造相应能动性的多重情境因素，无论是表现方式还是关键因素间的相互作用情况却基本一致。根据澎湃新闻和南方都市报的具体实际，可将触发或孵化协调探索型驯化模式的条件组合概括为：一是在社会系统层面，促使传媒组织选择协调探索型驯化的基础性动能，突出表现为传媒价值在网络社会运行中的扩容需求，及为适应网络社会运转需求而发布的有关传媒价值、传媒业务等的政策规制；二是在同传媒组织相关的结构性关系层面，影响协调探索型驯化模式形成的关键性因素，是组织内外结构性关系间相对均衡的交互与牵引，及组织内基础条件和组织间协同与竞争关系在相对均衡的相互牵引中发生的变化；三是在传媒组织与技术互动的具体实践层面，相对中等的不确定性同样是前述两大层面因素影响的结果，也是选择协调探索型驯化的传媒组织的现实境遇。相对中等的不确定性接受度，伴随风险感知、成效预估等产生影响，并推动传媒组织在整体局面相对稳定的情况下追求创新性、突破性并应对不确定性。影响协调探索型驯化模式形成的多重情境因素的交互作用，也再次印证了不同条件组合可能触发或孵化不同驯化模式的规律。

一、网络社会运行中传媒价值扩容的需求

同处于网络社会运行中的不同媒体，即便均受到网络社会发展变化及政策规制、经济条件、消费文化、市场竞争等因素影

响，也可能在其他诸多具体的组织间协同与竞争关系、组织内基础条件等影响下，选择不同的转型路径与驯化路径。正如封面新闻和新京报所处的社会系统一样，与之直接或间接相关的节点及不同节点间的关系变化情况却不同，相应传媒组织内在的基础条件也不同，其选择的转型路径和驯化路径自然就不同。

相比较而言，尽管网络社会现实对媒体实践的影响是多方面的，在多重情境因素的交互影响下，促使相关传媒组织选择协调探索型驯化的关键因素，却是网络社会对传媒价值体系提出了扩容的新要求。一方面，在网络社会的运行规律影响下，媒体或传媒组织作为网络社会的一个节点，想要连接到更多节点并与之互动，就需要具备获取其他节点信任、认同或支持的能力，而该能力的强弱取决于媒体搜集信息、处理信息、传播信息的能力及其可为其他节点提供的价值。[①] 这就不仅要求传媒组织在互联网传播生态中充分发挥新闻生产与传播实力，而且要求传媒组织契合网络社会的发展需求以建构多元化的业务体系并发挥多元化的服务价值。另一方面，尽管契合网络社会的运行与发展需求而迅速、深入地挖掘真相，已成为新型主流媒体强化新闻生产优势的重要方向，有价值的新闻报道却非常可能被海量信息淹没，以至于在常规的新闻报道基础上建构更多有深度、有服务价值的内容产品体系及更有针对性地连接垂直领域中其他节点的内容产业，已成为媒体发展中的另一重要方向。

就澎湃新闻和南方都市报的发展历程来看，源自政策规制的合法性保障，仍是推动相应传媒组织选择协调探索型驯化的重要

---

① 参见［英］约翰·厄里：《全球复杂性》，李冠福译，北京：北京师范大学出版社，2009 年，第 12 页。

力量。对于澎湃新闻的建设，喻国明认为它不仅仅是媒体转型的尝试，而且是"上海决策层"经过精心考量而进行的顶层设计的一个部分。① 而上海报业集团的成立与澎湃新闻的建设，都是在2013年8月全国宣传思想工作会议召开后进行的②，习近平总书记在该次会议上提出宣传思想工作要"因势而谋、应势而动、顺势而为"③，为网络社会的传媒业发展指明了方向。政策规制对南方都市报的转型发展与驯化探索，亦是非常重要的推动力和合法性保障。习近平总书记在党的十九大报告中提出的"加强中国特色新型智库建设"④ 及《关于加快推进媒体深度融合发展的意见》中关于推动主流媒体探索建立"新闻+政务服务商务"的运营模式的要求等⑤，都是南方都市报持续探索智媒发展及深度发挥技术价值的重要基础。

由此可见，面对网络社会对传媒价值体系提出的新要求，政策赋能不仅为相应传媒组织指引了转型发展方向，而且推动相应传媒组织有针对性地应对网络社会发展的新要求。在政策赋能下，传媒组织在选择具体的融合转型路径及驯化路径时，既有了

---

① 参见徐笛：《场域内的位置优胜者——媒体转型的"澎湃"范本》，载《中国出版》2019年第20期。

② 参见徐笛：《场域内的位置优胜者——媒体转型的"澎湃"范本》，载《中国出版》2019年第20期。

③ 倪光辉：《习近平：胸怀大局把握大势着眼大事 努力把宣传思想工作做得更好》，人民网-人民日报，2013年8月21日，http://cpc.people.com.cn/n/2013/0821/c64094-22636876.html，2022年7月20日。

④ 参见邵景均：《加强中国特色新型智库建设》，人民网-理论频道，2017年12月29日，http://theory.people.com.cn/n1/2017/1229/c40531-29736006.html，2022年7月20日。

⑤ 参见中国政府网：《中国中央办公厅 国务院办公厅印发〈关于加快推进媒体深度融合发展的意见〉》，2020年9月26日，http://www.gov.cn/xinwen/2020-09/26/content_5547310.htm，2022年7月20日。

方向也有了探索突破的合法性保障，而相应合法性保障不仅是传媒组织不断探索突破的推动力，也是其获得网络社会中其他节点认同与支持的基础性保障。为适应网络社会运行中传媒价值的扩容需求，以政策赋能为基础而在多元化实践探索中寻找突破性路径，即在"引入－合并－转换"的双向循环中拓展以新闻价值为核心的传媒价值体系，成为相应传媒组织的必然选择。

二、双重结构性关系间相对均衡的交互与牵引

在同传媒组织相关的结构性关系变化层面，相较于影响创造优先型和规范优先型驯化模式形成的关键性因素，影响协调探索型驯化模式形成的关键性因素，既表现出明显的组织外协同与竞争关系与组织内基础条件相互影响的特征，也表现出组织内外结构性关系相互牵引对方变化的力量相对均衡的特征，且都是在社会系统的政策、经济、文化、技术等因素影响下进行的。一方面，相应传媒组织内以架构布局与运转逻辑为核心的基础条件，并没有因为组织间协同与竞争关系的变化而进行全方位再造。另一方面相应传媒组织间以协同与竞争为核心的结构性关系，也没有因为组织内架构布局与运转逻辑等变化而进行全方位重构。但同时，相应传媒组织内外的结构性关系的变化，不仅均较为明显，而且均处在相互影响的进行时状态。

（一）组织内外结构性关系的变化

前述分析已表明，在网络社会的运行与发展中，政策赋予融合转型探索中的传媒组织的能量是多方面的，而相应传媒组织均会在政策赋予的空间里，选择契合自身实际和社会发展需求的转

型路径及驯化路径。协调探索型驯化模式的形成，同创造优先型和规范优先型驯化模式的形成一样，离不开具体的传媒组织内外的双重结构性关系变化的影响，甚至相应理念与实践均是在双重结构性变化的推动下形成的。

在组织间协同关系与竞争关系交互构成的结构性关系变化中，影响澎湃新闻和南方都市报的具体节点和互动关系等不同，推动相应传媒组织选择了不同的驯化路径或实践策略，却促成了相同的驯化类型。就澎湃新闻而言，其建设与发展是在上海决策层①与上海报业集团的大力支持下进行的，其在建构竞争优势方面的明确目标，即跳出地域限制而打造具有全国性影响力的新媒体品牌。澎湃新闻诞生初期，"小组制"即分小组深耕某领域并生产在全国范围内具有影响力的内容产品的运转方式②，便是其建构全国性品牌影响并取得明显成效的典型举措，而经过多年的发展探索，现今澎湃新闻在传媒领域的影响力更是无须赘述。就南方都市报而言，智库化转型的推进离不开相关部门的支持，甚至在曾负责南方都市报转型方案设计的资深从业者看来，南方都市报智库化转型的进展和成效，同当地政府社会治理的实践、氛围与期待息息相关。③ 比较澎湃新闻和南方都市报的驯化实践不难发现，前者倾向利用技术建构在全国范围内都堪称显著的竞争优势，后者尽管同样在全国范围内有显著的品牌影响，却选择了从深耕本地及垂直领域出发的实践路径。但具体的协同与竞争关系促使澎湃新闻和南方都市报探索形成相同驯化类型的现实，即

---

① 参见吴信训、喻国明、胡泳等：《从上海报业新动向看中国传媒业转型与政媒关系》，载《国际新闻界》2014年第2期。
② 参见黄芳：《澎湃新闻的深度报道探索》，载《青年记者》2017年第22期。
③ 此信息为笔者实地调研期间访谈所得。

相应实践及实践之间的互动可归属为同一种驯化模式的现实，再次说明多重情境因素在影响传媒组织的选择和行为时，存在深度的交叉和交互作用关系。

在组织内架构布局与运转逻辑交互构成的结构性关系变化中，澎湃新闻和南方都市报表现出近似的逻辑，均设置了不同的部门与中心，并推动着跨部门与跨中心的互动。在这一过程中，传统媒体时期的《南方都市报》和《东方早报》（澎湃新闻的前身）提供的基础条件，即传媒组织与传统媒体技术互动形成的结果，同样既有共性也有差异性。相应组织内架构布局与运转逻辑的变化，却都呈现出既明显坚守传统又有明显的突破式创新的状态，既并非原有架构与逻辑的延续性创新，也并非根据新情境和新需求而进行的再造或重构。

（二）组织内外结构性关系相对均衡的交互性影响

组织间协同与竞争关系，与组织内基础条件，都是构成同传媒组织相关的结构性关系的部分，且会在多重因素的交互影响中发挥作用。相比较而言，如果说影响创造优先型驯化模式形成的结构性关系变化是由组织间协同与竞争关系牵引（组织间结构性关系的影响＞组织内结构性关系的影响），影响规范优先型驯化模式形成的结构性关系变化是由组织内基础条件牵引（组织内结构性关系的影响＞组织间结构性关系的影响），那么影响协调探索型驯化模式形成的结构性关系变化，可以说同样是组织间协同与竞争关系与组织内基础条件交互的结果，并且组织内外结构性关系相互牵引的作用力是相对均衡的（组织间结构性关系的影响≈组织内结构性关系的影响）。正如澎湃新闻和南方都市报的高层管理者所述：

一开始创办澎湃的时候，我们就想到要 all in（全押）的策略。因为当时纵观全国，大多数媒体都是设立一个新媒体部，十几个人来做。《东方早报》也有网站部，我们就大量地开会、讨论、借鉴，甚至找凤凰和网易的人来聊，了解他们的意见。当然这也跟《东方早报》的出身有关，它一开始就是市场化报纸，地方属性也很重，它的属性就注定了思维碰撞会很激烈。到了要转型的时间，决策就很果断了，一开始就计划好的全部转移到新媒体。有了这个决策，才更好推进，不然跟其他媒体有什么区别，如果又是一个新媒体部的话。

现在国内有很多学术类、研究型智库，比如高校、社科院等。媒体智库和传统研究型智库相比，最大的特色是什么？媒体智库的优势和特色就是将课题研究和内容传播紧密结合，让传播力和研究力形成相辅相成、互为驱动的新能力。

田野调查所得其他事实也证明，澎湃新闻和南方都市报一方面根据重建组织间协同与竞争关系的期待改革了组织内基础条件，另一方面根据组织内基础条件推动了组织间协同与竞争关系的调整与改变。但不同于影响封面新闻和新京报的因素，澎湃新闻和南方都市报对应的双重结构性关系间的相互牵引是相对均衡的。为适应协同与竞争关系的变化，或为建构期待的协同与竞争关系，如今的澎湃新闻和南方都市报作为《东方早报》和《南方都市报》整体性转型的产物，均在很大程度上改变了传媒组织驯化互联网技术的基础条件。对传媒组织产生影响的协同与竞争关系，既伴随组织内改革的开展和成效而发生了改变，却又没有超出以内容产业为纽带的互动范畴。例如同南方都市报具有竞争关系的机构已拓展至高校、研究院等，但相应竞争是紧紧围绕内容产业或内容服务展开的，尚未超出内容产业体系范畴。

正是由于双重结构性关系以相对均衡的力量相互牵引并不断发生变化，协调探索型驯化模式对应的传媒组织实践，不仅可能在合并环节形成包含多种偏向的要素表征，并在多种偏向的实践相互配合或融合的机制中形成期待的转换环节，而且需要在以引入和合并为核心环节的内在逻辑中，一边推进以合并环节的需求为先导的驯化实践，一边推进以引入环节的创新设想为先导的驯化实践。相应传媒组织尽管需要利用技术不断探索内容产业的突破口，却不需要建构强大到足以成为竞争优势的传媒技术体系，也就相对不那么需要强调引入与转换环节直接互动的内在逻辑。

三、相对中等的不确定性与不确定性接受度

相比较而言，对协调探索型驯化模式产生影响的是相对中等的不确定性与不确定性接受度。或者说当传媒组织面临的不确定性及其对不确定性的接受度，不算很高（类似于封面新闻的情况）也不算很低（类似于新京报的情况）时，便具备了尝试推进协调探索型驯化的一种基础条件。其中，相对中等水平的不确定性在某种程度上是在网络社会运行中传媒价值的扩容需求、组织内外结构性关系间力量均衡的相互牵引等因素影响下形成的，即组织内外的结构性关系在相互牵引中发生变化，却又都没有因为对方的作用而产生颠覆式变化时，传媒组织面对的不确定性是明显而又不是特别高的。中等水平的不确定性接受度，则是伴随相

应不确定性而产生并影响不确定性变化的重要因素，集中表现在伴随不确定性而不断拓展内容产业体系并迅速调整或建构秩序的业务运转实践中。而这也契合了传媒组织在不断变化的情境因素影响下寻找风口，以顺应局势拓展突破式发展路径，并通过协调探索型驯化而发挥技术价值的需求。

（一）相对中等的不确定性

同较高程度和较低程度的不确定性一样，相对中等的不确定性亦伴随风险感知与成效评估等产生，但后者往往意味着传媒组织在风险管理与驯化成效等方面有一定的把控度，并且给予某些方面的风险管理与驯化成效一定的过渡期。面对中等程度的不确定性的传媒组织，对相应实践及成效的把控度以及给予实践探索的过渡期，也都居于中间状态。正如对澎湃新闻和南方都市报而言，尽管在应对技术冲击时的许多举措都不同，但它们都在平衡稳定与求变的过程中展开了探索。尤其是《东方早报》（澎湃新闻的前身）和《南方都市报》（传统报纸）整体化转型形成如今的澎湃新闻和南方都市报后，两者均推进了顶层设计的改革，并在组织内基础条件与组织间协同与竞争关系变化的相互牵引中，形成了契合新型内容产业体系的架构布局和运转逻辑。在这一过程中，传媒组织尽管不用经历以技术驱动或数据驱动再造组织的"震荡期"，却也一定需要应对建构新的业务运转体系时"摸着石头过河"的不确定性。同时澎湃新闻和南方都市报面临的相对中等的不确定性，既为传媒从业者探索创新预留了较大空间，也可能阻碍传媒从业者探索突破性实践。

进一步比较发现，较高程度不确定性意味着较大的创新空间、较为多元化的创新路径，却也意味着较大的风险、相对未知的投入产出比；较低程度不确定性意味着较专一的创新方向、较为可控的投入产出比，却也意味着较为有限的创新空间与创新路径；相对中等的不确定性则意味着无论是创新空间与创新路径，还是可预知或不可预知的风险与投入产出比等，均处于两者的中间状态。而处于中间状态的不确定性的形成逻辑，与在相对中等的不确定性影响下形成协调探索型驯化模式的逻辑高度一致。甚至可以说，不同程度的不确定性是影响不同驯化模式形成的重要因素，受到网络社会运行中的新要求、结构性关系变化等因素的影响，同时是在不同驯化模式对应的一系列实践探索中产生的。

（二）相对中等的不确定性接受度

同较高或较低的不确定性接受度一样，相对中等的不确定性接受度也是伴随与之程度相当的不确定性而存在的，还是促进相对中等的不确定性产生的因素之一。只是不同的不确定性接受度作为认知和态度层面的因素，还可能是传媒从业者主观意识和客观条件碰撞的结果。例如较高的不确定性和较大创新空间的存在，促进了较高不确定性接受度的持续；较低的不确定性和较有效的延续性创新，促进了较低不确定性接受度的持续；相对中等不确定性和在稳定与突破中游移的实践及成效，则可能促进相对中等的不确定性接受度的持续。正如澎湃新闻和南方都市报的从业者对不确定性的接受度，均在风险与成效的评估和反馈中形成。澎湃新闻的高层管理者和曾任南方都市报高层管理者并负责南方都市报转型方案设计的资深从业者，均在接受访谈时表示，当创新（往往伴随有不确定性）伴随成效反馈而进入一定轨道后，会形成自然而然向前推进的趋势。

创新不是一句空话，也不是天生就有的，来源于大家向优秀的同行学习，就是以新闻推动进步、以内容连接世界、以专业赋能未来、以交流激发思想。澎湃新闻也在探讨这个战略的变化，从推动媒体转型到做平台化产品，包括全链条内容生态服务商，是自身发展的需要，也有一些市场化因素的影响。当进入了历史的车道后，除了自己向前，历史也会让我们往前走。这个产品本身就像被赋予了生命力，自己就成长、发展，不是我推一步它走一步，而是当被赶到这个赛道上以后，自己也要向前奔跑，是有规律的。

把原来的品牌影响力转化成新的服务能力……把团队的能力也迁移到新的服务方向上去……原来南方都市报有很多写深度报道、专注于区域或行业的研究型记者，现在加上一些大数据、对服务的需求……在服务的过程中，能力就会越来越朝着服务性的方向发展，产品的形态、质量也会上升。

同时，正是有相对中等的不确定性和不确定性接受度的影响，传媒组织内部与实践中诸多构成驯化模式的要素间的互动关系，也处于从衔接转向融合的中间状态。多种元素的组合方式从衔接转向融合的过程，一方面可能导致合并环节表现出包含创造性偏向、规范性偏向和中间选择实践的多元化状态，并不断对引入、转换和客观化环节提出需求或产生影响；另一方面这种要素间的互动状态，可能导致以双向循环的"引入－合并－转换"为主线、以客观化为辅助的运转逻辑中，引入环节重要性日渐提升，却又不至于超越合并环节的重要性；为引入、合并和客观化环节指引方向，又直接受到合并环节影响的转换环节，则既可能对应合并环节的实践取向而呈现多元化状态，也可能在合并环节不同取向的实践交互影响及客观化环节的辅助性影响下形成属于中间选择的状态。在多元化的要素表征和多重内在逻辑的有机组合中，很可能形成多种不同的驯化路径，而由于不同驯化路径中的传媒组织，均是以介于组织进化与再造系统的中间状态来探索驯化互联网技术的一系列实践，也均追求稳定与求变、趋同与个性之间的均衡，故都可归属为协调探索型驯化模式。

第四节　多重情境因素交互触发驯化动态变化的一般规律

进一步比较不同驯化模式及多重情境因素可知，创造优先型、规范优先型、协调探索型驯化中的各环节，均是由一系列既坚守规范性又追求创造性的组织行为构成，各环节间的互动逻辑均是在以双向循环的"引入－合并－转换"为主线、以客观化为辅助的基础上发展变化形成，以至于不同驯化模式间无明确界限，既存在明显差异性，也存在明显共性。就内在逻辑而言，导致不同驯化模式出现差异的关键在于引入环节的作用和效果，即引入环节的创新驱动作用越强，相应的驯化越可能偏向创造性，反之则越可能偏向规范性。就要素表征而言，导致不同驯化模式差异性的关键在于各要素的表征及各要素间的组合方式，即各要素的表征变化及各要素间融合互动越明显，相应的驯化越可能偏向创造性，反之则越可能偏向规范性。同时由于不同驯化模式形成于多重情境因素的不同组合状态中，相应情境因素及多重情境因素交互组合形成的影响变化，也必然导致驯化方式的变化，并使得驯化始终处于进行时状态。只是前述三种驯化模式均是基于不同类型的典型案例分析而建构，影响三种驯化模式形成的情境因素也在现实中普遍存在，所以更多媒体选择的驯化路径及驯化模式，可能是前述三种典型模式中的一种或由前述三种模式的组件衍变与交互形成，而不容易超出既有的要素和逻辑的范畴。

在结构与能动性的交互中，前述三种典型的驯化模式的共性、差异性及相应形成机制，还同封面新闻、新京报、澎湃新闻和南方都市报的实际情况，一起揭示出多重情境因素交互触发驯化动态变化的一般规律——既包括不同情境因素之间的交互关系，也包括不同情境因素与驯化过程之间的交互关系。首先，在我国媒体融合语境下，作为过程的驯化是以政策赋能为基础，伴随着网络社会发展的需要而推进的。过程性的驯化，亦同政策规制创新产生交互作用。其次，在政策规制给予的大方向和空间中，对驯化方向的选择起主导性作用的是存在于组织内部与外部的结构性关系，以及双重结构性关系交互作用带来的变化。选择了驯化方向，则意味着确定了某种内在逻辑及相应核心环节的要素表征。同时，在具体的驯化实践即驯化方向落地的过程中，不确定性是重要的中介因素，不仅可能影响不同要素的表征及组合方式，而且可能影响到驯化方向的延续或转变等。最后，伴随不确定性而发挥作用的风险管理与成效反馈等，也会一直处于动态变化中，并对相应实践、路径甚至方向产生动态调节作用。

一、以政策赋能为基础的过程性驯化

深入比较发现，在我国媒体融合语境中，创造优先型、规范优先型、协调探索型驯化模式均是在政策赋能下，通过规范性追求与创造性追求的交融形成；同时由于驯化本就是过程而非结果，将一直存在于传媒组织与技术互动的过程中，相应传媒组织也需要持续以政策赋能为基础保障来推进驯化探索。封面新闻、新京报、澎湃新闻和南方都市报探索驯化的历程还表明：尤其是创造优先型和协调探索型驯化模式中的传媒组织，在突破既有传媒业务或传媒价值边界的路径上探索新业务、新产品并努力争取网络社会中其他节点的认同与支持时，往往因在很大程度上打破了既有的传统、增加了相应的不确定性，而需要更为充分、有力地发挥政策赋予的能量和空间，以保障相应创造性探索的合法性、合理性及可接受性。

尽管传媒组织驯化互联网技术的系列实践及实践之间的互动机制可被归为某种模式，作为过程的驯化却必然会伴随网络社会发展、组织生态变化及技术变迁等发展变化。这种动态性决定了传媒组织需根据自身实际情况、发展目标和具体情境的变化，而不断调整驯化的实践方式、策略甚至路径。而当驯化的实践方式、策略、路径等变化到一定程度时，便可能从三种典型模式中的一种转变为另一种，或者形成由三种典型模式中的元素重构而成的新模式。一方面，随着技术的创新与发展，媒体可能需在融合转型探索中重建驯化机制，以掌握新技术并按照期待发挥技术价值。当互联网技术发展至新阶段，或者在信息传播领域出现了具有显著影响力的新技术，传媒组织经过多年探索而形成的关于驯化的实践、路径甚至模式等，均需为应对新的技术冲击而做出改变。另一方面，随着媒体融合转型进入新阶段，传媒组织驯化互联网技术的目标和期待也会发生变化，而在其不断调整驯化过程以适应新需求和新情境的过程中，驯化并没有终结，而是会一直处于进行时状态。只是由于前述根据封面新闻、新京报、澎湃新闻和南方都市报的驯化实践而建构的创造优先型、规范优先型、协调探索型驯化模式，均是可被视为各种新模式产生的基础的典型模式；在此基础上通过不断变化的一组或多组驯化实践互动形成的驯化模式，既可能是前述三种模式中的一种，也可能是前述三种模式交互组合形成的状态。

在不断适应传媒组织实际需求与具体情境变化而展开的驯化探索中，政策赋能将一直是传媒组织理念与实践革新的重要推力和基础保障，也将为驯化指引方向并赋予能量与空间。根据制度变迁研究，政策规制变迁或制度变迁通常包括自上而下的供给主导型变迁（强制性制度变迁）和自下而上的需求主导型变迁（诱致性制度变迁）两种类型，而我国媒介规制的变迁历程，正是两者互相渗透的过程。① 基于此逻辑，我国媒体融合语境的驯化过程中，传媒组织既可以在既有的政策赋能下探索创新，也可能通过具体的创新探索而形成新成效、新现象、新需求，并使相关新成效、新现象、新需求等成为自下而上推动制度变迁或制度创新的一股力量。正如在封面新闻、新京报、澎湃新闻和南方都市报的发展探索中，相应传媒组织驯化互联网技术的理念与实践，既是以相关政策赋能为基础而形成并落实的，也是在某种程度上推动政策变迁的重要现实。而这种驯化在政策规制或制度创新与实践创新的交互中前行的轨迹或规律，必然会延续到封面新闻、新京报、澎湃新闻和南方都市报的未来发展中，也必然会对更多融合转型探索中的媒体产生深刻影响。

---

① 参见张婷：《报业视角的媒介规制演进》，载《重庆社会科学》2014 年第 2 期。

二、双重结构性关系与驯化方向的选择

在政策指引的方向及政策赋予的能量空间中，如何选择具体的驯化方向及驯化路径以深化融合转型，或选择何种逻辑来主导驯化实践探索，在很大程度上受到传媒组织所处的双重结构性关系及双重结构性关系的交互情况、变化趋势等影响。就封面新闻、新京报、澎湃新闻和南方都市报的具体情况来看，双重结构性关系的交互变化，已经成为影响传媒组织选择驯化路径、驯化方向及确定某种类型的主体性逻辑、核心环节及要素表征等规划的主导性因素。

深入比较分析组织内与组织外结构性关系的影响发现，组织间的协同关系与竞争关系的交互，让组织内决策者意识到并重视选择某种或某些驯化方向、驯化路径的可能性，组织内的架构布局与运转逻辑则会促使传媒组织选定某种驯化路径及驯化方向，即在网络社会运行中的协同与竞争关系变化中，各传媒组织均可从多方面入手驯化技术以打造差异化竞争优势，而组织内既有的或规划的架构布局与运转逻辑，在很大程度上决定了传媒组织可具体选择从哪方面入手驯化技术以打造差异化竞争优势。从"看到可能性"到"做出选择"，组织内外的结构性关系都在相互牵引中产生变化，或是以组织外协同与竞争关系为主要牵引，或是以组织内基础条件为主要牵引，或是在两者间相对均衡的相互牵引中发生变化。

（一）组织间"协同与竞争"与驯化方向的选择

比较影响不同驯化模式的多重情境因素，及封面新闻、新京

报、澎湃新闻和南方都市报的发展历程可知，传媒组织在选择驯化方向时，组织间协同与竞争关系作为相关决策者考虑的重要维度，直接反映具体情境提供了怎样的空间与可能性。

组织间协同关系与竞争关系的交互，即存在于环境中的协同关系与竞争关系的交互，之所以能够成为主导传媒组织选择的重要因素，主要有两大方面原因：一是网络社会的运行逻辑赋予结构性关系更加显著的重要性。网络社会本就由诸多节点构成，各节点的重要性取决于其可为其他节点提供的价值。[①] 处于融合转型探索中的传媒组织，也必然需要打造区别于其他节点的能力和价值，才可能获得更多节点的支持与认同并推动自身创新与发展。二是融合转型探索中的传媒组织在政策规制赋予的能量空间中设定驯化技术的主要目标时，不仅需要考虑自身的主观期待，而且需要将自身置于诸多节点构成的结构性关系中进行深入考量，以选择合适的突破口。当传媒组织驯化技术的主要目标是打造差异化竞争优势时，打造怎样的差异化竞争优势及从何处着手打造相应优势是可能有效的，取决于相应传媒组织所处的具体情境中的协同关系与竞争关系具体为其提供了怎样的资源与空间。简言之，网络社会诸多节点的能力和不同节点间的连接关系，构成了影响媒体融合转型的生态系统运行逻辑，以至于传媒组织在选择驯化方向时，都需要在政策赋予的能量空间中进行探索，也需要坚守新闻生产与传播等媒体应有职责，更需要认知和理解清楚相应生态情境并在契合网络社会运行规律的逻辑脉络上做出选择。

---

① 参见［英］约翰·厄里：《全球复杂性》，李冠福译，北京：北京师范大学出版社，2009年，第12页。

同时，由于网络社会中同某节点产生直接或间接关联的节点可能有很多种，同每家媒体具有协同关系与竞争关系的节点也自然具有多样性。在具体考量自身与其他节点间互动形成的协同关系与竞争关系的基础上设计驯化方向，也就成为传媒组织合理规划驯化各环节间互动的内在逻辑与重要环节偏向的重要前提。例如，互联网技术已经打破原有的地域界限、介质界限等，都市类媒体、日报、行业报、广播电视媒体、互联网企业等，都需要面对各类以信息搜集、处理与发布为主要业务的节点竞争，也都需要尽可能跨界连接更多节点，以实现资源的汇聚与影响的扩散。但比较同封面新闻、新京报、澎湃新闻和南方都市报有协同关系或竞争关系的节点不难发现，既有节点同时跟四家媒体都产生了协同或竞争关系（如今日头条），也有节点仅同四家媒体中的一个或多个产生了协同或竞争关系。作为用户而广泛存在的节点，既可能同其中某一家媒体产生连接，也可能同时跟多家媒体产生连接，更是四家媒体竞争的对象。而当前述四家媒体建构起自身区别于其他节点的差异化竞争优势，同其互动且有协同关系与竞争关系的节点数量、类型等也可能随之发生变化，相应传媒组织便需要基于不同节点、多种连接关系构成的新情境，而重新考虑原有选择的有效性和新的可能性。

（二）组织内"架构与逻辑"与驯化方向的选择

相较于组织间协同与竞争关系，组织内的架构与逻辑同样会影响到驯化路径与驯化方向的选择，且会直接影响其执行效果。如果说对组织间协同与竞争关系的判断或期待，可能为传媒组织提供诸多可选择的具体路径或具体方向，对组织内架构与逻辑的判断或规划，则可能促使传媒组织选择最契合自身需求和期待的具体路径或具体方向。只是对组织内架构与逻辑的判断、规划与改革实践，既会受到组织间协同与竞争关系的影响，也会影响到组织间协同与竞争关系，而两者间相互牵引及随之变化的状态也由此而生。

结合既有理论逻辑与封面新闻、新京报、澎湃新闻、南方都市报的现实分析可知，传媒组织内的架构布局与运转逻辑即传媒组织的组织架构与运转机制，是传媒组织层面影响组织与技术互动机制形成的关键性因素，既直接决定了某组织是否具备建构某种差异化竞争优势的能力和空间，也可能逐渐成为驱动组织间协同与竞争关系变化的重要力量，还需要同某种基于具体情境而建构差异化竞争优势的需要相契合，即在组织系统（含有秩序的体系）中有诸多维度、层面的因素会影响到驯化目标能否实现，并对选择驯化方向时的决策产生影响，而其中最为关键的便是组织架构与运转机制的既有状态或革新计划。例如，封面新闻与新京报在技术设计者与技术使用者的互动、技术使用与技术创新的互动等多个方面，都明显体现出组织架构与互动逻辑的差异，也促成了不同的驯化实践及驯化中不同环节偏向与不同环节间互动的内在逻辑。将封面新闻和新京报等体现出来的差异性，进一步上升至规律层面不难发现，当传媒组织基于组织外部的结构性关系而意识到某种驯化方向可能促进其深化融合转型并成为网络社会的重要节点时，若组织内既有的架构布局与运转逻辑会阻碍该驯化方向的落地，则需要对组织内的架构布局与互动逻辑进行改革；若无法通过改革创新而使相应架构布局与运转逻辑达到适合该驯化方向落地的状态，则需要调整或转变驯化方向，以找到更加契合组织外部与组织内部的结构性关系的方向。甚至对于部分选择规范优先的传媒组织而言，如何对既有组织架构与运转逻辑进行延续性创新，以直接从自身既有优势出发展开探索并反过来强化既有优势，才是其选择驯化方向时重点考虑的维度。

由此可见，适合不同媒体的驯化路径及驯化方向会随着双重结构性关系的变化而变化。对于封面新闻、新京报、澎湃新闻、南方都市报而言，相应传媒组织外部与内部的结构性关系也都在动态变化中，而当双重结构性关系发展变化至一定程度时，便可能要求传媒组织调整驯化路径及驯化方向。对于其他诸多媒体而言，同样需要依据双重结构性关系来选择驯化路径及驯化方向，并且需要伴随着相应结构性关系的发展变化而调整驯化方向及实践策略。例如对在视听技术使用方面有一定基础的电视媒体而言，若选择创造优先的驯化方向，则需要围绕组织内外的结构性关系改革进行探索，并且需要付出更多努力以应对不确定性等；若选择规范优先的驯化方向，则可在某种程度上延续既有的结构性关系，且需要依靠强大的既有优势来应对路径依赖的风险等；若选择协调探索的驯化方向，也需要系统性且深入地考虑坚守与创新的规划。

三、作为驯化过程之中介因素的不确定性

若将驯化方向及驯化路径视作传媒组织驯化互联网技术的大致规划或期待，伴随风险感知与成效预估等产生的不确定性，则是影响传媒组织细化并落实相应规划或期待的中介因素，将以不同方式影响驯化中各环节的偏向及各环节间复杂的交互逻辑。都市类媒体群落在优胜劣汰的传媒生态中展开创新探索的总体表现，印证了压力和挑战既可能导致部分媒体竞争力减弱甚至被关停，也可能促进传媒组织积极展开创新探索的规律。对封面新

闻、新京报、澎湃新闻和南方都市报的实践进行比较，也不难发现在具体某项创新实践中，不确定性也可能会阻碍或促进相应创新实践的落实。正如李艳红在讨论新闻组织对创新的采纳时的论述，即"激变是创新的温床，环境的'不确定性'是促进今天中国媒体勇于新闻创新的因素……创新本身的不确定性则可能阻碍组织进行'革命性'的创新，使得创新有所局限"①。换言之，某种程度或某些方面的不确定性，可能促进传媒组织采取偏向创造性的实践方式，而某种程度或某些方面的不确定性，则可能促进传媒组织采取偏向规范性的实践方式；而这可能也是诸多媒体不断在理念上强调对技术的重视，却没有形成有效的驯化循环体系或是形成了明显不同的驯化实践的深层原因。

而不确定性不仅可能促进或抑制驯化过程中的创新，而且还会在实践过程中受到传媒从业者对不确定性接受度的影响而发生变化。可以说不确定性既产生于具体的驯化过程，又会对该过程产生影响。不确定性的持续存在和动态变化特征，则要求传媒组织利用适当的管理策略和驯化成效来调节。甚至网络社会的发展，以及政策规制、经济水平、消费文化、市场竞争等社会系统中任何维度的变化，都可能导致同传媒组织相关的双重结构性关系变化，进而导致新的不确定性产生。应对不断产生且不断变化的不确定性的方式，便是根据驯化的需要而选择整体性或局部的改革创新探索，并给予应对不确定性的实践探索以时间和空间，通过对风险的管理及驯化的成效反馈来进行调节，用实际成效来证明实践策略的可行性和有效性。

---

① 李艳红：《在开放与保守策略间游移："不确定性"逻辑下的新闻创新——对三家新闻组织采纳数据新闻的研究》，载《新闻与传播研究》2017 年第 9 期。

正如随着封面新闻、新京报、澎湃新闻和南方都市报不断向前发展，具体驯化情境中的不确定性正在发生变化并将继续发生变化一样，日报、行业报、广播电视媒体等面对的不确定性明显不同，也自然会促使相应传媒组织在既定的驯化方向及驯化类型中，根据实际情况而有机搭配可能出现的各环节实践偏向与各环节间实践逻辑。从某种程度上讲，不确定性及传媒从业者对不确定性的接受度，作为影响传媒组织落实某驯化方向及驯化路径的实践过程的中介因素，也可能是对驯化路径及驯化方向的选择产生影响的中介因素。当在不确定性的影响下形成的具体驯化实践及结果，同期待间存在明显差距时，传媒组织必然会调整实践策略、实践方式甚至驯化路径，进而对驯化方向的选择与判断产生影响。

四、风险管理与成效反馈的动态调节作用

在驯化方向、驯化路径选择和驯化实践的开展中，风险管理与成效反馈是消解或降低不确定性的重要方式。伴随风险管理与成效反馈而形成的动态调节作用，也会对驯化实践中的要素表征与内在逻辑产生影响，并推动或阻碍传媒组织循着既定的驯化方向及驯化路径前行。对于动态变化的驯化过程而言，恰当的风险管理与正面积极的驯化结果，会促进传媒组织按既定路线前进，而不恰当的风险管理与负面消极的驯化结果，会阻碍传媒组织按既定路线前进。当不恰当的风险管理与负面消极的驯化结果超出了可被接受的范围时，便会推动传媒组织转变驯化实践策略甚至驯化方向。同时风险管理与驯化结果的动态变化或发展情况，在不同媒体融合转型进程中有着不同表现，却会持续存在于传媒组

织与技术的互动中，也必然会持续对传媒组织驯化技术的理念与
实践产生动态调节作用。

（一）风险管理与成效反馈对驯化的调节作用

李艳红在讨论新闻组织对创新的采纳时认为，国内媒体在既
开放又保守的状态下，总体上采取开放的姿态接纳数据新闻这一
创新，既印证了理性主义观点，又印证了"制度同型"理论，即
对创新的采纳总优先发生于那些面对挑战时生存压力较大的组织
内，而当组织感受到采纳某种创新可能带来更大风险时，也可能
倾向不采纳创新。[①] 这一观点充分体现出传媒组织面对不确定性
时，进行科学、合理的风险管理的重要性。而风险管理的成果常
常伴随驯化的成效反馈而产生，恰当的风险管理是获取期待的成
效反馈的助力，而不恰当的风险管理却可能阻碍创新探索并使驯
化实践难以达到期待，或是可能导致传媒组织在追求期待的成效
反馈时陷入困境。

由于在传媒组织与技术的互动中，驯化本就是过程而非结
果，具体的风险管理与成效反馈及其携带的动态调节作用，也必
然是动态变化的。成效反馈的动态变化，既包含社会效益也包含
经济效益，既包含传媒组织可连接到的节点数量变化，也包含传
媒组织对相关节点（尤其是用户）产生影响的深度变化。风险管
理则是保障传媒组织在具备合法性、合理性的前提下，规避风险
并最大化地按照期待推进相关实践并取得成效的重要举措，同样
需要因时制宜、顺势而为。无论是风险管理还是成效反馈的变

---

① 参见李艳红：《在开放与保守策略间游移："不确定性"逻辑下的新闻创
新——对三家新闻组织采纳数据新闻的研究》，载《新闻与传播研究》2017 年第 9
期。

化，都可能对传媒组织面对不确定性时的选择和实践产生重要影响，甚至是可能增强或减弱组织内成员的自我驱动力的重要因素。可以说，就实践的逻辑而言，风险管理形成于驯化实践的需要，成效反馈形成于驯化实践的开展，而两者的动态调节作用，既可能促进原有驯化实践的继续推进，也可能导致原有驯化实践被改变或停止等，进而影响到驯化路径与驯化方向的选择。而这种现象或规律，在协调探索型和创造优先型驯化中表现得尤为明显。

无论是对于前述四家媒体的未来发展而言，还是对于日报、行业报、广播电视等媒体发展而言，越是偏向创造性而选择建构相应要素表征和内在逻辑，就越需要努力降低动态的风险管理与成效反馈带来的消极影响。为契合动态变化的不确定性而做出恰当反应，传媒组织可从两方面展开规划与实践：一方面，为不确定性的发生与持续存在预留时间与空间，以降低潜在风险与短时期内的负面反馈的消极影响，进而保障传媒组织积极、理性地发挥能动性以追求长期性的显著成效；另一方面，合理安排可能取得成效的周期，以短期成效引导传媒从业者增强接受和应对不确定性的信心，并以短期成效的陆续呈现为长期成效的形成做准备。

（二）风险管理与成效反馈对多重情境因素的调节作用

伴随动态的驯化而形成的动态的风险管理与成效反馈，对不同驯化模式的形成而言，都是会产生调节作用的重要因素。进一步分析风险管理与成效反馈的动态调节作用，与结构性关系和社会系统层面影响因素之间的关联可知，动态的驯化结果还会对结构性关系甚至网络社会的发展产生影响。前述封面新闻、新京报、澎湃新闻和南方都市报的驯化探索均已说明，影响传媒组织驯化互联网技术的多重情境因素之间，即网络社会运行中的新要求、同传媒组织相关的结构性关系变化、传媒组织与技术互动的具体实践等之间，存在交错复杂、相互影响的关系。

这既契合了驯化过程中转换环节的实践意义，也契合了网络社会的运行规律。一方面，驯化过程中转换环节的作用在于将传媒组织与互联网技术互动形成的新的意义扩散至社会系统的更多子系统或节点中，这很可能会推动与传媒组织有关的节点或子系统的发展，并推动网络社会发展。而新的意义的积极影响及其生命力的维持，离不开风险管理。另一方面，随着风险管理的开展与驯化成效的形成，传媒组织于网络社会中其他节点或子系统而言的合理性和价值都会增加，同传媒组织相关的结构性关系也会发生改变。传媒组织自然将进一步获得更多节点的认同与支持，进而形成由"资源汇聚"与"意义扩散"构成的良性循环体系。

可以说，传媒组织驯化互联网技术的过程及其对应的典型模式，不仅是在社会系统层面、结构性关系层面、传媒组织层面的多重因素影响下形成，更是在不同层面影响因素的相互作用中形成。传媒组织驯化互联网技术的过程，自然是随时都处于动态变化中的过程。而在驯化发生与发展的过程中，处于动态变化中的不仅有构成不同驯化模式的要素表征和内在逻辑，还有影响不同驯化模式形成的多重情境因素。从这个角度看，通过分析封面新闻、新京报、澎湃新闻和南方都市报对应的传媒组织与互联网技术互动而形成的驯化模式，是在田野调查所得观念与实践事实基础上，对相关经验特性进行的规律性总结与理论探讨；鉴于国内媒体融合转型样态的多元化，以及驯化及各种互动过程的动态性，前述有关三种典型模式的阐析及相关情境因素的分析结果，在某种程度上是既有理论线索与封面新闻、新京报、澎湃新闻和南方都市报的本土经验相碰撞的结果；研究提炼与建构的是三种不同的典型的驯化模式，及构成不同驯化模式的组件（包括不同的要素表征与内在逻辑），而更多适应社会与媒介生态的动态变化及不同情境的驯化模式，还需要依靠发展变化中的驯化与关联互动行为以及由此产生的不同组件的重新组合而形成。

结　语

在"组织－技术"互动中展开"驯化"互联网技术的探索，是传媒组织在网络社会寻求生存与发展的必由之路，也是我国媒体融合语境中传统媒体应对互联网技术冲击的必然选择。面对网络社会与互联网技术变迁带来的颠覆式冲击，我国传媒组织普遍在融合转型中探索着技术创新及技术使用创新，积累了许多在组织与技术互动中推进机制创新、业务发展等实践经验，也孵化了一批在不同互动取向上具有典型性的都市类媒体，却普遍处于重建组织与技术间动态均衡互动格局以及将外在于环境中的新技术力量转化为组织内生动能的探索中。基于创新经验不断涌现却一直未能从根本上解决难题的现实，摈弃简单地将技术视作工具的思维，而在重视技术自有逻辑的前提下引入强调组织能动性的驯化视角，再聚焦传媒组织与互联网技术互动形成的媒体典型，透过常规化实践分析其要素、逻辑及情境等，建构典型的驯化模式并探究多重情境因素与驯化发生与变化的交互关系，既是媒体深度融合进程中不可忽视的议题，也是人工智能冲击下媒体与技术研究不可忽视的议题。

本研究结合驯化理论揭示的"守旧"与"求变"逻辑，及我国传媒组织面对技术创新时既"开放"又"保守"的实践现实，从偏向坚守、偏向重构或选择中间取向的可能类型出发，选择都市类媒体群落中极具代表性的封面新闻、新京报、澎湃新闻和南方都市报为典型案例，而后通过聚焦典型案例的田野调查与比较分析发现：一是借鉴组织社会学对组织追求规范性或创造性的可能性分析，可知我国传媒组织与互联网技术的互动，已经形成三种不同的驯化类型——创造优先型、规范优先型、协调探索型；二是不同驯化类型对应驯化实践的要素表征与内在逻辑，可归为三种典型的驯化模式，而不同驯化模式均由不同偏向的引入、客观化、合并、转换与这些环节交互形成的多种逻辑构成；三是不同类型的"驯化"及驯化模式，尽管各有特性却并非界限分明，尽管各有利弊却并无高低之分，只是均形成于多重情境因素的交互作用中并且伴随多重情境因素交互触发的结构与能动性变化而变化。由于创造优先型、规范优先型、协调探索型等驯化模式，是围绕驯化必经环节（引入－客观化－合并－转换）而建构的基础模式，更多伴随情境变迁而出现的新变化和新模式，很可能是由这三种基础模式的组件（要素与逻辑）衍变与交互形成。

首先，不同驯化类型的存在，是结合既有理论线索与现实观察便可知的，既同传媒组织与互联网技术间的互动取向一致，也同驯化理论揭示的"守旧"与"求变"逻辑契合，还都基于既包含规范性又包含创造性的实践探索而展开。只是包含规范性与创造性的实践也有其偏向，一系列具有不同偏向的实践碰撞与融合，就形成了不同的驯化类型。其中规范性指向趋同与稳定，要求传媒组织在坚守组织系统或某方面稳定性的基础上发挥技术价值，创造性指向个性与变化，要求传媒组织在改革组织系统或某方面既有条件的基础上发挥技术价值，而在两者中间，还有既追求稳定性又追求创新突破的中间选择。相较于传统媒体时期的状态，倾向打造全新的传媒技术优势的封面新闻、倾向强化既有内容生产优势的新京报，分别是可用于分析创造优先型驯化、规范优先型驯化的典型；相较于这两种明确的取向，中间选择包含更多探索差异化路径的空间及可能性，自然需要深入不同驯化路径与驯化实践过程来进行观察与分析。以平台为载体拓展内容产业体系的澎湃新闻和以智库为核心拓展内容产业体系的南方都市报，是选择的驯化路径不同却同属于协调探索型驯化的典型。

其次，深入分析不同驯化类型的形成过程，即循着驯化发生的各环节（引入－客观化－合并－转换），深入探究封面新闻、新京报、澎湃新闻和南方都市报在融合转型探索中的本土经验，可知相应实践的基本要素与内在逻辑等可归为同三种类型对应的驯化模式。一是以封面新闻为典型的创造优先型驯化模式，即再造组织系统以尽可能地扩散技术价值的模式，往往基于坚守规范性的底线而总体偏向创造性的驯化过程而形成。该模式整体上，围绕以"引入－合并－转换"和"引入－转换"为主线、以客观化为辅助的实践逻辑进行。具体到各环节要素表征上，除各环节均追求创造性的实践取向外，其合并和转换环节均既包含偏向创造性的实践，也包含中间选择的实践。正如封面新闻在合并和转换环节，为坚守有关新闻生产与传播的原则，选择在部分业务与技术使用的整合中，降低创造性程度而增加规范性比重，并形成了坚守与创新相对均衡的实践特征。二是以新京报为典型的规范优先型驯化模式，即在相对平稳的组织进化中有针对性地吸收技术价值的模式，往往基于追求必要的创造性而总体偏向规范性的驯化过程而形成。该模式整体上围绕以"引入－合并－转换"为主线、以客观化为辅助而以合并为核心的实践逻辑进行。具体到各环节要素表征上，除各环节均追求规范性的实践取向外，其合并和转换环节均既包含偏向规范性的实践，也包含中间选择的实践。正如新京报在合并和转换环节，为建构跨介质竞争的新型内容生产优势，选择在部分业务与技术使用的整合中，坚守规范性的底线而增加创造性的程度，并形成了坚守与创新相对均衡的实践特征。三是以澎湃新闻和南方都市报为典型的协调探索型驯化模式，即以介于组织进化与系统再造的中间状态发挥技术价值的模式，往往基于规范性追求与创造性追求相对均衡且包含多种行动取向的驯化过程而形成。该模式整体上同规范优先型驯化模式一样，围绕以"引入－合并－转换"为主线、以客观化为辅助的实践逻辑进行，却更加凸显了引入环节在技术创新驱动发展中的地位。具体到各环节要素表征上，各环节均追求规范性与创造性的相对均衡，却可能形成包含多种取向的实践体系，尤其是合并环节，既可能根据不同业务需求而选择不同实践偏向，也可能根据不同层面布局而形成不同实践偏向。正如澎湃新闻和南方都市报都在合并环节，为创新既有业务与拓展内容产业体系，选择以多重逻辑交叉或并行的方式推进业务创新与技术使用的整合，并形成了多种实践取向并存、相互影响的实践特征。

进一步比较得知，不同类型的驯化模式间既存在明显共性，也存在明显差异性，既印证也拓展了驯化理论及国内外研究中有关驯化的讨论。就共性而言，不同驯化模式均是以双向循环的"引入－（合并）－转换"为主线、以"客观化"为辅助，并在非均衡发生、非线性发生的过程中，由各环节对应的基本要素交互构成。不同驯化模式中对应的环节也包含着相同的要素，如不同的引入环节均包含技术想像、技术设计者、技术使用者等要素，不同的合并环节均包含非线性协同逻辑、线性协作逻辑等要素，不同的客观化环节均包含技术产物、技术的使用价值、技术的仪式价值等要素，不同的转换环节均包含新闻价值、新的意义、新的连接等要素。就差异性而言，不同驯化模式中各环节间交互影响的具体逻辑、各环节偏向即要素表征均有不同。不同要素的表征与不同要素间的交互关系，会影响不同环节的偏向与重要程度，而不同环节的偏向、重要程度与不同环节间的交互作用，会促成不同模式的内在逻辑，进而促成不同类型的驯化模式。

根据不同驯化模式的构成与典型案例实际情况可推论，引入环节重要性的提升，及由引入环节设定的技术创新驱动逻辑及其影响，是形成不同模式内在逻辑差异性的关键；不同要素的状态、组合方式及其在交互中的倾向，是形成各环节偏向即不同模式要素表征差异性的关键。一方面，当引入环节主要依据合并需求展开实践时，会形成规范优先型驯化模式，当引入环节探索创造或拓展技术需求并以此推动合并环节创新时，可能形成协调探索型驯化模式，当引入环节的重要性接近甚至超过合并环节时，可能形成由引入和转换直接互动的实践逻辑，并可能形成创造优先型驯化模式。传媒技术优势的建构、技术服务输出业务的拓展，即深挖技术价值并以技术为纽带拓展连接关系、社会影响等实践期待，便需要传媒组织强化引入环节重要性，探索创造优先型驯化路径。另一方面，由于传媒组织既有的含有秩序的体系，以技术使用者、技术的使用价值、线性协作机制与逻辑、新闻价值等要素为主导，当技术设计者、技术的仪式价值、非线性协同机制与逻辑、更多内容产业与关系性技术等新要素浮现，原有要素与新要素间便会产生互动，且会在互动中改变各自的状态。在两者互动与角逐的过程中，若新要素是原有要素的补充或辅助，或新进从业者（如技术设计者）与原有从业者（如新闻生产者）

以衔接的方式互动，可能形成偏向规范性的驯化环节；当新要素的重要性逐渐增强，或新进从业者与原有从业者间融合互动日渐深入，可能形成属于中间选择甚至偏向创造性的驯化环节。只是正如封面新闻的表现，由于传媒组织的价值体系始终以新闻价值为核心及基础而形成，即便是在偏向创造性的驯化环节中，技术设计者的重要性也难以或不会超越技术使用者，而更可能形成两者平行对话与互动的格局。

最后，不同传媒组织探索驯化互联网技术的过程，均发生于网络社会运行的新要求、结构性关系变化、组织与技术互动实践中的具体条件等多重因素的交互影响中，往往会因多重情境因素的组合状态和交互关系不同，而孵化出不同驯化模式并推动相应模式伴随情境变迁而不断变化。相对来讲，形成创造优先型驯化的关键是，引入环节重要性升级，及各环节内要素的深度融合互动。而这均是以技术逻辑深度搅动组织系统秩序的结果，由网络社会运行中传媒技术痛点的放大、组织间协同与竞争牵引的结构性关系变化、实践中较高的不确定性等因素交互促成。形成规范优先型驯化的关键是，合并环节对需求的指引，及各环节内要素的高效、有序协作。这些均是以组织系统秩序为主导而选择性吸收技术逻辑的结果，由网络社会运行中新闻价值的变迁、组织内架构与逻辑牵引的结构性关系变化、实践中较低的不确定性等因素交互促成。形成协调探索型驯化的关键是，各环节要素表征及要素间、环节间互动关系的多元化。这些均是组织系统秩序与技术逻辑间相对均衡的相互渗透的结果，由网络社会运行中传媒价值扩容的需求、组织内外结构性关系间相对均衡的相互牵引与变化、具体实践中相对中等的不确定性等因素交互促成。

综合分析创造优先型、规范优先型、协调探索型驯化发生与发展的具体情境，可进一步推论多重情境因素交互触发驯化动态变化的一般规律：第一，在网络社会运行与我国媒体融合语境中，传媒组织驯化互联网技术的探索，均以政策规制为基础保障、直接动能和方向指针而进行，并且一直处于进行时状态。越是追求创造性的驯化，越可能经历相对无序、不确定性较高的过渡期，越需要重建其他节点的认同、信任和支持，越需要依托政策赋予的合法性保障而展开。第二，具体的驯化方向选择在很大程度上由同传媒组织相关的双重结构性关系主导，包括组织间协同与竞争关系、组织内架构与逻辑关系。在双重结构性关系相互牵引的过程中，前者为传媒组织揭露出可考虑的选择，后者则为传媒组织确认可实施的路径。第三，在推进相应驯化方向落地时，作为中介因素的不确定性程度及传媒组织给予"不确定性"的接受度和准备工作，既可能促进具体实践偏向创造性，也可能促进具体实践偏向规范性。伴随不确定性进行的风险管理，及在驯化过程中获得的动态反馈，则是始终存在于驯化中的调节因素。源自风险管理与动态反馈的调节作用，既可能影响传媒组织面对不确定性的态度与实践方式，也可能影响到具体实践策略、驯化路径甚至驯化方向的调整。从依据网络社会运行要求与政策规制赋能而探索驯化的可能空间，到确定驯化方向与实践策略，再到风险与成效的出现，多重情境因素间存在近乎闭环的交互影响关系，并且在交互中形成推动不同类型驯化发生与变化的作用力。

由此，回归多重因素交互构成的具体情境，引入驯化视角分析传媒组织与技术互动的过程（田野调查所得）并根据都市类媒体的具体实际而建构的典型驯化模式，以及对不同驯化模式形成与变化的一般规律探析，具有较为明显的现实意义与理论意义。

一方面，尽管不同驯化类型和驯化模式，是以都市类媒体为典型案例而分析形成的，国内媒体在"组织－技术"互动中探索驯化的路径，却均包含在创造优先、规范优先、协调探索的范围内。相应驯化类型与驯化模式的分析结果在一定时间或范围内，不仅对更多传媒组织驯化互联网技术的探索具有参考价值，而且对传媒技术应对人工智能技术冲击有启发意义。另一方面，对不同驯化类型与互动过程的分析，不仅是对本土经验的总结分析，更是对实践和现象的基本要素、深层逻辑及发生情境的分析，由此建构的驯化模式在某种程度上包含传媒组织吸纳、整合与释放技术价值的机制。同时根据本土经验而描绘的传媒组织驯化技术的图景，既是拓展媒体与技术研究谱系的探索，也有利于推动驯化研究的本土化发展。

然而，本研究引入驯化视角而对传媒组织与技术互动的常规化实践进行的分析，是聚焦具有代表性的都市类媒体并根据田野调查所得而展开的探索性研究。更深层、更具普适性的机制或规律，还需扩大研究对象范围、拉长田野调查周期，并顺应网络社会、传媒组织与互联网技术、人工智能产物的动态变化，进行细致、持续且深入的分析。虽然本研究在罗杰·西尔弗斯通的驯化理论图谱上，结合我国媒体实践的本土经验，进一步描绘了传媒组织驯化互联网技术的图景，具有一定的理论拓展意义与实践参考价值，但依然存在一些不足与遗憾，需在后续研究中持续关注并深入讨论：

一是本研究仅根据田野调查所得本土经验建构典型的驯化模式并进行比较分析，研究成果在应用价值层面的代表性与适用范围存在一定局限性。在典型的创造优先型、规范优先型、协调探索型驯化模式之间，必然可能存在更多分类或模式，及非常复杂的相互转变的可能性。这种可能存在于动态环境与动态实践中的现象及变化，及更为细致的模式组件的拆解与交叉重组的逻辑或方式等，是本研究没有覆盖和充分讨论的。同时尽管由三种典型的驯化模式衍生出更多模式的逻辑，以及相应要素表征与内在逻辑可能随具体情境变化而变化的一般性规律是相对清晰的，各环节在具体驯化过程中的比重、各环节偏向在该环节中的比重等变化到何种程度时，才会形成另一种模式，是难以简单量化并被实践复制的，这也是通过典型案例研究而得出的结论存在的局限。

二是本研究从驯化视角切入进行的传媒组织与互联网技术的常规化互动过程分析，以及相应的互动机制和情境因素分析，是在将传媒组织与互联网技术集群分别视作两种不同的含有秩序的体系基础上展开的，而更多不同维度和不同层面的问题，还需从更多元的视角切入并通过进一步细分组织与技术类型的研究来回应。一方面，研究从驯化视角切入探究了具有能动性的传媒组织与具有自主性的技术间的互动，但我国传媒体系内的传媒组织数量庞大且各有差异，传媒组织对互联网技术的驯化也仅是媒体融合领域的重要议题之一，更多问题还需引入技术接受理论、技术创新理论等进行探究。另一方面，由于我国众多传媒组织的根本属性一致，不同种类的互联网技术的底层逻辑亦相同，本研究在分析传媒组织与互联网技术的互动过程时，将两者分别视作不同的含有秩序的体系并从不同维度来分析相应变化，而并未对具体的传媒组织、技术种类等进行细分。尽管将两者视作"含有秩序的体系"更有利于探究规律或逻辑，却不可否认更细致的传媒组织构成、种类区分和更具体的技术分类，以及围绕具体的技术、传媒组织中的子系统或某层面等展开讨论，同样是后续研究需要持续关注与深入推进的重点。尤其是在"组织－技术"互动的研究领域，从更多元化的研究视角和分析维度切入，聚焦更具体的研究对象及实践等进行分析，将有利于进一步拓展相应的理论图景。

三是本研究关注的典型案例及其形成的常规化实践经验，伴随传媒生态发展与媒体融合实践变革而存在的动态发展特征，也对本研究的结构逻辑及结论提出了新要求。自笔者开展田野调查到完成写作，包括封面新闻、新京报、澎湃新闻和南方都市报在内的传媒现实已发生很大变化，相应传媒组织对人工智能技术的采纳与使用也越发深入和多元，只是相应变化并未推翻已有的研究结论，而是印证了三种驯化模式作为基础模式的理论意义和推广价值。但无论就理论建构还是就实践参考而言，研究者都需伴随社会系统与传媒发展的新变化，持续关注传媒组织与技术互动的过程，并不断提升研究的价值。如在规范优先型驯化中，对大多数传媒组织而言，依托内容生产尤其是新闻生产优势，利用新兴技术建构差异化竞争优势的路径，能否让其摆脱或减少平台依赖？相应传媒组织是否能够在自有内容生产优势与他者平台优势互动中，增强竞争力和扩张协同网络？在创造优先型驯化中，主导实践创新探索的非线性协同逻辑，是否是将长期存在于"组织－技术"互动中的理想逻辑，还是终将会衍变成更为有序的新型线性协作逻辑？在协调探索型驯化中，当传媒组织以内容产业体系为纽带而连接并深入更多领域，与传媒组织有明显协同或竞争关系的节点必会发生变化，相应传媒组织是否能够应对源自其他专业领域的挑战，又该怎样依托自身的专业性重建利于媒体发展的协同与竞争关系？

同时，无论传媒组织选择何种驯化路径，其对技术价值的吸纳、整合与释放，都可能进入阶段性的平稳期并阶段性地达到某种限度，人的思想和能动性，将如何继续赋能于技术使用与技术价值的发挥？传媒组织探索驯化新兴技术的过程中衍生出来的同角色认同、考评机制等新问题，有着怎样的生成逻辑与破题思路？传媒组织的机制改革、业务转型、价值扩容等，将如何继续激发技术创新与技术赋能，或将如何整合更多元素以形成新的促进媒体发展的复合型动能？凡此种种，传媒组织与新兴技术的"驯化"与"反驯化"过程中已出现或潜在的问题、人工智能技术正在或即将带来的新问题，及一系列有关传媒发展动能与探索突破的问题，都需在后续研究中拓展研究视野、顺应趋势而予以更为细致的观察和讨论。

简言之，本研究引入驯化视角讨论传媒与技术的互动，是结合本土经验及驯化理论体系，展开的具有一定拓展意义的研究探索，目的在于拓展媒体与技术研究视野，深化有关技术及相关经验的认知与理解，并为我国传媒组织通过技术使用与技术创新而进行的融合转型发展探索，提供一定的理论支持与实践经验启示。但传媒组织与技术互动中的驯化，是作为过程而非结果存在于网络社会运行中。伴随媒体与技术（尤其是人工智能）等发展，必将有更多新问题和新挑战出现并催生更多融合类型，相关研究也需要在更大范畴与更深层次上进行。无论从历时态还是现时态的角度而言，本研究都只是一次运用驯化理论逻辑、结合本土经验而做的具有一定拓展意味的探索。这一领域的更深入的研究与更丰富的知识体系建构，还需要包括笔者在内的更多学人在未来予以更多的关注与投入。

附录　研究对象及访谈对象

研究对象	研究对象前身	访谈对象	
		纵向覆盖	横向选择
封面新闻	《华西都市报》	战略决策层 战术层 一线执行层	技术、内容、运营、营销、行政人力等方面的从业者
新京报	《新京报》		技术、采编、运营、视频内容生产与运营等方面的从业者
澎湃新闻	《东方早报》		技术、采编、运营、经营与研究等方面的从业者
南方都市报	《南方都市报》		内容生产与课题研究方面的从业者、转型方案设计者、南方报业传媒集团旗下科技公司的从业者等

参考文献

巴兰 S，戴维斯 D，2014. 大众传播理论：基础、争鸣与未来 [M]. 曹书乐，译. 北京：清华大学出版社.

鲍立泉，2013. 技术视野下媒介融合的历史与未来 [M]. 武汉：华中科技大学出版社.

鲍立泉，2013. 新媒介群的媒介时空偏向特征研究 [J]. 编辑之友（9）.

比奇 D，佩德森 RB，2020. 过程追踪法——基本原理与指导方针 [M]. 汪卫华，译. 上海：格致出版社.

波兹曼 N，2019. 技术垄断：文化向技术投降 [M]. 何道宽，译. 北京：中信出版社.

布斯 W C，卡洛姆 G G，威廉姆斯 J M，2009. 研究是一门艺术 [M]. 陈美霞，徐毕卿，许甘霖，译. 北京：新华出版社.

蔡雯，2006. 媒介融合前景下的新闻传播变革——试论"融合新闻"及其挑战 [J]. 国际新闻界（5）.

蔡雯，葛书润，2021. 协同与博弈：媒体型平台上的外部内容创作者——基于澎湃号、新京号与南方号的考察 [J]. 新闻记者（2）.

蔡雯，翁之颢，2019. 专业新闻的回归与重塑——兼论 5G 时代新型主流媒体建设的具体策略［J］．编辑之友（7）．

蔡竺言，2021．媒介驯化·时空节奏——虚拟现实媒介与青少年用户的互构研究［J］．传媒（1）．

曾薇，2021．从驯化到中介化：西尔弗斯通媒介技术观念的变迁［J］．新闻知识（1）．

曾媛，2018．从人文关怀视角看微信公众号的报道策略——以〈新京报〉"剥洋葱 people"为例［J］．新闻前哨（9）．

常江，2020．数字新闻学：一种理论体系的想象与建构［J］．新闻记者（2）．

陈昌凤，师文，2019．智能算法运用于新闻策展的技术逻辑与伦理风险［J］．新闻界（1）．

陈川，2016．技术不是媒体融合的门槛——人民日报中央厨房技术平台概览［J］．新闻与写作（9）．

陈凡，陈多闻，2012．文明进步中的技术使用问题［J］．中国社会科学（2）．

陈国权，2002．学习型组织的过程模型、本质特征和设计原则［J］．中国管理科学（4）．

陈国权．"中央厨房"并非天天"开伙做饭"［N］．中国新闻出版广电报，2016－10－25．

陈荷，2019．机器人写作的应用现状与展望——以"封面新闻"机器人"小封"为例［J］．中国广播（10）．

陈华明，2019．网络社会风险论——媒介、技术与治理［M］．北京：中国社会科学出版社．

陈镜如，2021．当今报纸内容建设与技术升级的两大特点——以〈新京报〉为例［J］．中国传媒科技（6）．

陈力丹，2000．美国传播学者休梅克女士谈影响传播内容的诸因素［J］. 国际新闻界（5）.

陈良飞，2019. 澎湃的下一个 5 年——从内容运营视角看中国媒体融合之路［J］. 中国报业（15）.

陈莎，2016. 警惕移动新媒介的反向驯化［J］. 现代视听（8）.

陈向明，2000. 质的研究方法与社会科学研究［M］. 北京：教育科学出版社.

陈学金，2013. "结构"与"能动性"：人类学与社会学中的百年争论［J］. 贵州社会科学（11）.

程虹，窦梅，1999. 制度变迁阶段的周期理论［J］. 武汉大学学报（哲学社会科学版）（1）.

程明，程阳，2021. 5G 时代智能媒体发展逻辑再思考：从技术融合到人媒合一［J］. 现代传播（11）.

崔燃，2021. 从全场景可视化到数字文化产业［J］. 传媒（24）.

崔士鑫，2019. 用主流价值导向"驾驭"算法 全面提高舆论引导能力［J］. 传媒（18）.

戴尔 J，葛瑞格森 H，克里斯坦森 C，2013. 创新者的基因［M］. 曾佳宁，译. 北京：中信出版社.

丁柏铨，2011. 媒介融合：概念、动因及利弊［J］. 南京社会科学（11）.

丁和根，2021. 媒体介入基层社会治理的现状、角色与维度［J］. 新闻与写作（5）.

董天策，朱思凝，余琪，2021. 技术变革引领媒体深度融合——封面新闻的创新实践路径［J］. 新闻战线（22）.

董文辉，郑冠雯，柯成韵，2018. 传统媒体与新兴媒体融合发展的技术问题分析［J］. 广播与电视技术（8）.

窦锋昌，2019. 从文字到视频：纸媒视频生产机制研究［J］. 中国出版（2）.

杜俊飞，袁光锋，2010. 媒介融合与传播模式的变革：基于媒介技术发展的理论建构［J］. 中国媒体发展研究报告（0）.

段鹏，2018. 中国主流媒体融合创新研究［M］. 北京：中国传媒大学出版社.

厄里 J，2009. 全球复杂性［M］. 李冠福，译. 北京：北京师范大学出版社.

范以锦，2013. 何时"拐点"真正到来［J］. 传媒（8）.

范以锦，2020. 媒介生态环境对都市报转型的影响性研究［J］. 新闻与写作（4）.

方兴东，2003.《信息时代三部曲》网络社会最野心勃勃的描绘［J］. IT 时代周刊（15）.

方兴东，钟祥铭，2022. 重估媒体融合——50 年数字技术驱动下的媒体融合演进历程与内在价值观［J］. 西北师大学报（社会科学版）（2）.

方堃，2021. 都市报的转型与未来［J］. 中国报业（7）.

方堃，唐金龙，2021. 构建"科技+传媒+文化"生态体，赋能媒体深度融合［J］. 新闻战线（11）.

费显政，2006. 新制度学派组织与环境关系观述评［J］. 外国经济与管理（8）.

费显政，2006. 组织与环境的关系——不同学派述评与比较［J］. 国外社会科学（3）.

费中正，2011. 信息传播技术驯化研究述评［J］. 学术论坛（10）.

费中正，2011. 作为技术商品、符号环境和特殊文本的传媒——费弗斯通的驯化理论探析［J］. 理论月刊（11）.

芬伯格 A，1991．技术批判理论［M］．韩连庆，曹观法，译．
　　北京：北京大学出版社．

封面新闻．封面新闻获批国家一类新闻信息服务资质［EB/OL］．
　　（2016－07－04）．https：//m．thecover．cn/news ＿ details．html？
　　from＝androidapp＆id＝39700＆channelId＝0＆us erId＝OTQ3
　　NTg4T．

封面新闻．喜讯！第三十届中国新闻奖、第十六届长江韬奋奖揭
　　晓 封面华西两件作品获奖［EB/OL］．（2020－11－02）．
　　https：//m．thecover．cn/news ＿ details．html？from＝androida
　　pp＆id＝5919343＆channelId＝0＆userId＝OTQ3NTg4T．

冯媛媛，2019．媒体参与社会治理的实践和探索——以《南方都
　　市报》"广州城市治理榜"为例［J］．传媒（23）．

甘斯 H，2009．什么在决定新闻：对 CBS 晚间新闻、NBC 夜间
　　新闻、《新闻周刊》及《时代》周刊的研究［M］．石琳，李红
　　涛，译．北京：北京大学出版社．

高淑敏，2018．从功用工具走向生态互动：论技术、媒介与人的
　　关系认知变迁［J］．河南工业大学学报（社会科学版）（5）．

高学敏，姬雄华，2019．组织管理内卷化成因及突破进路［J］．
　　领导科学（15）．

谷娟，刘志业，张召媛，2010．关于技术工具论与技术价值论的
　　哲学思考［J］．湖北经济学院学报（人文社会科学版）（9）．

郭朝晖，马金平，2021．参与式管理对技术工人创新行为的影
　　响——基于扎根理论的研究［J］．管理学刊（1）．

郭全中，2018．真融合的封面探索［J］．新闻战线（13）．

郭全中，2021．基于大数据和人工智能技术的智库媒体转型——
　　以南方都市报为例［J］．新闻与写作（6）．

郭全中，2024. 技术迭代与深度媒介化：数智媒体生态的演进、实践与未来［J］. 编辑之友（2）.

郭全中，王宇恒，2021. 中国媒体转型的分类、评价与实践研究［J］. 新闻与写作（3）.

郭全中. 因时而谋"破圈"创新［N］. 中国新闻出版广电报，2020-12-29.

郭全中. 因为5G，传媒业原来有这么多新市场［N］. 中国新闻出版广电报，2019-08-20.

国家广播电视总局.《县级融媒体中心省级技术平台规范要求》《县级融媒体中心建设规范》发布实施［EB/OL］.（2019-01-05）. http://www.nrta.gov.cn/art/2019/1/15/art_2081_43372.html.

国秋华，2010. 我国传媒学习型组织建设研究［D］. 武汉：武汉大学.

韩康宁，2022. 从"协作"到"协同"：黄河流域环境司法治理的进路［J］. 河北环境工程学院学报（1）.

贺雪峰，2020. 理论资源与经验研究——如何才能写出一篇好的社会科学博士论文［J］. 济南大学学报（社会科学版）（3）.

胡方格，王飞翔，文月婷，2021. 传统媒体实现人工智能业务创新的路径分析——以南方都市报为例［J］. 新闻研究导刊（12）.

胡杰，2020. 新京报编辑部之变［J］. 青年记者（4）.

胡翼青，王聪，2019. 超越"框架"与"场域"：媒介化社会的新闻生产研究［J］. 福建师范大学学报（哲学社会科学版）（4）.

胡正荣，2003. 媒介市场与资本运营［M］. 北京：北京广播学院出版社．

胡志英，2020．"中央厨房"式新闻生产模式的创新研究——以《三秦都市报》为例［J］．出版广角（6）．

华光灿，2021．移动视觉场景下文本与视频的传播效果研究——以"新京报动新闻"为例［J］．科技传播（14）．

黄楚新，许可，2021．论媒体深度融合的机制创新路径［J］．山西师大学报（社会科学版）（5）．

黄楚新，许可，2021．人工智能技术驱动传媒业发展的三个维度［J］．现代出版（3）．

黄楚新，朱常华，邵赛男，2020．媒体融合发展：回首"十三五"展望"十四五"［J］．青年记者（34）．

黄旦，2016．从业态转向社会形态：媒介融合再理解［J］．现代传播（1）．

黄旦，2022．延伸：麦克卢汉的"身体"——重新理解媒介［J］．新闻记者（2）．

黄芳，2017．澎湃新闻的深度报道探索［J］．青年记者（22）．

黄淼，黄佩，2020．算法驯化：个性化推荐平台的自媒体内容生产网络及其运作［J］．新闻大学（1）．

黄晓伟，张成岗，2017．技术决定论形成的历史进路及当代诠释［J］．南京师大学报（社会科学版）（3）．

霍婕，陈昌凤，2018．人工智能与媒体融合：技术驱动新闻创新［J］．中国记者（7）．

姬德强，朱泓宇，2021．传播、服务与治理：媒体深度融合的三元评价体系［J］．新闻与写作（1）．

蒋晓丽，钟棣冰，2022．"役于物"到"假于物"：算法焦虑背景下短视频用户"再驯化"实践研究［J］．西南民族大学学报

（人文社会科学版）（12）.

焦红乐，位俊达，2020. 仪式性 在场性 崇高性——《一本好书》的创新策略与文化［J］. 电视研究（2）.

卡麦兹 K，2009. 建构扎根理论：执行研究实践指南［M］. 边国英，译. 重庆：重庆大学出版社.

卡斯特 M，2001. 网络社会的崛起［M］. 夏铸九，王志弘，译. 北京：社会科学文献出版社.

卡斯特 M，2009. 网络社会：跨文化的视角［M］. 周凯，译. 北京：社会科学文献出版社.

科特 S，2014. 媒介组织与生产［M］. 白莲，齐锐凌，译. 上海：复旦大学出版社.

克里斯坦森 C，2010. 创新者的窘境：大公司面对突破性技术时引发的失败［M］. 胡建桥，译. 北京：中信出版社.

克里斯坦森 C，雷纳 M，2013. 创新者的解答［M］. 林伟，李瑜偲，郑欢，译. 北京：中信出版社.

孔繁丽，刘国良，2021. 从融媒到智媒——新京报融媒体转型实践分析［J］. 中国报业（7）.

孔繁丽. 对话澎湃新闻：已经 7 岁的澎湃，未来将如何"超越媒体"？［EB/OL］. （2021－08－07）. https://www.163.com/dy/article/GGPNAOB20514D0JD.html.

莱文森 P，2011. 软利器：信息革命的自然历史与未来［M］. 何道宽，译. 上海：复旦大学出版社.

李彪，杜显涵，2016. 反向驯化：社交媒体使用与依赖对拖延行为影响机制研究——以北京地区高校大学生为例［J］. 国际新闻界（3）.

李晨，2017. 路径、价值、属性——新京报转型进行时思辨

［J］. 青年记者（19）.

李红艳，2006. 媒介组织学［M］. 北京：中国传媒大学出版社.

李锦辉，颜晓鹏，2022."双向驯化"：年轻群体在算法实践中的人机关系探究［J］. 新闻大学（12）.

李良荣，辛艳艳，2020. 从 2G 到 5G：技术驱动下的中国传媒业变革［J］. 新闻大学（7）.

李良荣，张华，2014. 参与社会治理：传媒公共性的实践逻辑［J］. 现代传播（4）.

李凌，陈昌凤，2021. 媒介技术的社会选择及价值维度［J］. 编辑之友（4）.

李鹏，2018. 迈向智媒体［M］. 北京：东方出版社.

李鹏，2019. AI 引领媒体融合迈向纵深［J］. 中国报业（11）.

李鹏. 奇迹正在发生——在 2019 年封面传媒年会上的致辞［EB/OL］.（2019－01－31）. http://ip.people.com.cn/n1/2019/0131/c136671－30601638.html.

李曦珍，楚雪，胡辰，2012. 传播之"路"上的媒介技术进化与媒介形态演变［J］. 新闻与传播研究（1）.

李艳红，2017. 在开放与保守策略间游移："不确定性"逻辑下的新闻创新——对三家新闻组织采纳数据新闻的研究［J］. 新闻与传播研究（9）.

李艳红，2021. 生成创新：制度嵌入如何塑造新闻创新差异——对三家媒体数据新闻实践的比较［J］. 新闻与传播研究（12）.

李艳红，范英杰，2019."远处苦难"的中介化——范雨素文本的跨阶层传播及其"承认政治"意涵［J］. 新闻与传播研究（11）.

李扬，刘云丹，2024. 类 ChatGPT 技术对新闻生产与传播的影

响及伦理考量 [J]. 传媒（3）.

李宇，安玉兴，2008. 多元互构下技术创新与企业规模的互动演化研究 [J]. 科学学研究（6）.

李云芳，黄杨，2019. "四化"法宝：融合发展的"澎湃经验" [J]. 新闻战线（13）.

里斯 A，特劳特 J，2002. 定位：头脑争夺战 [M]. 王恩冕，于少蔚，译. 北京：中国财政经济出版社.

廖祥忠，2020. 从媒体融合到融合媒体：电视人的抉择与进路 [J]. 现代传播（1）.

林如鹏，汤景泰，2016. 政治逻辑、技术逻辑与市场逻辑：论习近平的媒体融合发展思想 [J]. 新闻与传播研究（11）.

林晓华，2017. 都市报转型创新的"地方经验"——以《新京报》《南方都市报》《成都商报》为例 [J]. 新闻战线（10）.

刘劲松，2011. 都市类报纸的社会角色研究 [D]. 广州：暨南大学.

刘军强，2020. 写作是门手艺 [M]. 桂林：广西师范大学出版社.

刘千才，张淑华，2018. 从工具依赖到本能隐抑：智媒时代的"反向驯化"现象 [J]. 新闻爱好者（4）.

刘世定，邱泽奇，2004. "内卷化"概念辨析 [J]. 社会学研究（5）.

刘涛，2013. 社会化媒体与空间的社会化生产——列斐伏尔"空间生产理论"的当代阐释 [J]. 当代传播（3）.

刘婷，张卓，2018. 身体－媒介/技术：麦克卢汉思想被忽视的维度 [J]. 新闻与传播研究（5）.

刘艳，徐健，2010. 试论英尼斯的传播思想 [J]. 新闻世界

（9）.

刘艳红，2022. 网络时代社会治理的消极刑法观之提倡［J］. 清华法学（2）.

刘永钢，2017. 坚持内容为王 坚决整体转型——澎湃新闻的实践与探索［J］. 传媒（15）.

刘永钢，黄杨，姜丽钧，2021. 全面提升内容供给力、舆论引领力、行业赋能力、市场竞争力——澎湃新闻"十四五"加快推进媒体深度融合发展的一些思考［J］. 中国记者（1）.

刘志森，耿志杰，2022. 情感仪式视域下档案与身份认同：理论阐释、作用机理及提升路径［J］. 档案学研究（3）.

陆地，高菲，2019. 媒体融合的模式和媒介融合的趋势［J］. 中国广播电视学刊（7）.

陆晔，周睿鸣，2016."液态"的新闻业：新传播形态与新闻专业主义再思考——以澎湃新闻"东方之星"长江沉船事故报道为个案［J］. 新闻与传播研究（7）.

栾轶玫，2017. 从全媒体到融媒体：媒介融合理念嬗变研究［J］. 新闻爱好者（9）.

吕尚彬，2018. 媒体融合的进化：从在线化到智能化［J］. 人民论坛·学术前沿（24）.

吕尚彬，黄荣，2018. 中国传播技术创新研究——以技术进化机制为视角探究 2017 年—2018 年创新特点［J］. 当代传播（6）.

吕尚彬，李雅岚，侯佳，2022. 智媒体建设的三重逻辑：数据驱动、平台打造与生态构建［J］. 新闻界（12）.

马奇 L，麦克伊沃 B，2011. 怎样做文献综述——六步走向成功［M］. 陈静，肖思汉，译. 上海：上海教育出版社.

毛伟，周燕群。封面传媒的智媒之路——对话四川日报报业集团
　　副总编辑兼封面传媒董事长李鹏［J］. 中国记者（1）.

毛湛文，孙曌闻，2020. 从"算法神话"到"算法调节"：新闻
　　透明性原则在算法分发平台的实践限度研究［J］. 国际新闻界
　　（7）.

倪光辉. 习近平：胸怀大局把握大势着眼大事 努力把宣传思想
　　工作做得更好［N］. （2013－08－21）. http://cpc. people.
　　com. cn/n/2013/0821/c64094－22636876. html.

牛卫红，2020. 非虚构新闻写作的价值引领探究——以《新京
　　报》"剥洋葱 people"为例［J］. 当代传播（6）.

诺思ＤＣ，2009. 经济史上的结构和变革［M］. 厉以平，译.
　　北京：商务印书馆.

潘祥辉，2009. 媒介演化论：历史制度主义视野下的中国媒介制
　　度变迁研究［M］. 北京：中国传媒大学出版社.

潘祥辉，2018. 组织再造：媒介社会学的中国视角［M］. 北京：
　　人民出版社.

潘忠党，2014. "玩转我的 iPhone，搞掂我的世界!"——探讨
　　新传媒技术应用中的"中介化"和"驯化"［J］. 苏州大学学
　　报（哲学社会科学版）（4）.

彭东，2018. 算法逻辑下传统媒体把关机制的坚守与变革［J］.
　　青年记者（30）.

彭剑，2005. 都市报的自我突破与探索——以《华西都市报》为
　　例［J］. 新闻实践（3）.

彭剑，2018. 后媒介时代：新闻研究的新领域、新方向、新突破
　　［J］. 新闻与传播研究，S1（1）.

彭兰，2017. 更好的新闻业，还是更坏的新闻业？——人工智能

时代传媒业的新挑战 [J]. 中国出版（24）.

漆亚林，2011. 都市报跨媒介扩张策略 [J]. 中国报业（7）.

漆亚林，2013. 模式与进路：中国都市报发展战略研究 [M].
北京：中国社会科学出版社.

乔耀章，2014. 从"治理社会"到社会治理的历史新穿越——中
国特色社会治理要论：融国家治理政府治理与社会治理之中
[J]. 学术界（10）.

秦露，2020. 中国媒体融合进程中的技术范式与政治逻辑 [J].
行政管理改革（1）.

邱泽奇，2005. 技术与组织的互构——以信息技术在制造企业的
应用为例 [J]. 社会学研究（2）.

邱泽奇，2018. 技术与组织：学科脉络与文献 [M]. 北京：中
国人民大学出版社.

瞿海源，毕恒达，刘长萱，等，2013. 社会及行为科学研究方
法：二：质性研究法 [M]. 北京：社会科学文献出版社.

冉梅，2019. 主力人才融合是媒体融合的关键——以华西都市报
与封面新闻的融合为例 [J]. 中国报业（5）.

冉桢，张志安，2021. 移动、视觉、智能：媒体深度融合中组织
再造的关键 [J]. 新闻与写作（1）.

人民网. 2018 年报刊广告降幅或趋稳 [EB/OL].（2018－03－
06）. http://media. people. com. cn/n1/2018/0306/c40606－
29850965. html.

人民网. 媒体融合写入"十四五"规划建议 如何融？专家解读
[EB/OL].（2020－11－10）. http://www. people. com. cn/
n1/2020/1110/c32306－31925926. html.

人民网. 人民网（厦门）内容科技产业园开园 开创央媒与地方

合作新模式、新路径 [EB/OL]. (2021-12-18). http://fj. people. com. cn/n2/2021/1218/c181466-35056944. html.

人民网. 提高党的新闻舆论传播力引导力影响力公信力 [EB/OL]. (2018-01-03). http://theory. people. com. cn/n1/2018/0103/c416126-29743627. html.

人民网. 中国中央关于制定国民经济和社会发展第十四个五年规划和二○三五年远景目标的建议 [EB/OL]. (2020-11-03). https://baijiahao. baidu. com/s?id=1682333822959231295&wfr=spider&for=pc.

任琦, 2020. "我们放弃了大部分一般的资讯"——南方都市报智库化转型观察 [J]. 传媒评论 (4).

任琦. 从办中国最好报纸到全员智库化转型, 南方都市报这两年在干什么? [EB/OL]. (2020-06-06). https://mp. weixin. qq. com/s/DwFJkIqXDx2Zh1uGLWjweQ.

塞德曼 E, 2009. 质性研究中的访谈: 教育与社会科学研究者指南 [M]. 周海涛主, 译. 重庆: 重庆大学出版社.

桑顿 P H, 奥卡西奥 W, 龙思博, 2020. 制度逻辑: 制度如何塑造人和组织 [M]. 王少卿, 杜运州, 翟慎霄, 等译. 杭州: 浙江大学出版社.

邵景均. 加强中国特色新型智库建设 [EB/OL]. (2017-12-29). http://theory. people. com. cn/n1/2017/1229/c40531-29736006. html.

邵琦, 2017. 机器人新闻的"补偿性"及潜在风险 [J]. 青年记者 (26).

沈彬, 2017. 跳出技能迷思, 培育产品经理思维——以澎湃新闻整体转型为视角 [J]. 青年记者 (10).

师文，陈昌凤，2020. 驯化、人机传播与算法善用：2019 年智能媒体研究 [J]. 新闻界（1）.

司晓，马永武，2021. 共生：科技与社会驱动的数字化未来 [M]. 杭州：浙江大学出版社.

宋建武，2019. 全面视频化：5G 时代封面新闻媒体融合转型的新路径 [J]. 传媒（8）.

宋建武，2020. 全媒体传播体系的功能、结构与技术支撑 [J]. 传媒评论（10）.

宋昭勋，2006. 新闻传播学中 Convergence 一词溯源及内涵 [J]. 现代传播（1）.

苏涛，彭兰，2020. 热点与趋势：技术逻辑导向下的媒介生态变革——2019 年新媒体研究述评 [J]. 国际新闻界（1）.

速继明，2016. 互联网技术革命与社会进步 [J]. 教学与研究（7）.

唐绪军，2021. 明确角色定位 努力增强"四力"[J]. 当代传播（1）.

陶奕骏，2020. 坚守与嬗变：《新京报》的全媒体转型探索 [J]. 出版广角（4）.

田玉麒，薛洪生，2016. 制度变迁的运作机制：基于历史制度主义的理论考察 [J]. 黑龙江社会科学（4）.

涂凌波，虞鑫，2022. "新闻价值"学术对谈：数字新闻语境下的变革及其未来 [J]. 青年记者（29）.

汪金刚，2020. 南方都市报智库化转型研究 [J]. 新闻与写作（9）.

汪振泽，2021. 融媒体背景下传统纸媒视频化转向——以《新京报》为例 [J]. 传媒（15）.

王爱军，2018. 新京报视频转型的历程、理念与困惑 [J]. 中国记者（12）.

王爱军，林斐然，2019. 新京报的融媒体探索之道 [J]. 南方传媒研究（2）.

王辰瑶，范英杰，2016. 打破新闻：从颠覆式创新理论看BuzzFeed 的颠覆性 [J]. 现代传播（12）.

王海军，李阳，裘萍，2021. 南方都市报：做好圈层互动 提高传播效能 [J]. 中国记者（2）.

王海军，李阳，裘萍，2021. 南方都市报"最美逆行者"系列报道的融合创新启示 [J]. 南方传媒研究（6）.

王海军，王卫国，2018. 南都转型探索：内容智库化 传播智能化 [J]. 南方传媒研究（6）.

王海军，王卫国，2018. 内容智库化 传播智能化：以大数据为抓手促进都市报融合转型 [J]. 中国记者（12）.

王海军，王卫国，2020. 强化双轮驱动 构筑五大序列——南方都市报智媒转型的机制创新和考核管理 [J]. 中国记者（2）.

王海涛，任媛媛，2015. 都市报"内容优势"的消解与转型路径选择——基于三家都市报报道体裁和内容来源的分析 [J]. 当代传播（5）.

王晗啸，李成名，于德山，等，2020. 基于上下文语义的网络议程设置研究——以红黄蓝事件为例 [J]. 国际新闻界（4）.

王佳，2020. 从"弱参与"到"强声量"——南都 2020 全国两会融媒创新报道方法论 [J]. 南方传媒研究（3）.

王建设，2013. 技术决定论与社会建构论关系解析 [M]. 沈阳：东北大学出版社.

王敏，2016. 旧惯习与新常规——基于对互联网报纸"Brisbane

Times"的新闻室考察［J］. 新闻界（19）.

王敏，2018. 从"常规"到"惯习"：一个研究框架的学术史考察［J］. 新闻与传播研究（9）.

王能能，徐飞，孙启贵，2011. 技术创新中的社会学习问题［J］. 自然辩证法通讯（3）.

王喜涛，李永华，2017. 从媒介融合到媒体融合的认知演进及其概念辨析［J］. 中国传媒科技（4）.

王炎龙，王石磊，2021. "驯化"微信群：年长世代构建线上家庭社区的在地实践［J］. 新闻与传播研究（5）.

王英，2017. 凯文·凯利的自主技术论及其比较研究［J］. 自然辩证法研究（10）.

王莹岭，范以锦，2021. 从一纸风行到智媒深融的主流化生存——南方都市报打造新型主流媒体浅析［J］. 中国报业（7）.

王月，王莹，2019. 融合文化：从用户视域解读媒介融合［J］. 杭州师范大学学报（社会科学版）（4）.

王志中，2021. 智能分发 智库赋能 智能生产——从几个典型案例看智媒体建设［J］. 新闻战线（16）.

温纳 L，2014. 自主性技术：作为政治思想主题的失控技术［M］. 杨海燕，译. 北京：北京大学出版社.

吴定勇，2003. 晚报、都市报：是否一家人？——兼论晚报、都市报的内涵、外延及特点［J］. 西南民族大学学报（人文社科版）（6）.

吴飞，沈晓娴，2018. 媒介技术的进化历史与中国传媒变革的内在逻辑［J］. 新闻与写作（12）.

吴国盛，2008. 技术哲学经典读本［M］. 上海：上海交通大学出版社.

吴果中，陈妍，2021. 从"电视人"到"弹幕人"：媒介技术对人类交往方式的影响 [J]. 传媒观察 (2).

吴璟薇，2022. 基础设施与数字时代的新闻价值变迁：对媒介技术、新闻时效性与相关性的考察 [J]. 西北师大学报（社会科学版）(4).

吴文涛，张舒予，2016. 技术创新视角下"媒体融合"动因、内涵及趋向 [J]. 中国出版 (14).

吴信训，喻国明，胡泳，等，2014. 从上海报业新动向看中国传媒业转型与政媒关系 [J]. 国际新闻界 (2).

吴扬伟，王胜，2018. 再论比较优势与竞争优势 [J]. 经济学家 (11).

吴志远，李扬，2022. 走出"技术被动升级"：地市级主流媒体的媒介融合创新 [J]. 江苏社会科学 (3).

吴宗友，丁京，2021. 从区隔到融合：空间视角下城市"混合社区"的多元治理 [J]. 云南社会科学 (4).

武中哲，2006. 论技术与组织的和谐互构 [J]. 自然辩证法研究 (6).

西尔弗斯通 R，2004. 电视与日常生活 [M]. 陶庆梅，译. 南京：江苏人民出版社.

习近平，2020. 论党的宣传思想工作 [M]. 北京：中央文献出版社.

夏永红. 机器的能动性：从笛卡尔到西蒙栋 [EB/OL]. (2021－08－10). http://www.cssn.cn/zx/bwyc/202108/t20210810_5352680.shtml.

向玉琼，2017. "中心－边缘"结构下政策过程的线性思维 [J].

党政研究 (6).

肖琪杰，王树生，2013. 大众文化产品：形式与意义间的游移——对"伪娘"刘著选秀的音乐表征与性别颠覆的个案分析 [J]. 新闻界 (11).

谢丹，任金州，2015. 基于社会网络理论的纪录片传播新模式——以《失去的山谷》为例 [J]. 现代传播 (7).

谢立中，2019. 主体性、实践意识、结构化：吉登斯"结构化"理论再审视 [J]. 学海 (4).

谢新洲，石林，2020. 基于互联网技术的网络内容治理发展逻辑探究 [J]. 北京大学学报（哲学社会科学版）(4).

新华网. 习近平出席全国宣传思想工作会议并发表讲话 [EB/OL]. (2018-08-23). http://www.xinhuanet.com/2018-08/23/c_129938245.htm.

新华网. 习近平主持召开中央全面深化改革委员会第十四次会议 [EB/OL]. (2020-06-30). https://baijiahao.baidu.com/s?id=16709253202889957173&wfr=spider&for=pc.

新京报. 新生态 正青春——2021 新京报媒体深度融合战略发布会 [EB/OL]. (2021-11-11). https://m.bjnews.com.cn/detail/163659796614940.html.

徐笛，2019. 场域内的位置优胜者——媒体转型的"澎湃"范本 [J]. 中国出版 (20).

徐笛，许芯蕾，陈铭，2022. 数字新闻生产协同网络：如何生成、如何联结 [J]. 新闻与写作 (23).

徐笛，周旦烨，周鑫雨，2021. 从报道"事件"到报道"本质"——智能技术重塑深度报道 [J]. 新闻春秋 (5).

徐俊勇，2017. 基于移动互联网技术下的媒体融合发展研究

［J］. 中国传媒科技（10）.

徐桢虎，2020. 当科技"链"上传媒：区块链在封面新闻的应用
　　［J］. 中国报业（5）.

徐桢虎，张华，余欣，2020. 智媒体时代的价值观构建——深入
　　主流媒体算法的研究与实践［J］. 中国传媒科技（12）.

延森 K B，2012. 媒介融合：网络传播、大众传播和人际传播的
　　三重维度［M］. 刘君，译. 上海：复旦大学出版社.

严三九，2016. 媒体融合过程中传媒体制改革研究［J］. 新闻记
　　者（12）.

杨保军，孙新，2022. 论新闻时间观念的构成与变迁规律［J］.
　　新闻与写作（6）.

杨国安，尤里奇 D，2019. 组织革新：构建市场化生态组织的路
　　线图［M］. 袁品涵，译. 北京：中信出版社.

杨建华，2020. 全媒体时代的"内容为王"有何新内涵［J］. 人
　　民论坛（18）.

杨乐怡，钟大年，2019."关系技术"：互联网技术的社会化内涵
　　［J］. 现代传播（12）.

杨奇光，张世超，2021. 自动化技术驱动下的新闻采编：流程再
　　造、角色转型与内容治理［J］. 中国编辑（9）.

杨勇华，2015. 演化经济学视角下的技术创新机制与政策研究
　　［M］. 北京：社会科学文献出版社.

伊尼斯 H，2003. 传播的偏向［M］. 何道宽，译. 北京：中国
　　人民大学出版社.

于显洋，2009. 组织社会学［M］. 北京：中国人民大学出版社.

于小川，2007. 技术逻辑与制度逻辑——数字技术与媒介产业发
　　展［J］. 武汉大学学报（人文科学版）（6）.

于正凯，2015．技术、资本、市场、政策——理解中国媒体融合发展的进路［J］．新闻大学（5）．

禹建强，2005．论传媒组织文化的构建［J］．新闻记者（3）．

喻国明，曾佩佩，张雅丽，等，2020．趣缘：互联网连接的新兴范式——试论算法逻辑下的隐性连接与隐性社群［J］．新闻爱好者（1）．

袁博，2011．以技术引领报业转型发展——全国报社信息技术规划与建设工作会议暨2010技术年会综述［J］．中国报业（1）．

远德玉，陈昌曙，1986．论技术［M］．沈阳：辽宁科学技术出版社．

岳奎，何纯真，2021．中心－边缘理论视域下旅游扶贫长效机制研究——以仪陇县"景区带村"模式为例［J］．湖北社会科学（8）．

岳宇君，2013．我国三网融合的多视角解读［D］．北京：北京邮电大学．

詹金斯 H，2012．融合文化：新媒体和旧媒体的冲突地带［M］．杜永明，译．北京：商务印书馆．

张冰清，芮必峰，2019．旧理论遭遇新传播：网络科学视角下"意见领袖"研究的困境及出路［J］．新闻大学（6）．

张朝萌，2022．技术进阶下智媒体的盈利模式分析——以"封面新闻"为例［J］．视听（22）．

张晨，2014．市场化纸媒转型中的道德风险［J］．青年记者（7）．

张诚，朱天，2020．从"集成媒体的新机构"到"治国理政的新平台"——县级融媒体中心的方位坐标及其功能逻辑再思考［J］．四川大学学报（哲学社会科学版）（2）．

张骋，蒋晓丽，2016．"互联网＋"时代报业转型的进路——以《华西都市报》为例［J］．新闻界（8）．

张菲菲，2019．深度推进 AI＋媒体应用，打造智媒体——封面新闻的融合发展探索［J］．青年记者（18）．

张洪忠，姜文琪，丁磊，2018．人工智能时代打造新型主流媒体的路径探索——封面新闻调研报告［J］．中国记者（9）．

张建星，唐绪军，崔保国，等，2018．中国报业 40 年（1978—2018）［M］．北京：人民日报出版社．

张金桐，屈秀飞，2019．媒体融合的演进逻辑、实践指向与展望［J］．当代传播（3）．

张军兴，2019．重建用户连接：都市媒体可持续发展的关键环节［J］．传媒（19）．

张昆，2015．都市报裁员与媒介融合变革——以〈楚天都市报〉2015 年改革为例［J］．新闻记者（11）．

张立，吴素平，周丹，2021．国内外数字内容产业概念追踪与辨析［J］．出版发行研究（4）．

张丽伟，2019．"智能＋智慧＋智库"："封面新闻"的智媒体之路［J］．传媒（5）．

张凌霄，2016．纸媒"两微一端"的盈利逻辑探析［J］．当代传播（3）．

张宁，2019．媒介社会学［M］．广州：中山大学出版社．

张腾之，高郑，2022．传统纸媒转型短视频的三种模式及未来战略路径——以澎湃、新京报、南都为例［J］．中国记者（3）．

张婷，2014．报业视角的媒介规制演进［J］．重庆社会科学（2）．

张岩松，孙少晶，2022．人－算法共生主体：计算新闻生产网络

中的主体创新 [J]. 编辑之友（3）.

张咏华，2017. 媒介分析：传播技术深化的解读：第二版 [M]. 北京：北京大学出版社.

张志安，2010. 新闻场域的历史建构及其生产惯习——以〈南方都市报〉为个案的研究 [J]. 新闻大学（4）.

张志安，龙雅丽，2020. 平台媒体驱动下的视觉生产与技术调适——2019 年中国新闻业年度观察报告 [J]. 新闻界（1）.

张志安，冉桢，2021. 国家介入、平台依赖与新闻业可持续发展——欧盟与澳大利亚平台监管政策的比较及其启示 [J]. 新闻与写作（12）.

张志安，姚尧，2019. 都市报融合转型的三种路径及其影响研究 [J]. 新闻与写作（10）.

张志安，张小瑞，2015. 都市报融合转型：观念、策略和体制 [J]. 传媒（2）.

赵蓓，张洪忠，2019. 2019 年人工智能技术在中国传媒业的应用与思考 [J]. 新闻与写作（12）.

赵喜顺，1999. 创新与报业发展——从华西都市报的崛起看创新在报业发展中的作用 [J]. 新闻战线（8）.

赵忠仁，宋培义，2022. 从连接到关系：社交网络时代电视剧制作公司竞合分析 [J]. 电视研究（23）.

郑保卫，叶俊，2016. 从印刷、电报到互联网——论马克思主义媒介技术观的历史演变 [J]. 新闻大学（2）.

郑自立，2017. 我国媒体深度融合的动力逻辑与推进路径 [J]. 南京社会科学（9）.

支庭荣，2009. 媒介管理 [M]. 广州：暨南大学出版社.

智广元，2018. 从"技术逻辑"到"制度逻辑""技术政治视野下的生态安全问题"[J]. 重庆师范大学学报（社会科学版）（2）.

中国产业信息网. 2019 年中国报纸行业发展现状及发展前景分析[EB/OL]. （2020－11－07）. https://www. chyxx. com/industry/202011/907609. html.

中国记协网. 如何理解和把握新闻舆论的传播力、引导力、影响力、公信力？[EB/OL]. （2020－04－08）. http://www. zgjx. cn/2020－04/08/c_138957162. htm.

中国网信网. 第 44 次《中国互联网发展状况统计报告》[EB/OL]. http://www. cac. gov. cn/pdf/20190829/44. pdf,2019－08.

中国政府网. 习近平：加快推动媒体融合发展 构建全媒体传播格局[EB/OL]. （2019－03－15）. https://www. gov. cn/xinwen/2019－03/15/content_5374027. htm.

中国政府网. 习近平主持召开中央全面深化改革领导小组第四次会议[EB/OL]. （2014－08－18）. http://www. gov. cn/xinwen/2014－08/18/content_2736451. htm.

中国政府网. 中共中央办公厅 国务院办公厅印发《关于加快推进媒体深度融合发展的意见》[EB/OL]. （2020－09－26）. http://www. gov. cn/zhengce/2020－09/26/content_5547310. htm.

中华纸业网. 2020 年报纸印刷总量下降近 13％ 已经连续 9 年下降[EB/OL]. （2021－04－12）. http://www. cppi. cn/world/7578. html.

钟之静，2019. 都市报使用"媒体大脑"的动因与伦理研究[J]. 韩山师范学院学报（1）.

周冲，2015. 传统媒体转型定位与策略[J]. 重庆社会科学

（1）.

周传虎，倪万，2020. 技术偏向：当前我国媒介融合的困境及其原因［J］. 编辑之友（1）.

周鸿铎，2005. 媒介经营与管理总论［M］. 北京：经济管理出版社.

周琪，张菲菲，2022. 全场景应用覆盖 封面智媒云的破局之路［J］. 传媒（6）.

周雪光，2003. 组织社会学十讲［M］. 北京：社会科学文献出版社.

朱春艳，黄晓伟，马会端，2010. "自主的技术"与"建构的技术"——雅克·埃吕尔与托马斯·休斯的技术系统观比较［J］. 自然辩证法研究（10）.

朱江丽，2022. 媒体融合行动者网络的制度逻辑及"散射效应"研究［J］. 新闻大学（1）.

朱天，唐婵，2020. 政策赋能、业务扩容、系统转型——对县级融媒体中心建设中几个关键概念的观察辨析［J］. 新闻界（6）.

邹莹，2015. 可视化数据新闻如何由"作品"变"产品"？——〈南方都市报〉数据新闻工作室操作思路［J］. 中国记者（1）.

左志新，2019. 共建媒体融合新生态——访澎湃新闻总裁、总编辑刘永钢［J］. 传媒（15）.

BAIK J M，NYEIN T H，MODREK S，2022. Social media activism and convergence in tweet topics after the initial ♯MeToo movement for two distinct groups of Twitter users［J］. Journal of Interpersonal Violence，37（15/16）.

BIRRINGER J，2002. Dance and media technologies［J］. PAJ：

A journal of performanceand art，24（70）．

BOCZKOWSKI P J，2004．The processes of adopting multimedia and interactivity in three online newsrooms［J］．Journal of communication，54（2）．

BRACAMONTE W D，KANASHIRO L，RETIS J，2021．Types of convergence in the peruvian digital media ecosystem ［C］//Proceedings of CISTI（Iberian Conference on Information Systems ＆ Technologies / Conferência Ibérica de Sistemas e Tecnologias de Informação），16．

ELLUL J，1964．The technological society［M］，trans．John Wikinson．New York：Alfred A．Knopf．

KALAMAR D，2016．Convergence of media and transformation of audience［J］．Informatologia，49（3/4）．

KHAN A，2019．Influence of technology on journalism-working model "digital clout"［J］．International journal of knowledge management ＆ practices，7（1）．

LI X，GONG X，MOU R，2021．Pioneering the media convergence：lifestyle media production in the digital age in China［J］．Journal of media business studies，18（4）．

LOWREY W，2011．Institutionalism，news organizations and innovation［J］．Journalism studies，12（1）．

MARTIŠIUS M，2013．Propagandos ir reklamos sasajos,„ leo lt "atvejis［J］．Bridges / Tiltai，65（4）．

MARTIŠIUS M，2018．Television goes mobile：the transformation of the audio-visual media market［J］．Information sciences / informacijos mokslai，84．

MCRAEA P，2006. The death of television and the birth of digital convergence：（re）shaping media in the 21st century [J]. Simile，6（2）.

NAONE E，2010. Media moves online [J]. Technology Review，113（1）.

NNAANE B，2022. Influence of digital technologies on journalism practice in the gambia [J]. Styles of communication，14（1）.

SILVERSTONE R，1994. Television and everyday life [M]. New York：Routledge.

SU P H，2017. Case studies of applying electronic flexible material and technology to create the new media arts [J]. Multimedia tools & applications，76（23）.

VALMESTAD L，2011. Q（a）R（t）code public art project：A convergence of media and mobile technology [J]. Art Documentation：Bulletin of the art libraries society of north america，30（2）.

VERBEEK P-P，ALOB A，2006. User behavior and technology development：shaping sustainable relations between consumers and technologies [M]. Netherlands：Springer.

WILLIAMS A，TKACH B K，2022. Access and dissemination of information and emergingmedia convergence in the Democratic Republic of Congo [J]. Information，communication & society，25（10）.

后　记

　　既是源于导师、同门和同仁的影响，也是源于自己对互联网时代传媒业变化和社会发展的感触，技术与传媒、组织、社会的互动，成为我持续关注的议题。这是本书选题的重要动因，也是我的学术兴趣点之一。

　　从选题、写作到定稿，本书经历了多次修改，既有根据专家意见调整结构与内容框架，也有伴随实践发展变化而优化观点及材料。由于技术与传媒业态等均处于高度动态发展进程中，而书稿写作与修改等均需要时间，本书中的材料信息跟出版时的业态现实已存在一定差异，这是笔者的遗憾，但更反映了媒体融合进程的快速推进，尤其是传媒组织与技术有机结合的持续发展。好在本研究的发现，并未与已经出现的变化形成明显冲突，而是在许多传媒组织与技术互动的新动态中得到印证。对于传媒组织何以驯化技术的议题，我也将在未来展开持续探究，并以更多努力来弥补本书留有的遗憾和不足。经历本书的写作，我也更加深刻地意识到学术研究如同修行，需要耐心沉淀、专心磨炼、长期修炼，并将在未来持续努力、砥砺前行。

　　形成本书的具体过程比我想象的更艰难，幸运的是此过程中，我体会到时光易逝而岁月安好，多年前就非常关心、照顾我的导师和同门，依旧如是。2014 年，我有幸成为朱天教授的学生，自此开启了学术研究的旅程，持续锻炼学术研究的思维及能力。导师的学术涵养和人生智慧，对我的学习与工作都产生了非常深刻的影响。多年来，在导师引领下，我还收获了诸多同门的鼓励和帮助。张诚、齐向楠、吴曦聪、马超等师兄师姐，都在书稿的写作和修改过程中，耐心地帮助我分析问题和解决问题，督促我学习与成长。

这场修行之旅，亦离不开许多学界老师和业界老师的帮助。在书稿的修改过程中，四川大学操慧教授、王炎龙教授、陈华明教授、徐沛教授、杨效宏教授和电子科技大学韩洪教授等，提出了弥足珍贵的指导意见，帮助我提升内容质量。在具体的研究过程中，中国社会科学院漆亚林教授、中国传媒大学卜彦芳教授、暨南大学晏青教授和《新闻记者》杂志主编刘鹏老师等，给我提供了研究需要的重要条件和具体帮助，给予我莫大的关心与支持。还要真诚感谢我在封面新闻、新京报、澎湃新闻、南方都市报做田野调查时，给予我帮助的各位老师。没有各位老师的倾力支持，我也无法顺利完成本研究。由于本书引用了许多老师在深度访谈过程中的对话资料，出于学术伦理考虑而未能在书中表明老师们的身份信息，但各位老师对我的关心、支持与帮助，我将铭记于心并努力感恩。最后特别感谢四川大学出版社的编辑老师们，尤其是陈蓉老师非常专业且细致的审阅和修改，不仅有针对性地优化了本书内容，而且对我未来的写作有很大帮助。在此需要感谢的人实在太多，鉴于篇幅所限请原谅我无法一一述及，但你们对我而言同样至关重要。

唐　婵

2024 年 12 月于成都